受浙江大学文科高水平学术著作出版基金资助

国家出版基金项目

"十三五"国家重点出版物出版规划

大国大转型

中国经济转型与创新发展丛书

中国（海南）改革发展研究院组织编著

中国战略性新兴产业发展

机制、路径与政策

THE
DEVELOPMENT
OF
CHINA'S
STRATEGIC
EMERGING
INDUSTRIES:
POWER, PATH AND POLICY

黄先海　宋学印　杨高举 等◎著

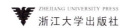

ZHEJIANG UNIVERSITY PRESS

浙江大学出版社

图书在版编目(CIP)数据

中国战略性新兴产业发展：机制、路径与政策 / 黄先海等著. —杭州：浙江大学出版社，2021.6
ISBN 978-7-308-21347-9

Ⅰ.①中… Ⅱ.①黄… Ⅲ.①新兴产业－产业发展－研究－中国 Ⅳ.①F279.244.4

中国版本图书馆 CIP 数据核字(2021)第 085255 号

中国战略性新兴产业发展：机制、路径与政策
黄先海　宋学印　杨高举　等著

总　编　辑	袁亚春	
策　　　划	张　琛　吴伟伟　陈佩钰	
责任编辑	陈思佳　蔡圆圆	
责任校对	汪　潇	
封面设计	雷建军	
出版发行	浙江大学出版社	
	（杭州市天目山路 148 号　邮政编码 310007）	
	（网址：http://www.zjupress.com）	
排　　版	浙江时代出版服务有限公司	
印　　刷	浙江省邮电印刷股份有限公司	
开　　本	710mm×1000mm　1/16	
印　　张	22.5	
字　　数	295 千	
版 印 次	2021 年 6 月第 1 版　2021 年 6 月第 1 次印刷	
书　　号	ISBN 978-7-308-21347-9	
定　　价	98.00 元	

总　序

"十四五":以高水平开放形成改革发展新布局

迟福林

当今世界正处于百年未有之大变局。经过40多年的改革开放,中国与世界的关系发生历史性变化。作为新型开放大国,中国如何看世界、如何与世界融合发展?处于调整变化的世界,如何看中国、如何共建开放型经济体系?这是国内外普遍关注的重大问题。作为经济转型大国,我国既迎来重要的战略机遇,也面临着前所未有的挑战。"十四五"时期,我国经济正处于转型变革的关键时期,经济转型升级仍有较大空间,并蕴藏着巨大的增长潜力,我国仍处于重要战略机遇期。

在这个大背景下,推进高水平开放成为牵动和影响"十四五"改革发展的关键因素。面对百年未有之大变局,中国以高水平开放推动形成改革发展新布局,不仅对自身中长期发展有着重大影响,而且将给世界经济增长和经济全球化进程带来重大利好。未来5~10年,中国以更高水平的开放引导国内全面深化改革将成为突出亮点。

以制度型开放形成深化市场化改革的新动力。在内外环境明显变化的背景下,开放成为牵动和影响全局的关键因素,开放与改革直接融合、开放引导改革、开放是最大改革的时代特征十分突出。

"十四五"时期，适应经济全球化大趋势和我国全方位开放新要求，需要把握住推进高水平开放的重要机遇，以制度型开放加快市场化改革，并在国内国际基本经贸规则的对接融合中优化制度性、结构性安排。由此产生全面深化改革的新动力，推进深层次的体制机制变革，建立高标准的市场经济体制，进一步提升我国经济的国际竞争力。

以高水平开放促进经济转型升级。"过去 40 年中国经济发展是在开放条件下取得的，未来中国经济实现高质量发展也必须在更加开放条件下进行。"从经济转型升级蕴藏着的内需潜力看，未来 5 年，我国保持 6％左右的经济增长率仍有条件、有可能。有效释放巨大的内需潜力，关键是推动扩大开放与经济转型升级直接融合，并且在这个融合中不断激发市场活力和增长潜力。由此，不仅将为我国高质量发展奠定重要基础，而且将对全球经济增长产生重要影响。

以高水平开放为主线布局"十四五"。无论内外部的发展环境如何变化，"十四五"时期，只要我们把握主动、扩大开放，坚持"开放的大门越开越大"，坚持在开放中完善自身体制机制，就能在适应经济全球化新形势中有效应对各类风险挑战，就能化"危"为"机"，实现由大国向强国的转变。这就需要适应全球经贸规则由"边境上开放"向"边境后开放"大趋势，优化制度性、结构性安排，促进高水平开放，对标国际规则，建立并完善以公开市场、公平竞争为主要标志的开放型经济体系。由此，不仅将推动我国逐步由全球经贸规则制定的参与国向主导国转变，而且将在维护经济全球化大局、反对单边主义与贸易保护主义中赢得更大主动。

2015 年，中国（海南）改革发展研究院与浙江大学出版社联合策划出版"大国大转型——中国经济转型与创新发展丛书",在社会各界中产生了积极反响,也通过国际出版合作"走出去"进一步提升了国际影响力。今年,在新的形势和背景下,在丛书第一辑的基础上,又集结各位专家的研究力量,围绕"十四五"以及更长时期内我国经济转型面临的重大问题继续深入研究分析,提出政策思路和解决之道。

在原有基础上,丛书第二辑吸纳了各个领域一批知名专家学者,使得丛书的选题视角进一步丰富提升。作为丛书编委会主任,对丛书出版付出艰辛努力的学术顾问、编委会成员、各位作者,对浙江大学出版社的编辑团队表示衷心的感谢!

本套丛书涵盖多个领域,仅代表作者本人的学术研究观点。丛书不追求学术观点的一致性,欢迎读者朋友批评指正!

2019 年 11 月

目　　录

导　论

新一轮科技革命与全球产业变革将世界各主要大国再次牵引在同一"起跑线"上,美、日、英、德、法等主要发达经济体均紧接出台形式多样的战略规划与产业政策,激励国内战略性新兴产业快速发展,加速抢占下一轮全球经济制高点。中国亟须有效加快培育并引领全球战略性新兴产业发展,重构国际产业与贸易格局,推动实现由经济大国向世界领先强国转变的历史性跨越。

一、产业更替与大国兴衰:历史揭示

当今世界处于新一轮科技革命与产业大变革的"拂晓"。"科学革命和技术革命是在长期知识积累基础上的突变,表现出一定的规律性,'科学的沉寂'至今已达 60 余年,发生于 20 世纪 30—40 年代的第三次技术革命距今也已有近 80 年——新的科技革命已是箭在弦上。"[①]事实上,自进入 21 世纪以来,世界新科技革命步伐不断加快,发展势头日益迅猛,物质科技、能源科技及生命科技等一些重要科技领域已显现发生革命性突破的先兆。人脑信息处理机制及其数字化模拟与电脑信息直接交互研究、量子通信技术飞跃对传统网络技术的突破、新型可再生能源、纳米仿生技术等关键领

---

① 路甬祥.中国不能再与科技革命失之交臂[N].人民日报,2009-09-08(009).

域的科技革命,这些都将深刻影响人类的生活方式、思维方式和生产方式,且具有重大的经济社会效益,并将最终导致全球范围内的产业转型与重构。

把握科技革命机遇,实现新兴产业快速扩张和市场占领是以往历次全球大国兴衰交替的核心。根据科技史的研究,人类文明发展到现在,共经历了五次科技革命,分别是16—17世纪的自然科学革命、18世纪中叶的蒸汽革命、19世纪下半叶的电气革命、19世纪后期至20世纪中叶的相对论与量子论科学革命、20世纪90年代以来的信息革命。英国引领了第一、二、四次科技革命,在机械制造、纺织等当时的新兴产业方面超越荷兰成为发达国家;德国引领了第三、四次科技革命,在精密电器设备、汽车等新兴产业方面赶上甚至超越英国成为发达国家;美国引领了第三、四、五次科技革命,在航空航天、信息通信等新兴产业方面全面超越了英国、德国,成为世界最强大的发达国家。[①] 相反,葡萄牙、荷兰等国家忽视了第一、二次技术革命,降低为中等发达国家,印度以及中国因为错失第一、二、三、四次科技革命的机会,综合国力从世界强国迅速落入贫穷落后国家行列。世界在过去500年里发生了五次科技革命,中国与前四次科技革命均失之交臂,在第五次科技革命中也处于学习跟跑状态。

二、新一轮工业革命:赶超窗口

经济学家格罗斯曼以及埃尔普曼综合早期的“产品周期”思想和20世纪90年代兴起的新增长理论,将研发创新纳入规范严格的全球产业与贸易模型即所谓“南北贸易模型”,指出现实的国际贸易与产品周期模式由北方发达经济体的研发创新和生产转移决定,北方经济体需要持续地进行研发创新,保持领先的产品升级状态,形成南北经济体间产品贸易实现动态

---

① 白春礼.世界正处在新科技革命前夜[N].光明日报,2013-01-21(05).

升级的基本环境①。由于北方经济体的产品创新规模、速率与技术革命息息相关，其在全球范围内主导产业以及国际贸易随着技术革命周期而动态变迁。20世纪50年代以来，日本、韩国的汽车、电子、家电等产业的快速崛起都与欧美相应时期的技术革命和产品升级相联系。可见，科学技术变革在全球范围内决定着新兴产业的变迁周期。

科技和产业革命的过程并非平滑一致，世界领先大国的兴衰交替窗口一般位于科技和产业革命的勃发与扩张阶段。佩雷斯认为每次技术以及相应产业革命的生命周期是50～60年，并将整个革命周期进一步划分为勃发、扩张、协同和成熟前后相连的四个阶段。在勃发阶段，传统技术经济范式已经衰败，新的主导技术经过研发试验的实验室阶段开始逐步产业化，新技术、新产品、新产业呈突破性增长特征，但因研发风险和市场风险较大，市场竞争不足。在扩张阶段，在市场上取得竞争力的新兴产业和企业生产率大幅跃升，利润率远高于其他传统部门的行业，促使社会资金和潜在企业浪潮型涌入，产业规模以几何级数迅速壮大。在协同阶段，技术增长率开始下滑，本轮技术革命已在全社会生产形态中充分体现，行业竞争和企业兼并垄断密集出现，资源再配置效率推动经济增长率和就业率进一步上升，进入本轮技术革命鼎盛时期。最后在成熟阶段，本轮技术的扩展潜力消耗殆尽，既定技术轨道上的创新难度显著增大，新产业的需求逐步饱和，行业利润率下滑，经济增长率下滑甚至进入萧条状态。② 诸多后续理论与经验研究均支持佩雷斯关于科学技术革命与产业变迁的判断。

世界各国全球产业格局的重塑和领导地位变更需要把握科学技术革命的战略窗口。发展中国家只有在科技和产业革命的勃发与扩张期积极介入，才有可能把握历史性机遇。一旦进入协同期与成熟期，领先国家已在新产业范式上和新技术标准上获得累积优势，发展中国家在一个既定的国际技术标准、产业格局与贸易框架内，基本不可能实现超越。当前增材

① G M Grossman，E Helpman. Endogenous Product Cycles[J]. The Economic Journal，1991 (408)：1214-1229.

② C Perez. Technological Revolutions and Financial Capital：The Dynamics of Bubbles and Golden Ages[M]. London：Elgar，2002.

制造(3D 打印)、AI(人工智能)、物联网、大数据技术均已处于实验室到工业化投产的并行阶段,中国若能有效把握这一关键的技术经济跨越阶段,将在新一轮产业变革浪潮中推动经济快速增长和产业升级,并顺利在全球新一轮产业格局中获得国际竞争新优势,实现历史性跨越。

科技革命将为全球产业新一轮变革准备必要的知识和技术基础,而近 10 年来的国际金融危机和欧债危机则为新兴产业扩张起到了加速器作用。国际金融危机爆发之后,为了尽快走出经济衰退,世界各国积极地采取措施,培育新的经济增长点,政策的着力点则以扶植新兴产业为主。芮明杰认为本次科技革命将引致第三次工业革命的到来,并将新工业革命的实质定义为以数字制造技术、互联网技术和再生性能源技术的重大创新与融合为代表,推动一批新兴产业诞生与发展以替代已有产业,从而导致工业、产业乃至社会发生重大变革。[①]

2008 年国际金融危机的爆发,为加速科技革命与产业变革提供了倒逼效应。金碚等认为在金融危机冲击下,全球产业将发生大变革,欧美等发达国家越来越重视制造业的重振和进一步现代化、高级化、清洁化。[②]可见,科技革命与金融危机均为当前中国战略性新兴产业发展提供了难得的历史性窗口,同时也是中国经济实现产业重构和动力升级的内生选择与战略要求。

三、中国战略性新兴产业培育发展:政府市场"双驱动"

新一轮科技革命与全球新兴产业变革再次将世界各主要大国牵回到同一"起跑线"上。战略性新兴产业因存在技术同发、外部性巨大等行业异质性,对经典的产业培育理论以及长期以来尤为发展中经济体熟悉惯用的产业政策实践提出了挑战。自 18 世纪以来,产业培育理论取得广泛政策

---

① 芮明杰.新一轮工业革命与我国的应对[N].光明日报,2012-11-02(16).
② 金碚,吕铁,邓洲.中国工业结构转型升级:进展、问题与趋势[J].中国工业经济,2011(2):5-15.

影响的经典成果主要有第一代幼稚产业保护理论、第二代后发优势理论。第一代幼稚产业保护理论以幼稚保护为导向，以"干中学"（learning by doing）效应、规模效应等为理论依据，以贸易管制、抑制竞争、忽视吸收为特征。对于远离技术前沿的经济体而言，第一代产业政策存在一定合理性，并在19世纪初期的美国取得巨大成功，美国因此取代英国在短时间内从一个落后的农业国成为世界头号强国。第二代后发优势理论以后发追赶为导向，以技术差距蕴含的模仿吸收效应为依据，以开放引进、有限竞争、忽视创新为特征，并在日本、韩国及中国台湾等东亚经济体取得成功，但也面临广泛的关于可持续性技术进步和经济增长的争议。

在当前全球国际贸易规则环境和战略性新兴产业的特殊产业性质条件下，第一代、第二代产业培育理论从理论到政策，均面临基本失效或难以作为状态。传统的贸易保护政策已基本退出历史舞台，战略性新兴产业的技术同发性则使各国无前沿技术可待模仿，技术创新信息的不确定性亦使"干中学"效应依赖的规模经验驱动力基本消失。从理论依据到政策工具，对战略性新兴产业进行培育呼唤重大理论创新与政策思路调整。

适用于战略性新兴产业的第三代产业培育理论，本质上是要在一个更具开放性、竞争性的全球经济系统中，构建一种适应技术同发、信息模糊、溢出巨大条件的新一代产业培育理论与政策集合。前两代产业培育理论与政策的关键缺陷是不能在政府调节行为和市场竞争行为中取得协同互补，这为战略性新兴产业理论与政策的全新建构提供了可能。在提供政府激励同时不妨碍乃至激活市场激励的情况下，产业政策可实现政府与市场对战略性新兴产业培育的双轮驱动作用。基于战略性新兴产业技术同发等异质性抽象特征，吸收熊彼特主义竞争增长思想、产业周期理论以及知识溢出理论，本书提出面向战略性新兴产业培育的第三代产业培育理论：政府市场"双驱动"理论，即以前沿先发为导向，以"错的"正外部效应、竞争效应为依据，以全球开放、竞争兼容、激发创新为特征，以技术"蛙跳"创新、大国市场诱致、知识产权倒逼为培育路径，协同运用政府"无形之手"与市场"有形之手"，在知识端、企业端、需求端三方面构建无壁垒、弱补贴、强IPR（知识产权）的竞争兼容型产业培育政策，推动国内战略性新兴产业及技术以高于市场自然状态下的速度先发增长，在新一轮产业革命中率先取得国际竞争优势和国际领先地位。

政府市场"双驱动"理论中的政府行为与市场行为表现为兼容互补关系。战略性新兴产业存在巨大的研发成本、溢出外部性以及消费市场联动成本，导致其潜在的研发（知识）市场、需求市场均难以自发形成或竞争迭代不足。在此条件下，政府通过竞争兼容型创新补贴、"公共知识池"培育、递进增强 IPR 保护以及消费端补助等政策工具，激活战略性新兴产业的知识研发市场、产品供给市场和终端需求市场，但将具体企业和产品的市场进入退出率、在位持续时间、在位份额等微观动态，交由企业竞争和消费者选择等市场决定，从而形成政府与市场在推动战略性新兴产业创新竞争和产业动态进步过程中的嵌入兼容、协同驱动关系。因此，政府市场"双驱动"理论的政府不是单纯的"守夜人"，亦不是对产业甚至企业加以"温室保护"的"植树人"，而是培育市场、激活竞争的"育林人"，这是政府市场"双驱动"理论与经典自由主义理论、幼稚产业保护理论、后发优势理论在培育新兴产业增长中的政策工具选择及其政策效应分化的深层差异。

政府市场"双驱动"理论认同技术创新未来信息的不确定性以及政策干预可能带来的资源误配，但"双驱动"的理论主张两点：第一，政府决策和企业决策均存在对未来技术创新信息的误判风险。政府面临额外的俘获风险，降低对信息的敏感度；企业则面临因"替代成本"引致的路径依赖风险，削弱对信息的感知与反应。坚守公共利益定位的政府可规避俘获风险。第二，传统政策干预对市场竞争的损害性与信息不确定认知局限导致的政策误判性，实际上是相互联立的"一币两面"。政府与企业对战略性新兴产业中可形成未来竞争优势的产品方向和技术方向均存在认知局限，而扩大企业竞争和增强市场筛选是降低信息不确定性与规避误判风险的有效途径。但鉴于战略性新兴产业潜在的研发（知识）市场、产品供给市场、需求市场均难以自发形成，"双驱动"理论中产业政策的设计逻辑即在于通过"政府培育市场——市场激励竞争——竞争加速创新试错"的产业和技术培育逻辑，以企业层面微观的密集试错降低产业层面技术信息的不确定性，从而推进中国战略性新兴产业快速实现技术进步和增长升级。

第一章　经济史视角的战略性新兴产业发展一般规律

战略性新兴产业的崛起是否存在历史窗口？形成动因和动态规律又是什么？理解上述问题，是观察大国崛起、追赶、超越的一个关键。基于长历史视角的战略性新兴产业发展事实梳理与分析，发现重大基础性创新突破大多数源于经济萧条期，经济危机与科技革命、产业崛起交叉涌现。发展战略性新兴产业需要从科技革命与价值链分工中寻找赶超时机，构建快捷敏感的创新体系，提升市场竞争力，以及合宜的政府介入为产业提供市场空间与内化外部性。

转变经济发展方式是适应经济发展新常态、推进供给侧结构性改革的必然选择，人类文明发展的关键标志体现在经济增长量变和经济发展方式质变。工业革命的爆发，使人类实现了从农业文明到工业文明的变迁；信息革命的牵引，人类从此进入信息时代。新旧产业的更新换代离不开创新驱动。德国经济学家格哈德·门施研究认为，重大基础性创新突破大多数源于经济萧条期。[①] 从世界发达国家和地区产业演进的历程看，经济危机与科技革命交叉涌现，而每一次科技革命都会衍生出新兴产业。基于战略性新兴产业全局性、长远性、导向性特征，它既代表着特定时期的科技文化水平，又反映了所在国家（地区）社会经济发展的需求，欧美等发达国家和诸多新兴经济体都曾把发展战略性新兴产业作为引领未来科技创新及经济发展的重大战略。[②] 自2009年以来，新能源、新材料、信息产业、生物医药等战略性新兴产业在推动产业结构升级、增强经济发展动力、提升吸纳

---

① G Mensch. Stalemate in Technology: Innovations Overcome the Depression[M]. Cambridge: Ballinger Pub. Co., 1979.

② 王开科. 我国战略性新兴产业"阶梯式"发展路径选择——基于马克思资源配置理论视角的分析[J]. 经济学家, 2013(6): 21-29.

就业能力、引领科技创新前沿等方面发挥重要作用。[①] 但为了更好地适应全球技术变迁及国际经济发展格局的变化，把握好世界科技发展主方向，促进我国产业整体水平向全球价值链高端跃升，需要从经济史的视角重新审视战略性新兴产业发展的一般规律。

一、经济危机与产业技术革命

经济危机后国际产业分工格局发生显著变化：一方面，世界需求萎缩导致产业规模缩减，世界各国纷纷围绕产业升级和新技术产业化加快经济增长模式转型；另一方面，国际产业转移速度减慢，新型国际产业转移趋势逐步形成，新兴市场国家在全球产业体系中的话语权渐渐增强。这些新的变化为新科技革命和新兴产业的勃兴提供了良好的宏观条件。随着世界范围内科学技术加快发展，科技成果转化周期日益缩短，人工智能、信息技术、生物制药、新能源、纳米材料等前沿技术领域的突破性发展态势，带来了战略性新兴产业跨越式发展的新浪潮。

（一）后危机时代：催生新兴产业的关键时期

后危机时代（post-crisis era），是指危机缓和后出现的较为平稳的状态。[②] 一般呈现以下五种特征：第一，需求乏力是常态。一方面，主要发达国家在危机后改变以往低储蓄、高消费的增长方式，而国内市场需求也出现低迷状态；另一方面，全球贸易保护主义盛行，各国汇率战纷起，全球经济处于内忧外患的尴尬处境。第二，结构调整是趋势。后危机时代的全球共识是寻求经济再平衡，这意味着世界各国都要进行结构调整，除了调整

---

① 从2009年9月开始，国务院连续三次召开战略性新兴产业发展座谈会，并于2010年10月正式发布《国务院关于加快培育和发展战略性新兴产业的决定》纲领性文件，将七大产业作为重点培育的战略性新兴产业。

② 袁中华.我国新兴产业发展的制度创新研究[D].成都：西南财经大学，2011.

优化需求结构、产业结构和要素投入结构外，收入分配结构、体制结构、增长动力机制转化也是新兴国家进行宏观调控的主线。[①] 危机发生让世界诸多发达国家改变过度依赖金融和金融市场的现实，更加注重实体经济和制造业的发展，出现了"再工业化"(re-industrialization)的趋势。第三，自主创新是源动力。危机为新科技革命提供了赶超契机和物理空间，世界各国都致力寻求技术突破，实现弯道超车，全球进入创新密集和产业振兴时代。[②] 掌握核心竞争技术的国家，将会占据全球产业链高端地位，抓住增长动力转换的最佳契机，率先走出经济萧条实现跨越式增长。[③] 第四，低碳经济是新方向。结合应对全球气候变化，环境质量成为全球经济发展中的稀缺品，低碳经济、绿色经济、环保经济成为世界各国实体转型的方向，能源技术革命成为科技革命中的热潮。第五，制度创新是保障。随着资源禀赋在全球产业格局中的重新分配，不同利益集团矛盾凸显，垄断与反垄断斗争不断加剧，各国经济发展模式、规律、逻辑、机制发生截然不同的变化，急需配套的制度创新以适应经济转型发展。

全球经济发展史无数次经验表明，经济危机的发生也预示着新科技革命即将来临，一批批新兴产业总能在经济危机和科技革命的发展进程中孕育而生。新兴产业是一种历史阶段概念，其发展方式、战略、目标以及影响发展的核心因素随所处阶段不同而有较大差别。从产业发展史来看，新兴产业一般随新技术的研发和创新，以新技术的应用和产业化而发展成熟。纵观世界文明发展史，历次经济危机均为新兴产业发展提供了良好契机。这一典型化事实最早可以追溯到 14—15 世纪农奴制解体过程中。英国新兴资产阶级和新贵族发起的圈地运动引发社会生产关系重大变革，纺织、

---

　　① 中国经济增长与宏观稳定课题组.张平,刘霞辉,张晓晶,李成,常欣.后危机时代的中国宏观调控[J].经济研究,2010(11):4-20.
　　② 温家宝.让科技引领中国可持续发展[J].发明与创新:综合科技,2009(4):3-7.
　　③ 2009 年 11 月 3 日,温家宝在《让科技引领中国可持续发展》讲话中指出,世界各国谁能在科技创新方面占据优势,谁就能掌握发展的主动权。只有把建设创新型国家作为战略目标,把可持续发展作为战略方向,把争夺经济科技制高点作为战略重点,才能在全球竞争中实现跨越式发展。

运输、机器设备等新兴行业的兴起代表着第一次工业革命悄然到来。纺纱机、蒸汽机的出现使得英国劳动生产率提升较大,银行贷款额、工业投资额、产品需求量实现跨越式增长,保持了英国400多年的繁荣。过度的铁路投资引发的世界经济危机,催生了以电气革命为标志的第二次工业革命,推动人类社会从蒸汽时代走进电气时代。电力、电器、汽车、石油化工等新兴产业的发展推动工业文明成为主流,大量移民入境以及新土地的开拓,使得美国、德国迅速崛起、赶超。二战结束之后的第三次工业革命中,以原子能、航天科技、电子计算机、生物工程为代表的新兴产业快速发展,推动了传统产业升级换代,全球化、网络化、信息化、智能化的社会形态逐步形成新型人类文明,一直持续到石油危机。随着个人计算机、通信设备、微电子等产业的发展,信息高速公路计划、计算机的普及和大量信息基础设施投资,加快了美国走出石油危机的步伐。直到1998年,亚洲金融危机带来了互联网革命,网络时代真正来临。互联网产业和移动通信产业的飞速发展,彻底改变了人类生活方式和新兴服务业形态,各国又开始关注新能源产业和环保产业发展。后危机时代,市场需求日益膨胀,技术创新体系逐步完善,正催生以智能制造、新能源和生物技术为标志的第四次工业革命到来。① 2008年,百年罕见的金融危机对世界经济和全球经贸规则产生严重影响,主要发达国家通过加大创新投入,抢占世界科技制高点,培育新产业,挖掘新动能。中国经历了40多年的改革开放,已经成为世界第二大经济体,在新一轮新科技与新产业的竞争中,不能再次与新科技革命失之交臂,只有紧跟世界科技发展趋势,激发创新活力,才能进一步缩小与发达国家的差距,实现跨越式发展。

---

① 依据曾邦哲的观点,第四次科技革命以系统科学和系统生物学的形成为标志,以新能源为核心任务,以生物技术为重点。

(二)产业融合:新产业革命的基本特征

2008 年国际金融危机过后,中国正面临新一轮产业升级的关键节点。依据新古典经济学理论,中国当前的产业升级将会面临三大难题:一是产业升级往往是一个中长期的过程,但中国却要在中短期内实现;二是要在保持经济中高速增长的前提下实现升级,即实现一种无衰退的产业升级①;三是要实现政府产业政策干预的有效性,即"看得见的手"和"看不见的手"共同作用下的升级。如何破解这三大难题,需要从技术演进和产业变迁的视角重新审视新产业革命的基本特征与未来趋势。工业化和信息化高度融合是本次新产业革命的核心,其主旨在于革新制造模式、创新产业形态以及重建生产组织方式。② 基本特征表现在以下几个方面。

第一,本轮新产业革命不是爆发式的而是渐进式、渗透性的。不是以重大技术突破为主导的集中爆发,而是由长期积累的技术整合和产业化的模式创新推动的生产组织方式的重大变革。具体表现为:一是主要动力并非重大科学发现和革命性技术突破,而是技术整合和模式创新。二是并未改变原有主导产业基本格局,而是在现有产业基础上孕育出新模式和新业态。这种新变化来源于新技术手段与原有产业的融合,并促使众多产业领域互联互通。三是制造业和服务业的高度融合。③

第二,新兴国家面临产业同发机遇,有望缩小与发达国家技术差距。2008 年金融危机过后,发达国家纷纷提出"再工业化"战略④:一是通过运用新的技术手段,实现新的制造业领导优势,促进实体经济的回归和发展。

---

① 赵伟.阅读"后危机"中国经济[M].大连:东北财经大学出版社,2014.
② 黄先海,诸竹君.新产业革命背景下中国产业升级的路径选择[J].国际经济评论,2015(1):7,112-120.
③ 李佐军.第三次大转型:新一轮改革如何改变中国[M].北京:中信出版社,2014.
④ "再工业化"是 20 世纪 70 年代,在改造德国鲁尔地区、美国东北部和日本九州等重工业基地时提出的,主要针对工业品竞争力下降、产业地位不断降低、工业投资海外转移等经济现象,主导重回实体经济,使工业投资在国内集中,防止本国产业空心化。

二是突出低碳环保特点，以节能环保和新能源产业为重点，如美国的"制造业回归战略"[①]以及欧盟推出的"低碳转型计划""绿色产业计划"等战略。作为新兴国家代表的中国也提出发展战略性新兴产业。在新产业革命的萌芽阶段，新兴国家面临与发达国家同发的产业创新地位机遇。如果能在此次产业革命中取得一席之地，就可以在新的技术模式和产业模式中具备与发达国家近似的水平，缩小与其在技术上的差距。

第三，集聚型、规模化产业链纵向分离格局将向智慧化、网络化系统发展。为适应全新生产模式，在各产业内部和产业之间，组织方式的网络化和虚拟化成为一种趋势。一是生产组织的虚拟化，新一代信息技术的快速发展实现了物质转换为信息的过程，生产组织渐趋虚拟化、数字化。二是产业组织的网络化，网络科技将各国的生产环节连成一体，通过电子商务平台等新商业模式，形成基于智慧网络的全球价值链系统。

(三)技术升级:战略性新兴产业的基础支撑

经济危机正在加速催生新的科技革命和产业革命，世界产业和技术正发生一些新的动向和趋势，新能源、新材料、信息科技、互联网、生物医药等领域新技术的裂变升级，为战略性新兴产业的发展奠定坚实基础。

第一，智能制造将主导未来制造业发展方向。以3D打印机和新一代机器人为代表的智能制造业的应用与改进将会成为未来相当长时期内制造业发展的前沿领域。[②] 通过人机共事，扩大、延伸和部分取代原有人工专家从事的分析、推理、判断、决策等智能活动成为可能。个性化、定制化生产模式将逐步替代原来的规模化、标准化生产模式，社会生产和日常生

---

① 20世纪50年代初，美国制造业增加值占世界总和的40％，2002年下降至30％，2012年进一步下降至17％。随后，在奥巴马政府一系列制造业政策推动下，借助美国汇率的竞争力、"页岩气革命"以及劳动力成本差距缩小等因素，美国制造业复苏。

② 黄先海,诸竹君.新产业革命背景下中国产业升级的路径选择[J].国际经济评论,2015(1):7,112-120.

活将会更加关注新一代信息技术与高端制造融合的集成创新,实现优化工艺,提高效率。从制造的产品来看,智能制造业通过嵌入数字化、网络化、智能化技术,提高了产品的信息技术含量和附加值。

第二,信息技术将深刻改变人类生产方式和生活方式。以物联网、云计算、大数据为代表的新一代信息技术已经成为新旧动能转换的重要引擎,集成电路、移动通信、软件设计、可穿戴移动终端、语音识别、智能终端等已经应用在人类生活的方方面面,极大地改造了传统商业模式,提高了生产决策水平,用全新的技术思路和生产工具解决交通、教育、医疗等公共问题,提高了日常生产、生活效率。相比于物联网和云计算,大数据产业发展较晚,未来的前景更加广阔。目前,在新一代宽带、下一代互联网等领域的企业日益呈现出提供综合服务的发展模式,体现出新一代信息技术、制造业和服务业的融合发展趋势。

第三,新能源技术取得重大突破,人类即将迎来新的绿色革命。风力发电、太阳能光伏发电、生物质能源等产业蓄势待发,新能源汽车产业发展如火如荼。2009年,混合动力电动车实现商业化运用,全球销量近200万辆。采用高性能锂离子电池盒一体化电力驱动系统技术的纯电动汽车市场需求逐年提升,2016年,全球纯电动汽车销售量达到200万辆。我们可能迎来一场以绿色、低碳、环保为代表的新能源革命。目前,新能源产业发展方向主要是两个:一是新能源的开发和利用,二是新能源供应方式的改进。当前新能源产业发展的主要瓶颈是供应方式,需要将通信技术、网络技术运用到新能源供应上来,实现以互联网为基础的智能分配网络。

第四,新材料涌现孕育重大革命性突破。其发展趋势主要表现为:一是与其他技术领域深度融合,形成多学科、多领域的发展模式;二是呈现出绿色化和可持续发展的特点。低维材料、纳米技术、半导体材料的研发再造,将对能源转换、临床移植、智能生活、卫生健康、产业链升级等领域产生跨越性理论突破和产业变革。例如:具有诱导组织再生能力的智能生物材料,能主动修复和提升机体组织性能;光催化材料大幅度提高太阳能转化效率,能满足世界大功率器材产业发展的需求;纳米银"镶嵌"的钛合金将为临床医学提供抗菌的生物移植器材。可见,专业化、复合化、精细化的新材料广泛应用于生物、医疗、能源等领域,为新科技革命和产业升级提供了大量物质基础。

第五,效率革命将催生大量新兴产业和新型社会关系。随着互联网信息平台、云计算和大数据的应用,技术变革、生产组织和管理方式不断发展,体制改革、流程再造、物流网建设为效率革命提供了机会可能,对社会生产和社会组织产生重要影响。随着智能设备、互联网和以比较优势为基础的全球价值链分工的不断升级完善,企业生产经营活动随因比较优势形成的价值链分割而呈现出分散化、专业化、精细化特点,国际分工不再传统守旧,全球协同合作的效率革命发生。生物、能源、材料、信息、互联网等产业的跨界融合,将有可能生成新兴产业模式和新型社会生产关系。

二、战略性新兴产业演进的动态过程

结合已有的对新兴产业的描述[1],一般认为战略性新兴产业是指随着新科技成果的应用而出现的代表先进技术发展方向,具有广阔的市场需求,能够实现引领带动、产业替代、经济效益等作用,终将成为附加值高、回报率高、成长性高且对国家具有主导性、支柱性、战略性的产业群体[2]。可见,战略性新兴产业的发展具备两个必要条件:一是技术创新,为战略性新兴产业提供源动力和创新泵,是产业发展绵绵不断的核心竞争优势;二是市场需求,代表未来消费需求的方向和潜力。

---

[1]　M B Low, E Abrahamson. Movements, Bandwagons, and Clones: Industry Evolution and the Entrepreneurial Process[J]. Journal of Business Venturing, 1997(6):435-457.

[2]　董树功.战略性新兴产业的形成与培育研究[D].天津:南开大学,2012.

(一)战略性新兴产业特征的研究

一般来说,新兴产业由于处于产业发展的初期,游戏规则并不健全,发展过程中充满各种风险[1],主要有三种:一是技术风险。新兴产业通常技术不确定性很高,如果主导性技术选择偏误,将会导致新兴产业发展失败。二是市场风险。虽然新兴产业生产的产品市场认同度较低,但产品成本和价格并不低,因而投资者介入该产业时会面临较大的市场风险。[2] 三是政策风险。基于新兴产业前期投入高、市场风险大的特征,如果政府没有相关产业政策的倾斜,新兴产业就可能会在初始阶段面临较大困境,后续发展乏力。如果政府过度干预,也有可能会造成产业发展偏离市场需求,最终无法得到市场的认可,从而走向失败。除上述特点外,新兴产业还具备一些其他特点,如:具有全局性、长远性、导向性和动态性[3];具有生产要素高度专用性[4];有专门的设计、技术人员、管理人员,有专业的生产技术装备等[5]。

战略性新兴产业高投入产出比的特点通过较强的产业带动力有效推动产业结构优化升级。以创新为主要驱动力的高回报率是战略性新兴产业的基本特征。[6] 通常战略性新兴产业应掌握产业关键核心技术,拥有成熟技术的产业更容易实现规模化发展,且在不同的发展阶段呈动态演化趋势。[7] 战略性新兴产业具有较大的市场潜力和高全要素生产率,通过吸收和溢出效应,在高速增长的同时带动相关产业发展。[8] 较高的战略性新兴

---

[1]　M Porter. Competitive Strategy[M]. New York: Free Press,1980.

[2]　李树人.资源型城市新兴产业规模化研究[D].太原:山西大学,2007.

[3]　王忠宏,石光.发展战略性新兴产业推进产业结构调整[J].中国发展观察,2010(1):3.

[4]　袁晓娜.新兴产业扶持政策的逆向选择效应研究[D].大连:大连理工大学,2009.

[5]　史忠良,何维达.产业兴衰与转化规律[M].北京:经济管理出版社,2004.

[6]　刘峰.浅析我国战略性新兴产业技术创新[J].科技创新与生产力,2010(12):27-31.

[7]　吴传清,周勇.培育和发展战略性新兴产业的路径和制度安排[J].理论参考.2010(11):8-9;王军,汪欢欢.成都市加快发展新兴产业的思考和建议[J].成都发展改革研究,2009(4):31-35.

[8]　刘志阳,施祖留.我国战略新兴产业自主创新问题与对策研究[J].福建论坛(人文社会科学版),2010(8):10-16.

产业全要素生产率,一方面能较快实现规模化发展和规模效应,扩大市场规模,另一方面能通过科技创新引领带动作用,提升整个行业全要素生产率水平[①],高端化的战略性新兴产业发展路径是推动经济转型升级的主导力量[②]。

(二)战略性新兴产业的形成动因

探究产业成长的理机制和内生规律对提升产业层级、促进经济结构转型具有重要作用。对战略性新兴产业发展规律和机制的研究需要从产业发展的一般性规律切入,以产业生命周期、产业竞争力"钻石模型"、市场失灵等产业发展理论为视角,归纳总结产业动态发展的一般规律及动因、战略性新兴产业动力要素和发展规律。

1. 产业动态发展的一般规律

自产品生命周期提出以后,产业发展的生命周期相关研究开始兴起。随后,在 A-U 模型[③]的基础上,产业生命周期被划分为新兴、迅速发展、稳定发展、迟缓发展和逐渐退出等五个阶段,第一个产业生命周期模型(G-K 模型)建立[④]。接下来,相关学者进一步对 G-K 模型进行了技术内生化的发展,认为产业生命周期包括成长、淘汰和稳定三个阶段[⑤],有学者则沿着另一条路径对 G-K 模型进行拓展,着重强调产业特征和厂商特征对产业存活的影响,开了从市场结构内部研究现代产业组织的理论先河[⑥]。为了

---

① 刘国光,李京文.中国经济大转变:经济增长方式转变的综合研究[M].广州:广东人民出版社,2001.

② 任保全,王亮亮.战略性新兴产业高端化了吗?[J].数量经济技术经济研究,2014(3):38-55.

③ A-U 模型,即 Abernathy-Utterback 创新过程模型,以产品生命周期理论为基础,对产品创新、工艺创新和组织结构之间的规律进行了演化分析,是一种短期的产业创新动态过程模型。

④ M Gort,S Klepper. Time Paths in the Diffusion of Product Innovations[J]. Economic Journal,1982(367):630-653.

⑤ S Klepper,E Graddy. The Evolution of New Industries and the Determinants of Market Structure[J]. Rand Journal of Economics,1990(1):27-44.

⑥ M Gort,R Agarwal. Firm and Product Life Cycles and Firm Survival[J]. American Economic Review,2003(2):184-190.

强化技术创新的内生性，技术效率存活的寡头进化理论阐述了技术创新对产业集中度、市场进入、退出以及厂商分化的影响。随着创新的信息流动更加畅通，成长期的新兴产业会采用更多的产品创新和更加结构化的新产品来应对竞争威胁。但也有研究表明，模仿外部性使得企业生产率的增长与创新活动并不相关。[①]

产业发展的动因研究大多具有以下几种观点。第一，大部分产业依循生命周期规律。新的小生产商最先进入市场，在市场选择机制的作用下，不断增长的需求导致市场最终趋于集中。[②] 但也有研究认为，产业周期性的动态变化顺序在产业间存在异质性。[③] 第二，创新行为对产业发展具有重要影响。创新是产业内不同行为主体间互动的结果，企业自身能力、"干中学"、企业家才能以及企业间形成的正式或非正式协作关系都会影响产业发展和区域性产业集群形成。[④] 部分学者对 R&D 与创新的研究也得出了相似的观点，认为创新与产业动态演化存在着密切的联系，这一联系主要是由于 R&D 与专利竞赛博弈会影响市场结构的动态变化，从而使得产业呈现出动态发展的趋势。第三，部分经验研究从市场结构和企业演化论、结构主义的视角出发，认为技术演变、市场规律以及具有主导性产业的

[①]　T J Klette, S Kortum. Innovating Firms and Aggregate Innovation[J]. Journal of Political Economy, 2004(5):986-1018;S Braguinsky,S Gabdrakhmanov,A Ohyama. A Theory of Competitive Industry Dynamics with Innovation and Imitation[J]. Review of Economic Dynamics, 2007(4):729-760.

[②]　W J Abernathy, J M Utterback. Patterns of Industrial Innovation[J]. Technology Review, 1978(7):40-47;J M Utterback. Mastering the Dynamics of Innovation: How Companies Can Seize Opportunities in the Face of Technological Change[M]. Cambridge: Harvard Business School Press, 1994.

[③]　S Klepper, K L Simons. Technological Extinctions of Industrial Firms: An Inquiry into Their Nature and Causes[J]. Industrial & Corporate Change, 1997(2):379-460;P Geroski. The Evolution of New Markets[M]. Oxford University Press, 2003.

[④]　F Malerba. Sectoral Systems of Innovation and Production[J]. Research Policy, 2002(2):247-264.

出现,都是产业动态发展的动因。① 有学者认为企业在市场中的试探性投资一旦取得成功,就会扩大生产规模,因而市场选择出的成功企业的成长会导致产业成长和市场结构转换。② 那么,不同地区的产业发展程度是否相同? 学者们一般通过"地区间产业专业化"及"地区内产业专业化"两个方面来解释地区间或地区内产业发展趋势。例如,大量研究认为地区间产业专业化指数随经济发展呈现倒 U 形曲线关系③,可以利用新贸易理论和新经济地理理论提出的"中心-外围"模型予以解释④,而地区内产业专业化指数随经济发展呈现 U 形曲线关系⑤,原因在于消费者需求多样化、技术进步和制度改善的共同作用,造成地区内产业专业化程度不平衡⑥。

2. 战略性新兴产业动态演进特征

战略性新兴产业的形成和发展与传统幼稚产业相比,有其内在的规律和特征,一般起源于重大科学发现和技术更新突破,面临"技术"和"市场"双重风险。

第一,战略性新兴产业在发展初期蕴含的巨大外部性,可对全社会技术进步构成重大影响。传统幼稚产业以劳动密集型和资本密集型为主,技术相对落后,而战略性新兴产业一般以高新技术为支撑。"主导设计"模型发现:在产业向前演进的过程中,会出现一种主导性设计,而这种设计会锁

① B Jovanovic, G M MacDonald. The Life Cycle of a Competitive Industry[J]. Journal of Political Economy, 1994(2):322-347;R R Nelson, S G Winter. An Evolutionary Theory of Economic Change[M]. Cambridge:Harvard University Press, 1982;许晶华.信息产业演变规律:进化论与结构主义的理论研究[J].情报科学,2001(10):1022-1024.

② R Ericson, A Pakes. Markov-perfect Industry Dynamics:A Framework for Empirical Work [J]. The Review of Economic Studies,1995(1):53-82.

③ S Kim. Expansion of Markets and the Geographic Distribution of Economic Activities:The Trends in US Regional Manufacturing Structure, 1860—1987[J]. The Quarterly Journal of Economics,1995(4):881-908.范剑勇.市场一体化、地区专业化与产业集聚趋势——兼谈对地区差距的影响[J].中国社会科学,2004(6):39-51;樊福卓.地区专业化的度量[J].经济研究,2007(9):71-83.

④ M Fujita, P R Krugman, A J Venables, et al. The Spatial Economy:Cities, Regions and International Trade[M]. Cambridge:MIT Press, 1999.

⑤ 施平、郑江淮.创新与产业专业化变迁:江苏例证[J].产业经济研究,2010(6):43-48,56;林秀丽.地区专业化、产业集聚与省区工业产业发展[J].经济评论,2007(6):140-145.

⑥ 张建华、程文.中国地区产业专业化演变的 U 形规律[J].中国社会科学,2012(1):76-97.

定未来产品开发的路线，并引发一系列过程创新，通过技术转移、推广、模仿再创造，逐步向产业链上下游延伸，并引起其他企业效仿，逐渐形成战略性新兴产业集群。[①] 因此，创新是新兴产业产生和发展的基础。[②] 在选择进入战略性新兴产业时，需要准确把握新科技革命和产业发展新趋势，结合自有资源禀赋和产业特点，选择适宜技术和适当产业进行发展。同时，强化政策供给，支持基础性研发，以税率优惠和补贴等形式化解资金风险，避免先发国家技术压制。美国加利福尼亚地区生物技术产业快速发展，是因为其适应了早年发展计算机产业的"遗传基因"。[③] 旧金山、圣迭戈生物城与之类似。[④] 波士顿新兴产业的发展正是依靠当地先前发展信息技术产业所建立的科技资源以及世界一流大学、政府的科技支撑计划等。[⑤] 在产业成长期，不同技术体系的竞争扩张和主导性设计的确定，能够有效解决大部分产品开发和工艺流程问题，随着上下游产业配套技术的同步优化升级，将构成全方位新的技术体系。

第二，战略性新兴产业中期形成的重大产业关联性，可能局部或全局重塑国家产业结构。产业升级一般有三种形式（见图1-1）：一是以产品技术升级为动能的产品多样性提升和产品功能完善，使得新一批附属新兴产业因旁侧效应运而生。二是以上游研发产业向下游产品制造加工及市场推广和下游制造业向上游产品研发转变为特点的产业链延伸，将形成整个产业结构向技术含量不断提高、产品附加值逐步提升转变的循环模式。

---

① F F Suárez，J M Utterback. Dominant Design and the Survival of Firms[J]. Strategic Management Journal，1995(6)：415-430.

② D B Audretsch. Innovation and Industry Evolution[M]// Innovation and Industry Evolution. Cambridge：MIT Press，1995：81-99.

③ M Prevezer. Ingredients in the Early Development of the US Biotechnology Industry[J]. Small Business Economics，2001(1)：17-29.

④ S Casper. How Do Technology Clusters Emerge and Become Sustainable?：Social Network Formation and Inter-firm Mobility Within the San Diego Biotechnology Cluster[J]. Research Policy，2007(4)：438-455.

⑤ 翁媛媛.饶文军.生物技术产业集群发展机制研究——以美国波士顿地区为例[J].科技进步与对策.2010(6)：54-59.

在战略性新兴产业发展过程中,科研成果产业化引发新兴产业与上下游关联产业齐头并进,成为战略性新兴产业发展的主要形式,市场竞争程度加剧和产品更新速度加快,使得很多新兴产业从"生产—销售"模式转变为"研发—生产—销售"模式,产业链的延伸和拓展将为产业结构重塑提供无限可能。三是新兴技术形成新兴产业,由技术变革衍生的新兴产业形态将重塑人类生产、生活方式,随着传统技术的淘汰和新技术的应用,新兴产业部门通过技术转移、扩散、溢出等形式促进相关产业同步发展,从而形成新兴产业集群。战略性新兴产业的产品一般具有高产品质量、高附加值的特点,客观上需要一定的"技术根基"进行产品创新,或者以创新替代品开始新一轮产品生命周期,通过技术协同作用改善优化相关要素的配置质量和效率,推动产业转型升级。

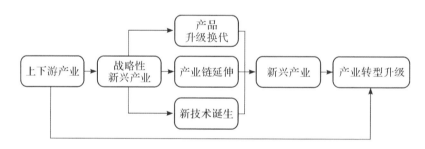

图 1-1 战略性新兴产业促进产业升级的作用机制

第三,战略性新兴产业由于投入较大且具有较大弹性,可能对政府外部激励环境存在依赖性。战略性新兴产业的动力要素存在反馈作用的复杂系统:一是市场在资源配置上起决定性作用,决定资金、人员、技术等要素的流向和分配,其转化为中间投入和技术研发投入影响产出;二是通过市场机制,消费者需求与企业产出进行匹配,使销售收入成为企业所得,再进行新一轮生产活动;三是政府在制定政策和法规为战略性新兴产业提供经费资助的同时,建立完善的科技服务基础设施,支撑和保障战略性新兴产业生产活动。战略性新兴产业的兴起和发展需要大规模 R&D 投入、产业资源重新整合配置、市场需求重新定位评估、制度框架设计和变革、商业模式和行为规范再确立等,使得纯粹的市场自发模式或纯粹的政府培育模式均不能适应战略性新兴产业的发展需求。

第四,原生型战略性新兴产业相较于传统产业在萌芽阶段具有较长的潜伏准备时间,后期将主导新兴产业集群和区域创新网络形成(见图1-2)。传统产业一般具有稳定的市场需求和市场规模,传统技术占比较大,技术结构相对落后。而战略性新兴产业的产生需要成熟的技术基础、雄厚的资金实力、完善的基础设施、强大的研发团队,这些都需要经历较长的时间周期。只有对科技革命和技术发展趋势的洞察把握和较长时间的技术积累,才能较快形成具有知识产权的新产品,进而带动整个行业的发展,一旦创新失败,将给企业带来毁灭性打击。市场需求不仅是新市场的形成和新技术的产业化,也表现为消费者对新产品和新技术的价值感知偏好,从而研发、生产、设计、改造消费者"定制化"服务。技术进步逐步唤醒、开发、引导市场的潜在需求,使产品供给在市场机制的作用下与消费者需求有效对接,从而为战略性新兴产业的发展提供广阔市场空间。在市场竞争作用下,创新效应逐步发挥,企业间交易协作频繁,产品供应商专业化分工出现,导致产业市场结构分化,新兴产业群体不断涌现。我国战略性新兴产业面临国际市场的"两重阻击"和国内市场"两个背离",国内市场和国际市场对战略性新兴产业的影响存在异质性。[①] 良好的创新环境、创新能力和创新主体以及合理的政策引导、高效的外部环境和良好的机制体制是战略性新兴产业的必要发展条件与环境。在产业发展阶段,完善的产业扶持配套体系有利于战略性新兴产业集群式发展。在空间集聚性方面,战略性新兴产业的存在引起从事创新活动、产品开发、生产销售、广告推广的企业空间聚集,形成上下游衔接的产业链,在地区上创造集聚优势和创新引擎,具

---

① 熊勇清,李鑫,黄健柏,等.战略性新兴产业市场需求的培育方向:国际市场抑或国内市场——基于"现实环境"与"实际贡献"双视角分析[J].中国软科学,2015(5):129-138.

有较强的市场渗透力。在创新网络的形成方面，战略性新兴产业集聚会加速形成"科学研究—技术研发—产品创新—市场推广"分工体系，有利于通过技术协作平台、风险投融资平台、创新成果交易转化平台提高区域创新水平。

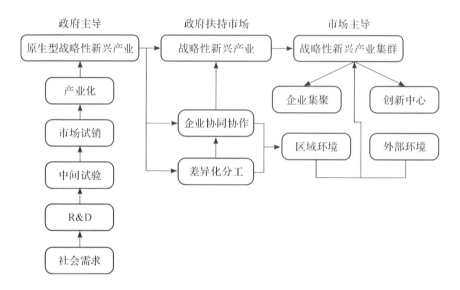

图 1-2　战略性新兴产业成长路径

(三)战略性新兴产业发展规律与机制

战略性新兴产业的发展规律不仅遵循产业萌芽、发展、成熟、升级的一般性特征，还有其自身特殊的成长规律和路径，资源条件、要素禀赋、科技水平等产业资源以及机制体制、地区文化等外部支撑条件构成了战略性新兴产业成长动力系统。系统技术的优越性、可升级性、初始用户基数、联盟治理能力、金融资本的催化以及国家作用是影响战略性新兴产业的六大决定因素。[1] 随着企业自主创新能力提升和新产品、新模式、新工艺的推广

---

[1]　刘志阳.战略性新兴产业主导设计形成机制与竞争策略研究[J].经济社会体制比较,2010
(5):165-172.

应用,战略性新兴产业实现了龙头型集群、核心企业型集群和横向产业集群。[①] 当前,我国正处于从工业化后期前半段向后半段过渡的关键时期[②],新一代人工智能、新能源、新材料等新兴领域和前沿方向的革命性突破正重塑全球制造业生产格局。习近平总书记指出,要深入推进信息化和工业化深度融合,着力培育战略性新兴产业。[③] 随着全球技术演变加速和市场竞争加剧,经济全球化为实现跨国、跨地区的资源优化配置和制造业企业发展创造了有利条件。如何从价值链分工、创新体系构建、市场空间开拓和政府作用等方面促进战略性新兴产业在全球生产网络中跨越式发展是当前及今后一段时期的重要议题。本章试图从价值链分工、创新体系、市场需求、政府行为等方面来总结梳理战略性新兴产业的发展规律和机制。

1. 价值链分工:寻找战略性新兴产业发展的赶超时机

比较优势是各国参与国际分工的基础,但如果过多地强调按资源禀赋参与国际分工将使得"贫困式发展"成为各国面临的赶超桎梏。[④] 先动优势的多阶段产生机制表明,企业的技术前瞻性、市场洞察力及产品流程改进能力,会引起企业率先进入新兴产业,先进企业的新兴技术领导权、资产要素占用权以及消费者转换成本,使得新进入企业与跟随进入企业存在绩效差异。[⑤] 而跟随进入者可以通过"搭便车"效应(模仿创新)、技术"机会窗口"效应(突破性技术变革)、决策成本效应(降低风险)以及"在位者惰

---

①　刘志阳,程海狮.战略性新兴产业的集群培育与网络特征[J].改革,2010(5):36-42.

②　郭克莎.中国经济发展进入新常态的理论根据——中国特色社会主义政治经济学的分析视角[J]经济研究,2016(9):4-16.

③　2015年5月27日,习近平总书记在浙江召开华东7省市党委主要负责同志座谈会时指出,产业结构优化升级是提高我国经济综合竞争力的关键举措。要加快改造提升传统产业,深入推进信息化与工业化深度融合,着力培育战略性新兴产业,积极培育新业态和新商业模式,构建现代产业发展新体系。

④　郝风霞.战略性新兴产业的发展模式与市场驱动效应[J].重庆社会科学,2011(2):54-58.

⑤　M B Lieberman,D B Montgomery. First-mover Advantages[J]. Strategic Management Journal,1988(S1):41-58.

性"效应(技术赶超)取代或者赶超在位企业。[①] 一般来说,以顺比较优势介入全球价值链分工能有效促进战略性新兴产业的发展,这主要得益于国际分工可以导致参与国非熟练劳动力和熟练劳动力之间的相对工资差距以及相对就业差距不断扩大,进而促进发展中国家的产业结构升级[②],而介入全球价值链分工的时机一般受技术变革速度、市场演变速度以及晚进入隔离机制的影响。当战略性新兴产业市场环境较为稳定时,企业的先动优势比较明显,后进入企业很难突破先进入企业的隔离机制。而当市场环境波动较大时,一般跟随企业的后发优势比较明显,可以通过技术变革的机会窗口,成功赶超在位企业。[③] 对于先进入企业来说,通过差异化能力构建、宽度技术竞争以及推动主导性设计等策略获取先动优势效应,而后发企业则通过以"模仿创新"为主体的标杆学习、成本领先以及"资源杠杆"策略等方式占据利基市场,避免在位企业的市场挤压。[④] 各国产业赶超经验表明,融入全球价值链(GVC)低端的远离前沿经济体,很难在发达国家主导的 GVC 下实现价值链"攀登",而那些最初定位为 GVC 低端的企业通过转型构建国内价值链(NVC)的后进企业,逐渐实现了产业升级,原因

① M B Lieberman,D B Montgomery. First-mover Advantages[J]. Strategic Management Journal. 1988(S1):41-58;R A Kerin,P R Varadarajan,R A Peterson. First-mover Advantage:A Synthesis,Conceptual Framework,and Research Propositions[J]. The Journal of Marketing,1992 (4):33-52;M T Hannan,J Freeman. Structural Inertia and Organizational Change[J]. American Sociological Review,1984(2):149-164.

② R C Feenstra,G H Hanson. Globalization,Outsourcing,and Wage Inequality[J]. The Americon Economic Review,1996(2):240-245.

③ F F Suarez,G Lanzolla. The Role of Environmental Dynamics in Building a First Mover Advantage Theory[J]. Academy of Management Review,2007(2):377-392.

④ D S Cho,D J Kim,D K Rhee. Latecomer Strategies:Evidence from the Semiconductor Industry in Japan and Korea[J]. Organization Science,1998(4):489-505;D M Szymanski,L C Troy,S G Bharadwaj. Order of Entry and Business Performance:An Empirical Synthesis and Reexamination [J]. The Journal of Marketing,1995(4):17-33;M K Bolton. Imitation Versus Innovation:Lessons to Be Learned from the Japanese[J]. Organizational dynamics,1993(3):30-45;S P Schnaars. Managing Imitation Strategies:How Later Entrants Seize Markets from Pioneers[M]. New York:Free Press,1994.

在于形成了依附于 NVC 终端集成且掌握关键核心技术的主导企业。[①] 这些拥有自主创新能力、掌握关键技术的主导企业通过 NVC 建立模块网络,能够以较快的速度和较强的敏感性捕捉到新技术在生产、交易、分配领域的创新与应用时机,从而促进了战略性新兴产业的发展。此外,价值链分工的细化还会使中间产品层次增多,生产迂回程度提高,为战略性产业演化和结构调整创造了可能,也为战略性新兴产业的发展提供了较好的历史机遇。[②]

2. 创新体系:提升战略性新兴产业市场竞争力

较快的生产率增长是战略性新兴产业获取竞争优势、实现规模效应和规模化发展的基本条件之一[③],从产业链、价值链、创新链、服务链和生态链等方面推动战略性新兴产业高端化发展[④],将有效推动国家全要素生产率提升[⑤]。创新驱动分为三个层次:第一个层次是以渐进式创新和突破式创新为代表的技术积累过程。随着产品不断更新换代,新的产业逐步发展起来,在技术的"导入期",新技术、新模式、新产品、新业态将呈现爆炸性增长。技术进步的模块化功能使得进入和竞争在新的模块边界处会增加及增强,进而为发展中国家参与复杂产品的设计和标准制定提供了机会。[⑥]随着率先进入者建立新兴技术知识目录,技术演进的"时间效应"和"时间压缩的不经济性"使得跟随进入者需要付出更多的时间成本进行赶超[⑦],

---

① 刘志彪,于明超.从 GVC 走向 NVC:长三角一体化与产业升级[J].学海,2009(5):59-67;何郁冰,陈劲.技术多元化研究现状探析与整合框架构建[J].外国经济与管理,2012(1):46-56.

② 陈凯.中国服务业内部结构变动的影响因素分析[J].财贸经济,2006(10):53-58;华德亚,董有德.跨国公司产品内分工与我国的产业升级[J].当代经济管理,2007(5):78-81;杨圣明.关于服务外包问题[J].中国社会科学院研究生院学报,2006(6):23-28.

③ 范拓源,尤建新.战略性新兴产业发展规划与管理[M].北京:化学工业出版社,2011.

④ 刘志彪.战略性新兴产业的高端化:基于"链"的经济分析[J].产业经济研究,2012(3):9-17.

⑤ 刘国光,李京文.中国经济大转变:经济增长方式转变的综合研究[M].广州:广东人民出版社,2001.

⑥ R E Baldwin. Managing the Noodle Bowl: The Fragility of East Asian Regionalism[J]. The Singapore Economic Review,2008(3):449-478.

⑦ G Dowell,A Swaminathan. Entry Timing,Exploration,and Firm Survival in the Early US Bicycle Industry[J]. Strategic Management Journal,2006(12):1159-1182.

这隐含了发展中国家新兴产业可以通过早期技术创新获取跨越式发展的可能[①]。第二个层次是企业创新和市场创新。企业创新一般是指企业通过技术更新和微调,产品包装、广告、售后服务,管理模式、劳工模式及激励制度重构以及资源配置结构、领导机构优化等生产要素重新组合提高企业生产效率,增强市场竞争力。企业在新市场中的空间范围是其存活能力及市场竞争力的重要决定因素,即新兴产业一般会对某个狭窄的产品领域进行增量性变革。[②] 而完整的分销渠道和资源积累、高强度的广告宣传、高效的组织架构、合理的产权结构等"非产品竞争"也是后发企业进行赶超的重要创新工具。[③] 第三个层次是产业创新,即以技术创新和企业创新的深度融合为标志的网络化、开放性、协作化赶超路径。一般通过产业价值链重构、产业集群化发展、产品平台搭建、企业社会网络构成等区域创新系统要素实现战略性新兴产业跨越发展。对 1978—2005 年加利福尼亚州圣迭戈地区生物技术企业的调查发现,新兴产业成功的秘密就在于当地科学家、企业家、管理者之间的非正式联系以及区域内劳动力的充分流动性。[④]

3. 市场需求:拓宽战略性新兴产业市场空间

产业发展离不开市场需求,市场选择机制会通过三个层次影响战略性新兴产业发展:第一,自然淘汰旧范式的产业形态;第二,因与本土市场在文化、历史、基础设施等方面具有超适应性,"自然选择"产生出适应市场培

---

① 林毅夫.潮涌现象与发展中国家宏观经济理论的重新构建[J].经济研究,2007(1):126-131;刘志阳,施祖留.我国战略新兴产业自主创新问题与对策研究[J].福建论坛(人文社会科学版),2010(8):10-16.

② G Dowell, A Swaminathan. Entry Timing, Exploration, and Firm Survival in the Early US Bicycle Industry[J]. Strategic Management Journal,2006(12):1159-1182.

③ S P Schnaars. Managing Imitation Strategies: How Later Entrants Seize Markets from Pioneers[M]. New York: Free press, 1994;郭晓丹、宋维佳.战略性新兴产业的进入时机选择:领军还是跟进[J].中国工业经济,2011(5):119-128;罗珉,马柯航.后发企业的边缘赶超战略[J].中国工业经济,2013(12):91-103.

④ S Casper. How Do Technology Clusters Emerge and Become Sustainable?: Social Network Formation and Inter-firm Mobility Within the San Diego Biotechnology Cluster[J]. Research Policy,2007(4): 438-455.

育的战略性新兴产业[①]；第三，高端的本土市场需求倒逼战略性新兴产业
高端化。经历本土市场的"尝试—纠错—再尝试"阶段后，异质性消费群体
逐步向同质化转变，为战略性新兴产业提供了广阔的市场空间。丰富的资
金、较为丰富的自然资源与高质量的劳动力固然是产业发展的先决条件，
但国内对新产品的需求才是战略性新兴产业得以发展的基础。[②] 也有研
究认为，国内市场和国际市场的协同作用，将比两类市场单独作用产生更
大的溢出红利，对于战略性新兴产业的绩效有正向的拉动作用。[③] 从企业
链来看，价值网络[④]是由企业、供应商、顾客、竞争对手等利益相关者组成
的价值创造体系，主要参与者包括核心企业、节点企业和顾客[⑤]。研究市
场需求对战略性新兴产业发展的作用机制，不能忽视企业组织与"产品生
产—销售链"的价值创造能力。企业核心能力影响价值网络的价值创造，
价值网络的核心企业具有较大竞争优势，后发企业可以通过对价值网络的
虚拟整合，从而寻求更大的技术、市场、知识、要素空间，通过价值网络重构
和升级突破产业低端锁定。[⑥] 也有研究从国际投资视角研究战略性新兴
产业发展的机制，第一类观点认为对外直接投资能影响母国产业结构升
级，通过在经济部门之间创造较强的外部经济，促进战略性新兴产业发展，
但客观上要求跨国公司在东道国的投资项目具有"发动机单位"的职能。

[①]　P A David. Clio and the Economics of QWERTY[J]. The American Economic Review，1985
(2)：332-337.

[②]　郝凤霞.战略性新兴产业的发展模式与市场驱动效应[J].重庆社会科学，2011(2)：54-58；聂
洪光.自主创新与新兴产业发展路径研究[J].南北桥，2010(3)：85-87.

[③]　熊勇清，李鑫，黄健柏，等.战略性新兴产业市场需求的培育方向：国际市场抑或国内市场——
基于"现实环境"与"实际贡献"双视角分析[J].中国软科学，2015(5)：129-138.

[④]　价值网络最早由 Mercer 顾问公司著名顾问 Adrian Slywotzky 提出。与传统的供应链不同，
价值网络以顾客为中心，并且注重整个网络成员中共同效率的提高，具有较小的交易成本。

[⑤]　R Gulati，N Nohria，A Zaheer. Strategic Networks[J]. Strategic Management Journal，2000
(3)：203-215.

[⑥]　J Humphrey，H Schmitz. How Does Insertion in Global Value Chains Affect Upgrading in
Industrial Clusters? [J]. Regional Studies，2002(9)：1017-1027；王树祥，张明玉，郭琦.价值网络演变
与企业网络结构升级[J].中国工业经济，2014(3)：93-106.

但也有部分国家的产业转移及对外投资,可能扭曲本国产业结构。① 第二类观点认为对外直接投资能通过跨国兼并收购、成立技术研发机构、建立技术开发性合资企业等形式获取海外资金、技术和知识要素,以提升战略性新兴产业创新绩效。② 第三类观点认为外国直接投资对本国战略性新兴产业的技术转移或技术溢出效应取决于本土企业的技术吸收能力以及国外企业的技术封锁程度,将战略性新兴产业纳入全球价值链、创新链以及国家创新体系,能有效提升其市场空间和国际竞争力。③

4. 政府行为:提供战略性新兴产业发展支撑

政府行为一般通过财税、补贴、保护等手段介入和影响战略性新兴产业发展。第一,充分发挥战略性新兴产业的外部性,通过价值链前后相关联,有效地促进相关产业的发展,形成集群经济。④ 国家高新区作为人才聚集的高地、产业融合的桥梁、创新发展的引擎,在产业关联协同和创新集成等方面发挥越来越重要的作用。⑤ 要充分利用国家高新区培育战略性新兴产业,形成区域经济增长的有效带动。第二,发挥政府对战略性新兴产业的有效保护功能。战略性新兴产业往往是处于产业发展初期的幼稚产业,外部竞争力相对较弱,需要知识、技术、信息、人才等创新型要素大量投入,消化吸收先进技术及经验的累积也需要较长时间。政府为其提供适

---

① J Sachs. Wages, Flexible Exchange Rates, and Macroeconomic Policy[J]. The Quarterly Journal of Economics,1980(4):731-747.

② 付永萍,马永.对外直接投资对战略性新兴企业创新绩效的影响研究[J].湖南社会科学,2015(4):132-136;付永萍,芮明杰,马永.研发投入、对外直接投资与企业创新——基于战略性新兴产业上市公司的研究[J].经济问题探索,2016(6):28-33.

③ 孙治宇,孙文远.外商直接投资、企业技术效率与战略性新兴产业发展——基于江苏省上市公司数据的随机前沿分析[J].世界经济与政治论坛,2017(3):122-138.

④ 张淦锋.关于经济外部性的探讨[J].金融经济,2007(2B):26-27;吕岩威,孙慧.中国战略性新兴产业集聚度演变与空间布局构想[J].地域研究与开发,2013(4):15-21.

⑤ 国家高新区全称为"中国高新技术产业开发区",是最大限度将科技成果产业化的集中区域。据新华网记载,2016年我国高新区营业收入达到28万亿元,同比增长11.5%,工业总产值20.5万亿元,同比增长10.3%,成为我国区域经济发展的重要引擎。

当的保护,一方面有利于产业发展壮大,另一方面也有助于经济结构优化。[1] 从产业生命周期的视角看,政府在幼稚产业、主导产业、支柱产业和衰退产业等不同的业态时期,应为战略性新兴产业制定财税扶持、财税促进、财税保护以及财税援助等差异化财税政策。[2] 在产业发展中期,政府应侧重提高创新技术转化率,全面优化融资水平和模式、知识产权保护、基础设施配套、行业标准确立等环境体系,合理有效促进行业竞争。在产业成熟期,政策要:促进新兴技术和产品产业升级,规范市场秩序,避免市场垄断;强化市场需求拉动政策,通过技术改造、产品服务、品牌推广改善消费习惯,增强消费者产品信心;实施"走出去"战略,引导战略性新兴产业"攀升"高端市场,实现国内国外市场开拓突围。第三,预防"市场失灵"。技术和知识具有公共产品的外溢效应,战略性新兴产业的 R&D 活动不可避免地会遇到市场失灵和投资不足的问题,通常政府会给予企业 R&D 补贴或者税收优惠纠正负外部性[3],政府 R&D 补贴与公司进行 R&D 支出正相关,对战略性新兴产业的创新补贴效应显著[4]。也有部分研究得出相反的结论,认为政府补贴对促进战略性新兴产业创新投入没有影响[5],或是认为市场和政府双重失效造成战略性新兴产业热衷于社会资本投资而不是创新投资,政府补贴扭曲了企业投资行为[6]。

①　黄新祥.新形势下我国产业保护机制研究[D].福州:福州大学,2004;侯云先,林文.新兴产业保护中的两产品关税谈判模型[J].系统工程学报,2004(5):470-476;胡宪君,游静.区域战略性新兴产业发展的政府作用机制研究[J].国际商务研究,2013(4):49-59.

②　马亚静.战略性新兴产业发展中的财政政策设计——基于产业生命周期的视角[J].辽宁师范大学学报(社会科学版),2014(2):190-194.

③　J P Neary. Pitfalls in the Theory of International Trade Policy: Concertina Reforms of Tariffs, and Subsidies to High-Technology Industries[J]. The Scandinavian Journal of Economics, 1998(1):187-206.

④　解维敏,唐清泉,陆姗姗.政府 R&D 资助、企业 R&D 支出与自主创新——来自中国上市公司的经验证据[J].金融研究,2009(6):86-99;陆国庆,王舟,张春宇.中国战略性新兴产业政府创新补贴的绩效研究[J].经济研究,2014(7):44-55.

⑤　汪秋明,韩庆潇,杨晨.战略性新兴产业中的政府补贴与企业行为——基于政府规制下的动态博弈分析视角[J].财经研究,2014(7):43-53.

⑥　肖兴志,王伊攀.政府补贴与企业社会资本投资决策——来自战略性新兴产业的经验证据[J].中国工业经济,2014(9):148-160.

三、新兴产业发展的全球经验

战略性新兴产业是国家出于战略角度考虑,综合把握本国国情以及各区域、各产业的发展特点,结合外部国际环境发展趋势和自身历史机遇,确定的突破现有技术瓶颈、挣脱资源环境约束、带动区域持续跨越发展的关键产业。

战略性新兴产业在初期往往较为弱小,许多国家都会对其进行政策性的扶持和引导,旨在推动本国经济的持续增长。这些国家普遍运用多元化政策工具和协同性政策手段。国外战略性新兴产业的发展实践给我国提供了诸多可供借鉴之处。本部分对 21 世纪经济危机后各国产业规划导向进行了系统梳理,总结归纳了美国、德国、英国、法国、日本等国发展战略性新兴产业所采用的政策工具,简要介绍了三个案例用以反映战略性新兴产业发展的历史得失,旨在得到一些规律性的经验和启示。

(一)经济危机后各国战略性新兴产业规划导向

21 世纪以来,美国对突破性科学技术和战略性新兴产业对未来经济发展的持续推动作用愈加重视,提出了以创新驱动、促进可持续增长以及充分就业为三大核心的战略目标。美国在金融危机后颁布了《2009 美国复苏与再投资法案》,推出了总计 7870 亿美元的整体经济刺激计划,基建设施、研发、绿色能源、医疗信息、环境科学等成为投资热点[1],同年实施的《政府创新议程》则致力于创造一个鼓励创新的经济大环境,将新能源、生物医药、智能电网、健康信息、交通技术开发和产业发展纳入国家优先发展的领域,从而形成以新能源为重点,同时发展新一代信息与网络技术、节能

---

[1] 肖兴志.中国战略性新兴产业发展研究[M].北京:科学出版社,2011.

环保、生物技术、航空及海洋产业①的战略布局。危机之后，奥巴马政府开
始重视本土制造业的发展，大力推行"再工业化"和"制造业回归"，并于
2009 年颁布《重振美国制造业框架》，而在 2011 年到 2013 年则陆续启动
《先进制造业伙伴计划》《先进制造业国家战略计划》以及《制造业创新中心
网络发展规划》等，希望以此实现传统制造业的变革和升级，促进新兴高端
制造业的发展。美国在 2015 年 10 月发布的《创新美国新战略》②中，更是
进一步明确下一阶段的战略性新兴产业的领域，将集中资源为先进制造、大
脑计划、精密医疗、智慧城市、先进汽车、教育技术、清洁能源和节能技术、太
空探索、计算机等九大领域提供进一步支持③。

　　素有"创意之国"美誉的德国在推动科技创新上规划了多项战略，于
2006 年出台了《德国高技术战略》，确立了 17 个高技术创新范围，将其分
为必须创新的领域、通信与移动创新领域和横向创新领域三类。2010 年 7
月，德国联邦政府发布《德国 2020 高技术战略》，对未来发展提出了新要
求，确定以气候能源、健康营养、交通、安全和通信等五大需求领域开拓未
来新兴市场，并致力于从创业门槛下降、中小企业权益保障、风险投资激励
等方面入手，打造良好的创新环境。④ 德国也在新时期对先进制造业提出
了更高的要求，并在 2013 年 4 月的工业博览会上首次提出"工业 4.0"战
略⑤，希望未来在智能制造和工业互联网领域拔得头筹，近年来，该战略正
在有条不紊地推进，"工业 4.0"平台的搭建日趋完善，已发挥实质性作用。
德国为响应欧洲整体的可持续发展战略，执行了卓有成效的绿色、低碳经
济政策，成为世界上可再生能源发展最快的国家。例如，在 2008 年修改了

---

① 沈坤荣,杨士年.美国的战略性新兴产业发展趋势及其启示[J].群众,2011(8):76-77.
② 美国国家经济委员会和科技政策办公室于 2015 年 10 月 21 日联合发布了新版《创新美国新战略》,有效反映了美国创新生态系统的最新政策全貌.
③ 单寅.白宫发布《创新美国新战略》九大领域引爆新增长[J].世界电信,2016(1):70-74.
④ 肖兴志.中国战略性新兴产业发展研究[M].北京:科学出版社,2011.
⑤ 德国学术界和产业界认为,"工业 4.0"即以智能制造为主导的第四次工业革命或革命性的生产方法。该战略旨在通过充分利用信息通信技术和网络空间虚拟系统——信息物理系统(cyber-physical system),推动制造业向智能化转型。

《可再生能源法》,制定《可再生能源供热法》,并通过政府补贴、免收生态税和低息贷款等措施鼓励可再生能源的开发利用等。

在21世纪之初,法国也陷入了经济低迷和发展缓慢的困境。为了追赶世界前沿,在顶层设计上,法国从2005年起先后设立了国家科研署、国家科技成果推广署、国家工业创新署。① 同年,在各地设立67个"竞争力创新区"项目,包括52个国内项目和15个国际项目,涉及航空航天、多媒体、信息安全、生物燃料、纳米技术、海洋产业、粮食生产新技术、生命科学、癌症治疗、交通与现代运输、建筑、可再生能源和未来车辆等。② 21世纪以来,各届总统都对战略性新兴产业提出了新的构想:在2007年,时任总统希拉克提出了六大世纪战略工业创新项目,以期振兴法国工业科技;而在2013年,时任总统奥朗德宣布了34项工业振兴计划③,该计划被媒体誉为"新的工业化法国",目的是重点培育战略性新兴产业,抢占未来工业化制高点④。

在历经21世纪初期的快速增长后,英国在2008年的金融危机中同样遭受重创。为了尽快走出低谷,使经济早日复苏,并依托科技和创新实现经济结构的尽快转型,在2009年4月,英国商业、企业与管制改革部与创新、大学技能部联合发布"打造英国的未来——新产业、新就业"战略,确定将低碳产业、生命科学、数字产业和先进制造业作为未来四大战略产业,并提出打造"数字英国""绿色英国"和"健康英国"等口号。⑤ 在响应欧洲战略的节能减排方面,英国同样于2009年公布了《英国低碳转型计划》《英国低碳工业战略》《英国可再生能源战略》等绿色产业规划,涉及能源、工业、

---

① 国家科研署于2005年2月成立,国家科技成果推广署与国家工业创新署于2005年8月成立。
② 董树功.战略性新兴产业的形成与培育研究[D].天津:南开大学,2012.
③ 计划涉及法国未来5年的多个重大领域,包括未来轨道交通、绿色能耗汽车、电动飞机和卫星空间等领域。发布后,法国总理埃罗在同年7月提出了政府未来10年的投资计划,总额高达120亿欧元,其中一半将用于能源转换产业,17亿欧元用于工业创新研发。
④ 吴海军.法国新工业化着力培育战略性新兴产业增长点[J].全球科技经济瞭望,2015(4):52-60.
⑤ 何小三.资本市场促进战略新兴产业成长研究[D].北京:中国社会科学院研究生院,2013.

交通、住房等各个方面，同时进一步支持海洋风力发电、潮汐发电、民用核电、超低排放汽车研制、可再生建筑材料等国内优势产业的发展。

自二战之后，日本在数十年时间里一跃成为世界第二大经济强国，日本经济的高速增长不仅是历史产业机遇所铸就的，其施行的产业政策也发挥着关键作用。而在 21 世纪的金融危机爆发之后，日本遭受的负面冲击和经济恶化呈愈演愈烈之势，面对着比欧美更为严峻的危机局面，日本政府决定改变战略方针，在振兴经济的"后危机时代"由"贸易立国"转变成"技术立国"，近几年出台的相关措施反映了政府对以新材料、新能源为代表的战略性新兴产业的重视与扶持。日本政府在 2008 年出台的"低碳社会行动计划"里，提出要加强对绿色前沿技术的研发和对太阳能、核能等低碳能源的应用，完善低碳经济的产业配套，健全政策扶持的制度环境。日本政府也于同年修改"新增长战略"，提出了生态导向的"资源生产力战略"用以应对日益上涨的资源价格和日益觉醒的低碳诉求。在日本公布的持续到 2020 年的"新增长战略"中，提出将集中优势资源着重拓展能源环境、医疗健康、科技信息通信、亚洲市场开拓、旅游、就业、金融等七大战略领域。[①]

（二）主要政策工具分析

1. 财政扶持及税收优惠

政府财政和税收政策作为撬动国家经济发展的有力杠杆与政府介入社会生活的重要手段，在战略性新兴产业的初期培育、国家扶持和方向引导方面发挥着相当关键的作用。美国政府在财政投入、税收减免和公共采购方面对战略性新兴产业予以重视和优待。在新能源战略方面，美国早在

---

①　金仁淑.后危机时代日本产业政策再思考——基于日本"新增长战略"[J].现代日本经济，2011（1）：1-7.

1978 年便颁布了《能源税收法》，规定对风能、太阳能、地热的设备购买和技术投资给予所得税抵扣的优惠，并对新能源产业予以扶持。2009 年，为了应对金融危机，奥巴马总统签署了总额为 7870 亿美元的经济整体刺激方案，其中基建设施、研发、绿色能源、医疗信息、环境科学等成为投资热点。在新能源研究方面，将投入 270 余亿美元用于可再生能源的研发建设和能源效率提升，130 余亿美元用于资助可再生能源生产企业的税收抵免。[①] 在随即提出的"美国复兴与再投资计划"中，美国政府计划在未来的 10 年里投资 1500 亿美元发展混合动力汽车、下一代生物燃料、洁净煤技术。[②] 此外，还有能源部开展的资助各州、市的"节能与环保专项拨款计划"[③]。而在公共采购方面：一方面，采购政策的实施会进一步培育市场，扩大新兴产业的市场需求；另一方面，政府通过预付货款为新兴产业技术创新提供资金。突出表现在国防采购方面，美国宇航局和国防部是半导体产品的采购大户，对半导体的大量采购使新兴半导体产业迎来崭新的发展机遇，广阔的市场前景使得美国半导体研究能够迅速走出实验室，形成具备国际竞争力的产业化产品。美国联邦政府对计算机行业的采购扶持也尤为突出，20 世纪 90 年代，在大型计算机销售额中，来自美国政府的采购额比例甚至高达 80%。[④]

德国对新兴产业的政策扶持和财政补助也极为侧重，在引导新能源产业发展方面开展了多项补助。例如，为了解决新兴能源成本过高、市场竞争力不强的问题，在 1991 年的《电力供应法》中要求本地电网补足常规发电与新能源发电的差价。德国政府于 2000 年颁布了世界第一部《可再生能源法》，并在 2004 年、2008 年进行修订，法律规定了对新能源运营商提

---

① 肖兴志.中国战略性新兴产业发展研究[M].北京:科学出版社,2011.
② 姜江.世界战略性新兴产业发展的动态与趋势[J].中国科技产业,2010(7):54-59.
③ 该计划是联邦政府对各州、市、县及托管地和居民区实施的节能与环保的资助计划。该计划资金一部分通过"固定拨款"的方式直接拨付给有关单位，另一部分则间接授予通过竞标的中标单位。
④ 陈爱雪.我国战略性新兴产业发展研究[D].长春:吉林大学,2013.

供资金补助,并要求依据技术资源条件规定各类新能源的市场价格,显著改善了可再生能源产业的制度环境,促进了新能源产业的未来发展。差别化的税收政策同样是德国能源战略实施的特征性手段,其采取歧视性税收政策,对传统化石能源加收生态税①,并对不同能源产品行业实行差别化税率,对低回报、高投入的绿色产业予以税收优惠等。在公共采购方面,2006年《出台的德国高技术战略》确立了以创新为指向的公共采购原则,即采购合同在经济利益同等条件下,政府部门要优先考虑创新型产品服务。而根据2010年提出的《德国2020高技术战略》,联邦政府创新领域的公共采购总额将高达230亿欧元。②

法国自2005年提出重振科技创新的新战略之后,采取了直接拨款、税收优惠等一系列的财政政策,用以扶持分布于全国各地、不同产业的67个"竞争力创新区",规划提出将在3年内投入8亿欧元用于对研发机构的财政补贴,4亿欧元作为对企业的直接财政支持,3亿欧元用于企业的税收减免,总共15亿欧元用以支持"竞争力创新区"。③ 该计划初期积累的资金就超过6亿欧元,其中大半来自国家的财政拨款,剩余资金则是由相关国家的公共机构筹集,而法国政府成立的国家科研署、国家工业创新署和国家科技成果推广署则分工对预算资金进行管理,科研署调控公共科研机构向企业转让研究成果的环节,工业创新署总领研发创新的相关工作,而科技成果推广署则是对拥有创新技术的中小企业进行重点扶持。④

日本政府对战略性新兴产业的财政支持可以追溯到20世纪中期。早在20世纪60年代,政府对新兴产业的基础设施建设便投入了大量财政资金。在当时,政府财政上的投资和融资资金大部分源于邮政储蓄与国民的

---

① 德国生态税改革有效刺激了可再生能源市场。在法案出台之后,为了避免一次性大幅加税对经济和社会造成冲击,加税分五个阶段逐次进行。
② 黄群.德国2020高科技战略:创意·创新·增长[J].科技导报,2011(8):15-21.
③ 董树功.战略性新兴产业的形成与培育研究[D].天津:南开大学,2012.
④ 吴海军.法国科技计划管理体制简介[J].全球科技经济瞭望,2015(9):7-15.

养老年金,这使得财政资金的使用具有相当程度的灵活性,无须国会审议便可按照政府的战略计划投入使用。对于研发企业,日本政府也实行税收优惠支付等鼓励政策。日本政府于1952年制定的《企业合理化促进法》便首次规定,对企业购买的先进机械设备实行年初50%折旧。随后,日本政府纷纷推出一系列其他的加速折旧等减税方法用以促进企业更换先进设备,加强研发创新。例如,企业用于技术创新的研究型设备可以在会计上享受3年内90%的折旧处理的税收优惠。

2. 金融政策及融资支持

美国战略性新兴产业的金融政策极为完善,融资支持体系独具特色。在美国,战略性新兴产业的企业在成长初期可以利用成熟的风险投资市场获取关键的创业投资资金,而当企业成长至一定规模,需要扩大业务规模或进行产品迭代创新时,企业又可以通过创业板上市,在社会上进行公开融资。作为创业融资的萌芽,风险投资业起源于20世纪40年代的美国。在当时,部分企业由于规模小和市场不成熟,无法获得来自正常融资渠道的融资,然而这些企业正在开拓的却是面向未来战略方向的新兴技术。面对市场上结构性的融资需求,1946年,美国成立了研究与发展公司,为这些新兴技术企业提供便利的权益性融资。在1958年之后,《小企业投资法案》则放开了私人部门进入风险投资市场的限制。美国政府为了促进风险资本市场的发展,调低了长期资本收益税率,从而提升了风险资本收益率。[①] 政策的放开和市场的变革推动了风险投资资本的壮大与成熟,极大地繁荣了新兴产业,在50—60年代对微电子、生物技术产业发展起到关键作用。美国也设立了创业板市场,降低了交易所上市的门槛,给小型的新兴企业提供了高效率的融资手段。例如,从1971年开始交易的纳斯达克

[①] 美国于1978年颁布的收入法案将当时资本增值税率从49.5%下降至28.0%,该法案的出台使得当年美国风险投资额度相较上年增长了10倍。随后1981年颁布的法案中,增值税率更是下降至20.0%,这一举措使得美国的风险投资规模在20世纪80年代初以46%的速度迅速增长。

创业板市场，其一方面为硅谷创业公司提供上市融资的有利条件[①]，另一方面又为前期风险资本退出提供了安全出口，完善了创业投资进出机制，从而孕育出了一批大公司如微软、英特尔、戴尔、思科等。创业板无疑成为美国新经济的"发动机"和战略性新兴产业成长的"加速器"。

　　与美国相比，欧洲的风险资本集中度较低，退出壁垒较高，资本多流向传统非科技行业，风险投资市场的规模和成熟程度都不及美国。[②] 为了扭转创新企业的融资困境，德国政府采取了多项措施，如在2006年的高科技战略中推出"战略伙伴计划"，意图在于通过企业和研究机构结成的战略伙伴关系，在经济界得以有效引入社会资本，用以新兴技术研发。除此之外，德国政府还进一步鼓励"创新联盟"的发展。"创新联盟"是大学科研机构、企业和中介机构为了共同开发某项技术或产品而形成的创新联合体。以上两项计划里，政府投资都发挥了有效的杠杆作用，从而使得公共和私人投资能够进入战略性新兴产业，显著改善了新生企业的融资现状。"创新联盟"计划自2006年提出到2010年，德国联邦政府为其提供总计6000万欧元经费，而从工业企业流入技术研发方的投资则高达3.6亿欧元。[③] 同时，在推广新能源方面，政府也采取提供针对可再生能源的低息贷款等信贷政策鼓励其发展。

　　英国的风险投资市场虽然相较于欧洲其他国家显得更为成熟，但与大洋彼岸的美国相比依旧远远不及。欧洲的风险投资市场的确制约了战略性新兴产业的发展。为了让更多风险资本流入市场，英国政府采取了许多宽松政策用以拓宽这一渠道。除此之外，英国政府于1981年开始实施"中小企业贷款担保计划"，从而为那些具有可行计划却缺少充分抵押资产的

---

　　① 纳斯达克（NASDAQ）为中小企业提供了便利的融资渠道和低门槛的上市条件，对上市公司是否赢利没有强制要求，只要税前年收入不低于100万美元就可以上市。

　　② 20世纪90年代，作为欧洲风险投资市场最为发达的国家，英国的风险投资规模只相当于同年美国市场份额的6％。

　　③ 黄群.德国高技术发展战略与其创新态势[J].中国高新技术企业，2007(2)：4-7，11.

企业提供中长期贷款,其中国家贸易与工业部为其进行担保,若借款人无力偿还,则贸易与工业部为其偿还 70%的欠款和 2.5%的年息。[①] 而在 2009 年,英国政府为了进一步扶持经济危机后的高技术和高潜力小企业,还设立了"创新投资基金"。该基金作为种子基金并不参与直接投资,而是交由专业技术基金打理,同时吸纳外来私人资金,希望以政府资金为杠杆引导民间资金投资于新兴产业领域。

在金融支持方面,日本拥有众多金融机构为企业提供资金融通和低息贷款,其中日本输出入银行为进出口和海外投资提供优惠贷款,开发银行为企业引进和改良设备提供相应信贷服务,中小企业金融公库则为中小企业提供专门的低息贷款。这些低息贷款往往被政府作为引导现实产业发展、扶持未来新兴产业的关键手段。例如,为了促进新兴产业的发展:一是向新兴企业提供低成本贷款用以减轻企业初始投入过高的资金压力;二是将信贷分配向高效益企业倾斜,从而增强企业研发的投入意愿,增加其资金来源;三是对相关产业部门给予补贴,通过稳定企业效益和财政扶持的制度期许,增强企业融资对外来资金的吸引力。

3. 科技政策

科技政策是国家政策的重要维度之一,对推进前沿科技的国家战略布局、引领前沿科学事业有序发展具有深远意义。由于战略性新兴产业的发展基于前沿技术的重大突破,各个国家近年来制定了一系列有效的科技政策,为战略性新兴产业构建一个良好的发展环境。

美国战略性新兴产业的科技政策尤其具有特色,政府通过法律形式确立的产学研合作政策、知识产权保护政策和研究开发导向等财税支持政策,为战略性新兴产业奠定了良好的制度环境基础。产学研合作指的是产业部门(企业)、大学和研究机构依托各自优势资源开展有机合作,实现要

---

① 吴波.英国科技创新管理体制的构建与启示[J].中国科技论坛,2009(7):139-144.

素的高效配置,从而促使新兴技术成果的研发和产业化。作为产学研发源地的美国,早在 20 世纪 80 年代,政府便颁布了《史蒂文森·威德勒技术创新法》[①],率先对技术转让做出规定和保障,允许联邦实验室将技术成果转让给企业界,对产学研技术合作起到了积极作用。政府随即颁布了一系列诸如《联邦技术转移法》《国家合作研究法》等法律[②],有效激励了科技界和经济界之间的互动和合作[③]。而在组织机构方面,为了便于产学研的交流合作,美国的每个国家实验室都设立了专属的技术转移中心[④],用以促进先进技术向工业部门的转移。国家科学基金会还对工业/大学合作技术中心的组建进行牵头,实施这项措施的目的是有效调动科技研发资源,用以解决实际产业的重大技术工程问题。[⑤] 悠久而良好的知识产权保护传统,为技术创新构建了良好的制度激励环境。[⑥] 在知识产权制度建设方面,美国法律依旧走在历史的前面,第一部专利法甚至可以追溯到 1790 年。而在 20 世纪 90 年代,美国政府通过的《经济间谍法》更是将知识产权保护从州级法律上升至联邦法律的高度,扩大了专利保护的适用范围,提升了法律的权威程度。而在研发导向政策支持方面,美国也实行了较为积极的财政政策,比方说对采购的先进设备实行加速折旧,对于企业增加研发支出也会实行部分税收减免,在《2009 美国复苏与再投资法案》中对前沿技术

---

①　该法律是美国第一部直接关于技术转移的法律。该法律明确了联邦政府有关部门和机构的技术转移职能,使技术转移成为国家实验室的重要使命,将技术转移作为考核国家实验室雇员业绩的一项重要指标。

②　相关法律包括:《大学与小企业专利程序法》(1980)、《小企业创新发展法》(1982)、《国家合作研究法》(1984)、《联邦技术转移法》(1986)、《国家竞争力技术转移法》(1989)、《美国技术优先法》(1991)、《小企业技术转移法》(1992)、《国家技术转移与促进法》(1995)、《技术转移商业化法》(2000)等。

③　马欣员.美国科技政策及效应研究[D].长春:吉林大学,2014.

④　研究机构的技术转移中心负责对科技成果进行分析评估,帮助教授和研究人员获得专利许可,代表学校和实验室与企业界商谈技术转让事宜,并帮助企业获得技术许可。

⑤　李培楠,赵兰香,万劲波.产学研合作过程管理与评价研究——美国工业/大学合作研究中心计划管理启示[J].科学学与科学技术管理,2013(2):20-27.

⑥　相关法律包括:对知识产权进行保护的《专利法》《商标法》《著作权法》《反不正当竞争法》,以及对技术转移进行规范和产权保障的《拜杜法案》《技术创新法》《联邦技术转移法》。

研发给予大量资金支持。除此之外，美国政府对于来自私人领域的研究投资的引导成绩尤为突出，私人部门的基础型研究投资从 20 世纪 90 年代以来蓬勃发展，企业的自主研发逐渐从政府计划的跟随者转变为主导者。

德国战略性新兴产业的科技政策往往依托数个整体重大战略规划，通过扩张的财政政策，增加科研机构预算和新兴企业的税赋减免，同时作为杠杆，积极引导私人资本进入新兴产业研发领域，在计划内加强对创新产业联合体的创建和扶持，致力于在新能源、新材料和信息、健康领域使得科技成果尽快孵化，并缩短技术产品间的转化周期。德国在 2006 年提出高技术战略，计划投入 215 亿欧元用于研发，覆盖医疗健康、交通和教育等几乎全部领域。即使是在经济危机发生后的 2010 年，德国每年研发经费占GDP 的比重依然高达 3%。而在 2010 年提出的《德国 2020 高技术战略》中，这一比重得到了进一步扩大，决定至 2015 年科研和教育投入的比重达到整体 GDP 的 10%。同时，德国政府还实行了一系列小计划，以辅助总体计划的实施，如增强人才储备和培养的"尖端集群"竞赛计划、"高技术女性后备人才"计划。除此之外，在产学研方面，德国政府精简了组织机构，新设立了"创新与增长委员会"，同时鼓励企业和研发机构签订战略伙伴计划，促进中小企业和高校开展项目合作。①

4. 对外贸易政策

一国的对外贸易政策对于拉动新兴产业的增长同样具有深远影响。在新兴产业发展初期，适宜的对外贸易政策可以通过对外出口有效扩大新兴产品的市场容量，应对国内市场狭小或不成熟导致的产业发展迟滞的困境。

美国的贸易政策在第二次世界大战之后，从传统的贸易保护主义正式向贸易自由主义发生转变，一度成为美国发挥其经济基础优势、提升国际经济实力的重要手段。然而自 20 世纪 70 年代以来，美国出口产品的国际

---

① 黄群.德国高技术发展战略与其创新态势[J].中国高新技术企业,2007(2):4-7,11.

竞争力日益下降,同时面对来自欧洲和日本工业品的挑战,贸易保护主义有所抬头,进而形成了如今以自由贸易为主、具有有限贸易保护主义色彩的贸易政策。战略性贸易政策也于 80 年代大体形成,该政策意图借助出口关税和研发补贴,扶持本国战略性新兴产业企业,增强新兴产品的国际竞争力。例如,美国在 1992 年成立了"贸易促进协调委员会",并在 7 年后发布正式的《国家出口战略》①。《国家出口战略》选定了以半导体、电脑、通信、环保、咨询软件及服务业等六大行业为其重点出口产业,意图通过放开以信息产业为代表的高新技术出口管制,深化促进产业出口,从而扶持本国高科技行业和知识密集型产业的迅速发展。

将"贸易立国"作为 20 世纪经济发展战略的日本,通过其有效和连贯的贸易政策,将汽车、生物产品和信息产品等新兴产业产品大量输出国外,在世界保持着出口大国的领先地位。然而日本的贸易政策并非完全独立,往往跟国家当时制定的产业政策融合配套。日本在国内采取产业保护政策,意图通过设立一系列的关税和非关税壁垒达到限制进口的目的,从而避免与本国扶持的新兴产业竞争的产品进入国内,这使得日本常年将出口维持在较高水平,进口水平却未出现大幅度的上升。而早在 20 世纪 60 年代,日本政府通过战略性贸易手段使得新兴产业获得快速发展。例如,60年代出台的《贸易、外汇自由化计划大纲》为新兴产业提供低息融资支持和出口税收优惠、出口保险和融资优惠,促进其产品大量出口;而在进口方面,对于竞争性产品施以更为严格的非关税壁垒,但对于引入新兴产业技术和进口先进设备则予以灵活与便利。

5. 小企业政策

在战略性新兴产业发展初期,由于狭小的市场和不成熟的核心技术,

---

① 该战略包括出于扩大美国商品出口、巩固国内出口市场的政治需要,从而提出的一系列带有贸易保护性质的政策措施,战略的核心是美国政府通过一系列政治、经济、立法、外交等手段组合出击,为美国企业扩大出口提供尽可能多的便利。

中小企业往往是新兴产业存在的关键，此时，企业往往会面临资金短缺、风险大和收益缓慢的问题，急需政府的资助和扶持。一个国家的小企业政策会对国家战略性新兴产业的初期孵化和中期成长产生深远影响。

美国对小企业的政策扶持可以追溯到 1953 年《小企业法》的推出，美国政府设立了独立联邦机构——SBA[①]（小企业管理局），该组织的宗旨是扶持保护和指导小企业的发展，并为各类小企业提供融资咨询、政府订单获取、经理人资源推荐等服务。例如：政府在《小企业法》中对小企业的政府采购规定明确额度并予以关照支持；小企业管理局还联合几千个银行为中小企业的发展提供金融服务[②]；在对小企业的技术研发支持方面，1982 年，国会通过《小企业创新研究法案》，依此制定了小企业创新研究计划（SBIR 计划），使得小企业研发经费支持和创新基金资助获得法律意义上的保障。

欧洲各国也纷纷采取相关措施以鼓励和支持小企业的发展。例如：在《德国高技术战略》实施过程中，德国把中小企业的创新资助纳入了"中小企业创新集中计划"，创建尖端研究计划，鼓励研究机构与中小企业开展集约型研发合作，并设立为中小企业提供咨询的业务中心。[③] 而英国从 20 世纪 90 年代起，便致力于通过政策扶持和技术引导，改善中小企业的研发环境，如在政府采购中予以优待和重视，对新兴企业削减初始税率、提供政府补贴等。[④]

日本同样也是典型的"二重结构"国家，其中小企业占全国企业总数的 90％左右。为了保障中小企业的利益，积极促进企业完善经营体制，促进前沿技术研发和产学研合作，日本在 1963 年颁布了《中小企业基本法》，对

---

① 美国小企业管理局（SBA）主要由三个部门组成：一是联邦政府的小企业局，作为管理局的部门主体和最高行政管理机构，负责为小企业提供实际支持和权益保障；二是位于白宫的总统小企业会议，主要就小企业的法律政策、融资和信息咨询等进行研讨；三是位于参议院和众议院的小企业委员会，听取前两个部门的发展决策，并提出相关的意见和建议。
② 李佳薇. 美国引导产业集群创新发展的小企业法及启示[J]. 法制博览（中旬刊），2014(12):299.
③ 黄群. 德国高技术发展战略与其创新态势[J]. 中国高新技术企业，2007(2):4-7,11.
④ 吴波. 英国科技创新管理体制的构建与启示[J]. 中国科技论坛，2009(7):139-144.

中小企业的政府采购和相关财政补助份额予以法律保障。进入21世纪之后，日本对中小企业的税收优惠更为完善，在中小企业各个发展环节施行减税政策，为激励风险投资施行友好的"天使税制"。①

(三)新兴产业的发展成败与历史得失

1."大型机"还是"小型机"：美国、日本信息业的历史转折

电子计算机技术的成熟和日新月异的发展，预示着信息社会的到来。在这样的历史背景下，各国纷纷展开新兴信息产业的研发和推广工作，希望抓住这次难得的产业机遇，从而在信息时代的未来"执牛耳"。在20世纪，计算机技术的发展大致经历了四个主要阶段，即大型机、小型机、微型机到互联网阶段。在大型机时期，自40年代初诞生的电子管计算机始，依次经历50年代的晶体管、60年代的集成电路和70年代的超大规模集成电路阶段。而在80年代初，面对未来不确定的发展路径和发展方向，当时研发几乎同时起步的美国和日本做出了截然不同的产业选择。

日本通商产业省（2001年改名为"经济产业省"）对未来计算机技术发展的判断过于狭隘和盲目乐观，将主要研究力量投入大型计算机第五代研究项目上，还开展了一些超越时代需要的项目，诸如生物计算机、神经计算机等项目，浪费了大量时间和资源，同时重"硬"轻"软"，对硬件技术高度倾斜，专注于大型化计算和微型高容量半导体开发等，而对于信息软件行业不够重视，使其配套的软件业错过了发展的黄金机遇期。② 而美国信息产业则牢牢抓住了这次产业机遇，对未来计算机技术和信息产业发展方向做

---

① 薛薇.日本"天使税制"及其启示[J].全球科技经济瞭望,2015(1):71-76.
② 在1999年，日本IT行业的实际国内产值仅为108.9万亿美元，占整体产业比重仅为11.4%。在2000年全世界共有网络大型计算机中央处理器中，日本仅占3.6%，而同期的美国则为73.4%。同时，日本企业在个人电脑、CPU、OS等操作系统软件方面均未占领技术的制高点，输给了以英特尔、微软、戴尔为代表的美国公司，在信息产业中增值率领先、发展潜力最高的计算机网络、软件和微处理器等几大核心产业中完全丧失了主动权。

出了独到判断，在各国纷纷专注于大型机研发的情况下，毅然集中力量布局计算机小型化、向个人和家用机倾斜与以软件开发为核心的信息战略，并以此为基础掀起了全球电脑多元化和互联网化的高潮，成为21世纪的信息"霸主"。

2. "需求引导"与"技术追踪"：美国钢铁制造业的成功逆袭

19世纪中期，工业化浪潮逐步在各国掀起，美国政府也在当时将战略性新兴产业从纺织业转向了先进的钢铁制造业。为了谋求新兴产业的良好发展，美国政府通过关税保护、限制外资等战略性贸易保护手段实现了对国内幼稚新兴产业的有效保护，使得初期的钢铁制造业成功避免与英国等先进工业国的竞争，占领了国内庞大的钢铁市场。同时，美国优化装备制造业的组织和发展，机械化生产和专业化设备有效推动国内工业的技术进步，由此钢铁业形成了以内需拉动为主导的产业发展特征。除此之外，美国具有大量实用型技术人才，这也是其制造业爆炸式发展和新兴工业迅速崛起的关键因素，良好的基础人才教育使得其能够敏锐洞察别国制造业前沿技术，并进行本土式引进和再创新，从而占领前沿技术的制高点。19世纪下半叶，美国在远远落后于英国的情况下，通过一系列贸易保护和工业促进政策，引导国内市场需求，依靠新兴产业扶持方针、完整的创新体制、工人高生产率优势和丰富的自然资源，使得以钢铁产业为标志的装备制造业在半个世纪里逐步超过了英国[①]，在第三次技术革命浪潮中成功实现了工业化崛起。

3. "因循守旧"还是"开拓革新"：英国汽车业的盛极转衰

20世纪后半叶，英国汽车制造业经历了由盛转衰的过程，1930—1950年，英国汽车产量位居世界第二，出口排名世界第一。然而，由于英国政府

---

① 1870年，美国的钢铁年产量不足70万吨，1880年达到124万吨，1890年达到427万吨，正式超越英国，而到了1910年则达到2609万吨，达到世界总产量的60％，在短短40年中产量提升36.3倍，实现了钢铁制造业生产力的爆炸性增长。

"保姆式"的频繁政策干预、对传统落后的手工制作的坚持、管理层的混乱和技术创新的缺乏,英国汽车制造业在 20 世纪 80 年代之后一蹶不振,迅速衰落,大量本土品牌被外国企业并购。英国汽车制造业迅速衰落的原因是多方面的。英国政府的一系列政策失误使其拥有雄厚基础的汽车制造业错失了宝贵的发展时期和战略机遇。英国是首辆蒸汽机车的发明国,而其《红旗法》对机车速度的不合理限制,客观上造成了当时英国汽车研制的长时间停滞;分期付款政策朝令夕改,市场需求的不确定性造成严重的产能荒废[①];在对外贸易方面,由于英镑保护政策的出台,对外汽车出口无利可图;政府施行的"保姆式"政策对英国汽车制造业在产业变革期大量"输血",使得汽车企业对政府过度依赖,从而忽视了本身的技术进步。同时,管理层的结构臃肿、内耗不断使得汽车产业管理混乱,劳工纠纷麻烦不断,企业竞争力逐年下降;而英国汽车固守着传统效率低下的手工制作,这使得其在与拥有标准化、大规模、流水线等现代工业生产线的德系、日系汽车的竞争下日渐没落,在贸易保护政策下"偏安一隅"的英国汽车终究没有抵挡住物美价廉的日系车辆的攻势,本土汽车企业日益衰败,大量本土汽车品牌惨遭并购。

---

① 1952—1973 年,英国为了达到国际收支平衡,保持英镑汇率,采取了一系列限制国内需求、鼓励出口的措施,仅仅分期付款法案就修改了 18 次。政策的朝令夕改造成国内需求动荡,使英国汽车厂商在增产上采取回避态度,造成了大量的产能剩余。以 1961 年为例,英国本来有 300 万辆的汽车产能,实际上却只生产了 100 万辆。

第二章 国际视野下中国战略性新兴产业发展的特征

进入 21 世纪,特别是经历 2008 年国际金融危机后,世界各主要大国均出台强有力的战略法案与配套政策,激励互联网、人工智能、新能源、新材料等战略性新兴产业快速发展,以赢得未来国际产业竞争新优势。从产业竞争力、带动力、创新力三个维度的横向评比来看,中国战略性新兴产业虽然起步较晚,但近年出口额、出口增加值等指标已经超越美国,位列世界第一,对其他行业的带动效应十分明显,形成较强的产业竞争力和产业带动力。

本章将对世界主要经济体战略性新兴产业实践中的的政策介入、技术发展情况和产业规模等进行统计与分析，并重点关注中国战略性新兴产业发展的优势与不足，对其进行统计评估，最后以光伏产业为例详细分析中国战略性新兴产业培育发展过程中政策介入与市场竞争的动态关系。

一、全球战略性新兴产业发展格局

（一）主要国家战略性新兴产业发展规划

世界各国争相制定创新发展战略，旨在于新一轮的科技革命机遇中抢占产业制高点。各国新兴产业布局的侧重点不一，在发展的过程中其战略重心也在不断调整，但基本集中在能源、交通、信息、通信、医疗等领域，突出绿色环保、信息化、智能化等理念。国际上较为流行的对于高技术产业的划分主要有四种标准，分别为美国的从技术角度划分、日本的从工业增长率的角度划分、欧盟的依据产出增长率和研发投入的划分标准，以及 OECD（经济合作与发展组织）以技术密集度（研发强度）为依据的划分标准。鉴于各个国家的标准的差异，为了在对各国进行比较的过程中，保证科学性和合理性,本章主要借鉴 OECD 对高新技术产业的划分方法,并对其进行改进。

OECD 将高新技术产业划分为五个类目:航空航天器制造业、电子及通信设备制造业、电子计算机及办公设备制造业、医疗健康产业和专用科学仪器设备制造业。

由于 OECD 的分类方法仅考虑制造业而忽略了相关服务业,并且近年来各国出现了将能源、节能环保及新材料等相关产业列入战略产业的潮流,故本章将 OECD 的分类方法进行拓展以更全面地呈现和分析各国的产业规划。具体而言,首先将每一个类别的内涵从纯制造业拓展为制造业及其相关的服务业,其次加入了能源与环保产业、交通和汽车产业、新材料产业和一般性服务业。拓展后的分类方法可能存在交叉、统计口径不同等不足,但作为简单地对各国的规划进行对比的一种分类方法,结果比较直观(见表 2-1、表 2-2①)。

表 2-1　代表性国家战略性新兴产业发展规划

国家	时间与计划	主要内容	航空航天器制造业	电子及通信设备制造业	电子计算机及办公设备制造业	医疗与健康产业	专用科学仪器设备制造业
美国	2009 年《2009 美国复苏与再投资法案》	五大领域				医疗信息	
	2009 年《政府创新议程》	五大产业	航空及海洋产业		网络技术	生物医药、健康信息	
	2015 年《创新美国新战略》	九大领域	太空探索		计算机、智慧城市、教育技术	精密医疗、大脑计划	
	2018 年一系列国家级规划	五大领域	太空安全		人工智能、进攻性网络安全	生物安全	

① 表 2-1、表 2-2 由作者根据公开数据整理所得。

续　表

国家	时间与计划	主要内容	航空航天器制造业	电子及通信设备制造业	电子计算机及办公设备制造业	医疗与健康产业	专用科学仪器设备制造业
英国	2009 年"打造英国的未来——新产业、新就业战略"	三大口号			数字英国	健康英国	
	2018 年《数字宪章》	一大领域、七大重点			数字市场、网络安全、数字及人工智能伦理		
德国	2006 年《德国高技术战略》	十七大领域、三大类	航空航天	信息与通信		健康与医学	光学技术、微系统技术
	2010 年《德国2020 高技术战略》	五大需求领域		通信		健康营养	
	2013 年"工业4.0"战略	两大领域			工业互联网		
	2018 年《高科技战略 2025》	十二大领域		安全、互联和清洁的移动网络	人工智能	抗击癌症、智能分诊	
法国	2005 年设立"竞争力创新区"	67 个项目	航天航空、交通与现代运输		信息安全	生命科学、癌症治疗	
	2013 年《工业振兴计划》	34 项、两大领域	电力推动卫星空间				
日本	2008 年《低碳社会行动计划》	一大领域					
	2008 年"新增长战略"	七大领域		科技信息通信		医疗健康	
	2018 年《综合创新战略》	五大重点措施			人工智能		
中国	2010 年《关于加快培育和发展战略性新兴产业的决定》	七个行业	高端装备制造产业	新一代信息技术	新一代信息技术	生物产业	

续　表

国家	时间与计划	主要内容	航空航天器制造业	电子及通信设备制造业	电子计算机及办公设备制造业	医疗与健康产业	专用科学仪器设备制造业
中国	2015 年《中国制造 2025》路线图	五大工程	高端装备创新工程		智能制造工程		工业强基工程
	2016 年"十三五"国家战略性新兴产业发展规划》	9 个行业	高端装备制造产业	新一代信息技术	新一代信息技术、数字创意产业	生物产业	

表 2-2　代表性国家战略性新兴产业发展规划(补充产业类别)

国家	时间与计划	新材料产业	能源与环保产业	交通和汽车产业	一般性服务业	其他
美国	2009 年《2009 美国复苏与再投资法案》		可再生能源	基建	科研	
	2009 年《政府创新议程》		新能源、智能电网、节能环保	交通技术开发		
	2015 年《创新美国新战略》		清洁能源和节能技术	先进汽车		
	2018 年一系列国家级规划					量子技术
英国	2009 年"打造英国的未来——新产业、新就业战略"		绿色英国			
	2018 年《数字宪章》				创造高科技企业成长生态	完善法律
德国	2006 年《德国高技术战略》	纳米技术、生物技术、材料技术	环境技术	车辆与交通技术		安全研究
	2010 年《德国 2020 高技术战略》			交通		安全
	2013 年"工业 4.0"战略					智能制造

续　表

国家	时间与计划	新材料产业	能源与环保产业	交通和汽车产业	一般性服务业	其他
德国	2018 年《高科技战略2025》		减少塑料、减少工业温室气体、生物多样性、可持续发展、电池制造		以人为本的技术发展、共享前沿知识	
法国	2005 年设立"竞争力创新区"	纳米技术	生物燃料、可再生能源	建筑和未来车辆	多媒体	海洋产业、粮食生产新技术
	2013 年《工业振兴计划》			未来高铁、低油耗汽车、电动飞机		
日本	2008 年《低碳社会行动计划》		太阳能和核能			
	2008 年"新增长战略"		能源环境		旅游、就业、金融	亚洲市场开拓
	2018 年《综合创新战略》		氢能源推广、新能源管理系统		弗劳恩霍夫模式大学改革、创新支持	智慧农业
中国	2010 年《关于加快培育和发展战略性新兴产业的决定》	生物产业、新材料产业	新能源产业、节能环保产业	新能源汽车产业		
	2015 年《中国制造2025》路线图	工业强基工程	绿色制造工程			制造业创新中心
	2016 年"十三五"国家战略性新兴产业发展规划》	生物产业、新材料产业	新能源产业、节能环保产业	新能源汽车产业	相关服务业	

根据表 2-1、表 2-2,法国在 2005 年设立"竞争力创新区"以来,各国相继提出指导未来产业发展的创新计划。在涉及领域的范围和深度方面,美

国、德国、中国等提出的战略性新兴产业发展规划包含的领域较广而且较为详细。而日本、法国等国家提出的计划则在战略领域上较有针对性：日本主要涉及能源、医疗和信息三大产业及各项服务业，重点在于能源产业；法国虽然在 2005 年设立"竞争力创新区"时涉及较广，但在 2013 年的"34 项工业振兴计划"中已经调整为只涉及航天航空以及交通和汽车行业两个领域；英国则提出较为宽泛的"数字英国""健康英国""绿色英国"三大口号，主要发展数字产业、新能源产业和生物工程产业。

各国在实践中不断地调整战略目标。战略目标一般 5 年至 10 年调整一次，主要的影响因素为国内的产业发展情况和国际形势、国内政治等。在众多因素中，以国内产业发展的情况为主要调整依据，包括各国国内培养出来的新兴企业和产业调整所涉及的领域及领域中的重点发展方向。比如：对于美国而言，在战略性新兴产业发展的过程中，太空探索、新能源汽车等方向有重大突破，故在 2015 年的《创新美国新战略》中将其作为重点发展方向；法国在经历了金融危机和欧洲债务危机之后，为了重振制造业，则将重点突破的领域进一步聚焦。此外，随着近年来全球政治经济形势的变化，美国更加强调战略性新兴产业在国家安全中发挥的重要作用，先后在太空安全、生物安全、网络安全等领域提出相关规划。

各国的产业布局在分行业的规划比较中更为明晰。如果将电子和通信行业以及电子计算机行业概括为信息产业，那么在 OECD 所分的五个类别的高技术产业拓展出来的四个包含制造业和服务业在内的相关产业中，航空航天、新一代信息技术、医疗健康为各国竞相追逐的领域，在规划中占有重要的位置。规划涉及航空航天行业的国家有美国、德国、法国、中国。美国、英国、德国、法国、日本、中国均在涉及医疗健康和新一代信息技术的两个产业中有所规划，但德国 2010 年的规划仅包括通信技术而没有涉及信息技术，美国和英国偏向于数字应用与网络安全，中国和日本的规划所涉及的新一代信息技术范围比较广。

能源领域是各国必争之地，每个国家都争相涉足。在当下能源成本不断上升、能源可持续性危机的背景下，能源领域是各国竞争最激烈的领域。特别是在 2015 年《巴黎协定》通过之后，各国坚定了绿色低碳的发展路线，表达了走可持续发展道路的决心。包括美国、欧盟(英国、法国、德国在本国的规划中也有相关内容)、日本、中国在内的国家和地区都将能源与环保产业列为战略性产业，发展的方向主要为开发太阳能、风能、核能、氢能、生物燃料等新能源和使用节能技术。

在能源紧张的背景下，交通和汽车产业也是热点投资与战略领域。除了日本和英国，美国、法国、德国、中国都有涉足该产业。日本的新能源汽车虽然没有在 2008 年的战略中提出，但 2016 年日本出台了新的《电动汽车发展路线图》，并逐步形成了以全球化市场为目标、以动力电池技术研发为核心、提升汽车产业链附加值的新能源汽车"三位一体"发展战略，以期在全球汽车市场中保持其领先地位。中国和日本的战略方向为发展电动汽车或者混合动力的汽车；法国的主要战略突破方向不是在汽车中采用新能源，而是一方面发展低油耗汽车，另一方面发展未来高铁、电动飞机等替代出行方式所涉及的技术。

(二)主要国家战略性新兴产业技术能力

本章以高技术产业专利产出、研发投入等指标为依据，总体分析各国战略性新兴产业技术能力水平。

1. 主要国家创新产出和贸易的情况

从 PCT(《专利合作条约》)和 EPO(欧洲专利局)专利数据来看，美国、日本和德国受国际保护专利数量领先其他国家(见图 2-1、图 2-2)。在 PCT 和 EPO 专利量排名中，六个国家可以分为三个梯队，第一梯队为美国，第二梯队为日本和德国，第三梯队为英国、法国和中国。从增长形势来看，PCT 专利数据中中国和日本的专利增长较快，EPO 专利数据中中国专利增长最快。在 PCT 专利数据中，中国 2008—2015 年专利数增长迅速，于 2013 年超越德国成为第三名，仅次于美国和日本。

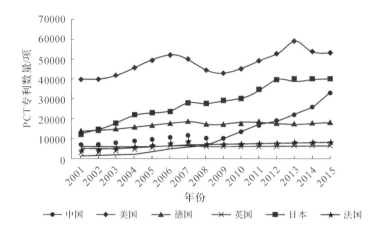

数据来源：OECD 科学技术和专利数据库。

图 2-1　主要国家 PCT 专利数量

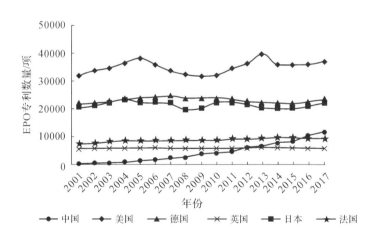

数据来源：OECD 科学技术和专利数据库。

图 2-2　主要国家 EPO 专利数量

表 2-3 显示，一方面，我国 2018 年科学和技术期刊论文发表篇数高于各国，知识产权的支出费用仅次于美国，但知识产权交易的收入最低，说明

我国在国际的专利市场中参与程度较高,但国内各类发明专利市场价值较低。另一方面,我国高技术出口额及其占制造业出口比重也高于各国。事实上,从 2008 年开始,我国高技术产业贸易出口额就超越美国成为世界第一。但随着全球价值链分工体系的逐步完善,我国主要通过加工贸易参与全球价值链分工,特别是进料加工贸易占比较大,有可能存在"统计假象",故总贸易额对国家产业的竞争力的代表性有限。

表 2-3　2018 年主要国际高技术产业的研发产出

国家	科学和技术期刊论文/篇	知识产权的费用		高技术出口/百万美元	占制造业出口/%
		收入/百万美元	支出/百万美元		
美国	422808	128748	56117	156366	18.90
英国	97681	21680	13546	76533	22.30
德国	104396	24366	15630	209610	15.74
法国	66352	16819	15938	117814	25.92
日本	98793	45519	21726	111020	17.27
中国	528263	5561	35783	654188	30.89

数据来源:世界银行数据库,中国高技术出口值为 2017 年数据。

本章利用 OECD 结构数据库中可以找到的 OECD 国家高 R&D 密集产业出口总值的数据对主要国家高技术产业竞争格局进行分析。从图 2-3 可以看出,1999—2018 年,美国的出口总值远大于各国,其次为德国,日本、法国和英国均在 1500 亿美元以下。这说明在高技术产业领域,美国的优势十分明显,而德国在高技术产业领域的优势则次之。从增长速度上看,各国在 2009 年受金融危机影响均有所下降,而 2010—2014 年大部分国家高 R&D 密集产业出口总值增长较快,2014—2016 年则有所下降,2016 年起又恢复上升趋势。

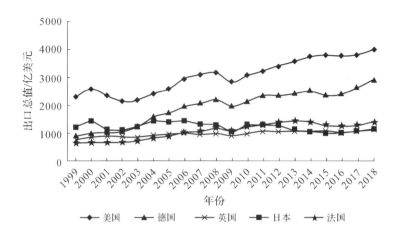

数据来源:OECD 结构数据库。

图 2-3　1999—2018 年主要国家高 R&D 密集产业出口总值

2. 主要国家高技术领域显性技术优势

本部分主要根据 OECD 数据库中的显性技术优势数据简要分析说明全球主要国家在技术上的比较优势。显性技术优势(revealed technology advantage, RTA)指的是特定国家在特定领域取得的专利数占整个领域专利数的比重除以该国所有领域专利数占全球总专利数的比重,反映的是各国对特定技术领域的偏重的情况。该数值为 0,意味着该国家在该领域没有专利;该数值为 1,表示这个国家在该领域的专利占比跟总体专利占比一致,意味着没有特别地倾向该领域;该数值大于 1,则表示该国家在该领域有专业化和相对于其他领域的优势。

从三大技术领域显性比较优势排名可以看出各国在特定领域的技术偏好(见表 2-4)。从信息技术的显性优势数据来看,各个国家均没有特别明显的偏好。芬兰、韩国和中国相对别的国家有更大的显性优势,除中国外,具有显性优势的国家均为 OECD 国家。在生物技术和环境相关技术方面,具有较强的显性优势的国家均为 OECD 国家。这说明:中国主要通过信息技术领域进行战略赶超,信息技术产业在参与全球分工方面有一定的技术优势;OECD 国家更倾向于在生物技术方面保持优势,并致力于环境改善。

表 2-4　2014 年三大技术领域显性比较优势排名前十的国家

排名	信息技术		生物技术		环境相关技术	
	国家	显性比较优势	国家	显性比较优势	国家	显性比较优势
1	芬兰	1.26	丹麦	1.97	丹麦	1.83
2	韩国	1.26	智利	1.75	希腊	1.59
3	中国	1.26	西班牙	1.69	日本	1.46
4	以色列	1.15	比利时	1.66	德国	1.32
5	加拿大	1.11	美国	1.52	奥地利	1.30
6	日本	1.11	葡萄牙	1.52	挪威	1.26
7	爱尔兰	1.10	新西兰	1.47	智利	1.19
8	美国	1.04	澳大利亚	1.43	西班牙	1.19
9	瑞典	1.02	加拿大	1.39	葡萄牙	1.08
10	荷兰	0.84	以色列	1.38	韩国	1.06

3. 主要国家高技术领域细分产业情况

承接前文,本部分主要分析美国、英国、法国、德国、日本和中国的高技术产业的细分行业的现状。考虑到跨国的细分行业数据可得性问题,下面主要分析信息通信技术、生物技术、医药技术、医学技术和纳米技术、与环境有关的技术等的世界排名情况,分别对应了国家统计局发布的《战略性新兴产业分类(2018)》目录中的新一代信息技术产业、生物产业、新材料产业和节能环保产业。

下文根据来自 OECD 数据库的六国细分技术领域 PCT 专利数据和细分产业的对外贸易的数据对各行业的世界格局进行主要说明。①

---

① 本部分所使用的分领域的专利数据和各行业的贸易数据的图表数据全部来源于 OECD 数据库,其中专利数据来自 OECD 科学技术与专利数据库,贸易数据来自 OECD 结构数据库,进出口金额均以当年价格计算。

OECD科学技术与专利数据库中列出了包括信息通信技术、生物技术、医药技术、医学技术的纳米技术、与环境有关的技术在内的五类主要技术的PCT专利情况。其中:生物技术和医药技术均主要跟我国的生物产业对应,且趋势较为一致,故放在一起分析;信息通信技术主要对应了我国的新一代信息技术产业,而纳米技术为新材料产业中的重要技术,故以六国这两种技术的PCT专利申请情况来反映两个产业的相对技术水平。从总体上看,美国在五个技术领域中均具有较为明显的优势,而其他国家在各个领域中的表现则略有不同。

(1)新一代信息技术

在新一轮的产业革命中,信息技术的广泛应用是其中最重要的特征之一。信息技术的发展带动几乎所有产业效率的提升,故信息通信技术(ICT)领域的发明创新也是各国共同的目标,其PCT专利数量也比生物技术和医药技术的专利大一个数量级。ICT领域,美国的PCT专利数量在1999—2014年一直占据优势地位,并在此期间呈现缓慢的增长趋势;日本的PCT专利数量从2000年前后开始迅速增长,在10多年时间中一直保持快速增长;中国在此期间的PCT专利数量增长速度也较快,特别是在2008年之后增长速度有了很大的提升,在2013年后已超过日本的水平,在2015年超过美国。英国、法国、德国的PCT专利数量则较为稳定,未有大幅度改变。

从贸易数据看,除中国和德国以外,其他四国计算机、电子和光学行业出口总值在20年内保持十分稳定的数值,仅在2000年有一个小幅度的上升和在2009年有一个小幅度的下降。德国的出口在2002—2006年增长较快,但相比中国在2002—2013年的快速增长增速仍较慢。中国在这三个行业的出口总值于2004年超越美国成为该领域第一大出口国,2013年时已为美国的三倍有余。

进口数据和贸易差额数据显示,各国在该领域行业内贸易盛行。中国不仅出口数据增长快速,进口总量也增长快速,贸易顺差的增长与总出口增长速度较为一致。美国的进口则远大于其出口,使得其贸易顺差为负,而且在 20 年期进口和出口之间的差额越来越大。日本的出口值与进口值的差额越来越小,于 2013 年贸易差额变为负数。英国、德国和法国的进口与出口则基本持平,进口略大于出口(见图 2-4)。

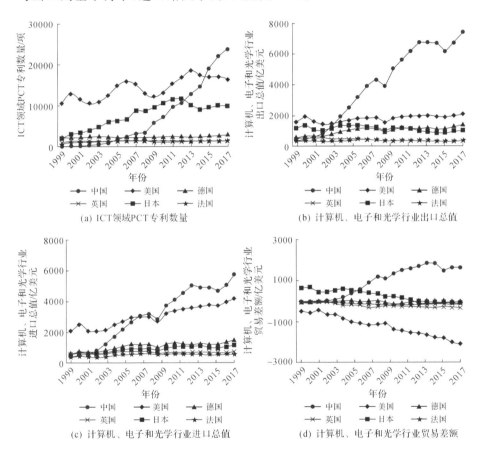

(a) ICT领域PCT专利数量

(b) 计算机、电子和光学行业出口总值

(c) 计算机、电子和光学行业进口总值

(d) 计算机、电子和光学行业贸易差额

图 2-4　新一代信息技术产业情况

(2)生物产业和医药产业

与生物产业和医药产业相关的技术为生物技术、医药技术。生物技术和医药技术在医疗产业均发挥了作用,生物技术还在生物农业、生物能源、生物制造和生物环保等细分领域有应用。全球生物产业有美国、欧洲、澳大利亚和加拿大四大中心,其中美国的生物产业最为发达。

如图 2-5 所示,从生物技术、医药技术两个领域的专利数据来看,美国 PCT 专利数量遥遥领先于其他国家。在其他五国中,日本在两个领域均有略微的优势。2000 年,我国在生物技术和医药技术方面的专利数量均略有提升,2001 年又下降到低于 1999 年水平,其后 10 多年间两个领域的专利数量均缓慢地增长。

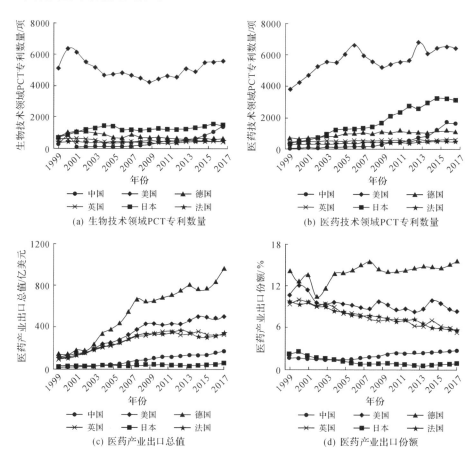

图 2-5　生物与医药产业情况

从医药产业出口的数据看,德国为该领域最大的出口国。医药产业出口的三个梯队中,德国位于第一梯队,美国、法国、英国位于第二梯队,中国和日本位于第三梯队。1999—2017年,除日本一直在低位保持出口总值稳定之外,其他各国的医药产业出口经历从迅速增长到增速放缓的过程:2002—2008年,各国的医药产业出口总值迅速增长;2008—2016年,各国医药产业出口总值增速放缓甚至出口有所萎缩,2017年起又恢复增长趋势。从医药产业出口份额数据看,各国医药产业出口份额保持相对稳定,日本、英国、法国的医药产业出口份额略有下降。

（3）节能环保产业和新能源产业

OECD的数据库中与环境相关的技术包括减缓气候变化的三项技术（与建筑相关、与能源发电和输配电相关、与运输相关）、温室气体的获取储存和隔离或者处理技术、环境管理技术、水资源相关适应技术等一共六项技术。六项技术可视为与节能环保产业高度相关,其中新能源产业相关的技术属于与能源发电和输配电相关的减缓气候变化技术,故本章对其进行单独分析。

在与环境相关的领域中,各国PCT专利数据主要呈现倒U形的发展趋势,在2012年左右达到最高峰,其后迅速下降。美国和日本的专利申请量较大,且日本和美国的数量较为接近,2010年后日本的专利数量超越美国;中国的相关技术专利申请量在2009年以后快速增长,在2016年超越德国而位列美国和日本之后。在能源发电和输配电相关领域中,中国的PCT专利数量增长最为迅速,在2014年超过美国和日本,位列第一（见图2-6）。

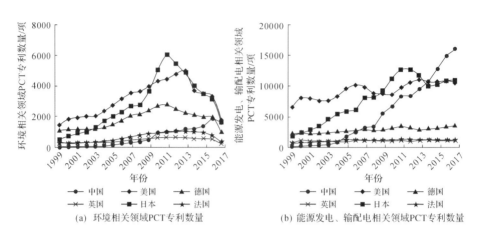

(a) 环境相关领域PCT专利数量　　　(b) 能源发电、输配电相关领域PCT专利数量

图 2-6　节能环保和新能源产业情况

（4）航空航天产业

航空航天产业在我国属于高端装备制造业，其他的高端装备制造业还包括高铁行业、卫星相关行业等。在航空航天产业的出口总值数据中，主要国家分为三个梯队，第一梯队为美国，第二梯队为法国、德国、英国，第三梯队为日本和中国，第一梯队和第二梯队的国家出口总值总体呈增长趋势，而第三梯队的日本和中国增长不明显。从贸易差额的数据来看，美国和英国的贸易差额趋势与出口总值的趋势较为一致，法国和德国的贸易差额波动较大，日本和中国的贸易差额均为负，且中国的贸易差额绝对量增长速度较快（见图 2-7）。这说明了虽然近年来我国越来越重视航空航天产业的发展，但主要还是依靠从国外进口，较弱的出口能力反映了我国的航空航天业仍处在起步阶段。

（5）纳米材料产业

新材料产业的发展是高技术产业发展的重要基石，掌握新材料的最高技术往往意味着掌握了其前向关联行业的价值链中附加值最高的片段。纳米尺度上的材料应用十分广泛，是新材料产业近年的发展热点之一。各国的纳米材料的 PCT 专利数量如图 2-8 所示，美国和日本在该领域较有

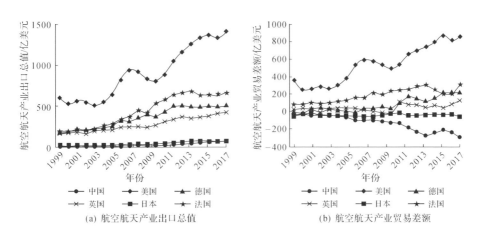

(a) 航空航天产业出口总值　　　　　(b) 航空航天产业贸易差额

图 2-7　航空航天产业情况

优势,但专利数量在 2006 年左右达到巅峰之后有所下降。而我国在纳米材料方面的专利一直较少,说明纳米材料相关技术为我国的薄弱环节。我国的纳米材料 PCT 专利数量在 2009 年战略性新兴产业公布之后有较为明显的增长,说明战略性新兴产业政策对纳米材料相关技术的发展起促进作用。

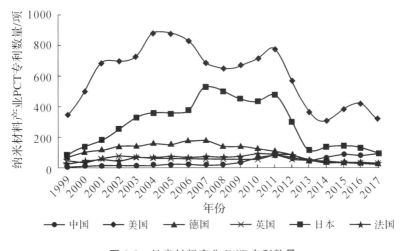

图 2-8　纳米材料产业 PCT 专利数量

（三）主要国家战略性新兴产业发展模式

1. 美国

美国市场机制较为健全,各阶段主导产业的成长主要依靠市场的力量自发完成,但是这并不意味着政府毫无作为,相反,美国政府在新兴产业发展过程中推行了成效显著的促进政策。2008 年爆发的国际金融危机,使美国重新认识到发展实体经济的重要性,提出"再工业化"战略。此后,美国政府不断提高对某些新兴产业的支持水平,包括新能源、新一代信息技术、新材料、先进制造业等领域。自 2016 年特朗普上台以来,美国政府更加强调战略性新兴产业在国家安全方面发挥的重要作用。美国希望通过对这些新兴产业的支持,带动整个经济的发展。其具体政策经验如下。

第一,从国家层面制定战略计划来引导新兴产业发展。美国是信息技术产业的高地,长期处于行业发展的领头羊地位,拥有谷歌、微软、苹果、亚马逊、IBM、英特尔等国际领先的互联网和信息技术企业。在下一代信息技术领域,美国确定了下一代互联网、人工智能、云计算、物联网、智慧城市等重点研究领域,通过实施各种国家级战略来继续保持在这一领域的全球领导地位。

第二,加大科研投入,以新能源为核心推动新兴产业发展。在所有战略性新兴产业中,美国尤其重视新能源领域的发展,计划依靠科学技术开辟能源独立新路径。在奥巴马政府时期,新能源领域研究尤其受到重视。2009 年提出的《2009 美国复苏与再投资法案》《政府创新议程》与 2015 年提出的《创新美国新战略》均强调了清洁能源、可再生能源、智能电网、节能环保等与新能源、环保相关的产业发展,并投入了大量资金进行研究。

第三,重视构建创新型网络、创新型政府和社会环境,着力营造有利于新兴产业发展的生态环境。美国把建设国家制造业创新网络(NNMI)作为培育新兴产业和创新驱动发展的重要内容。美国政府分别于 2013 年、

2015 年发布了《国家制造业创新网络：一个初步设计》《创新美国新战略》，以共同组建美国制造业创新网络，推动政府部门、产业界、高校、科研机构形成合力，努力在技术成熟度较高的共性应用技术领域取得突破，拉近科研与商业化之间的距离，打造先进制造业产业集群，同时加强创新激励，构建鼓励创新的市场环境，支撑新兴产业的发展。

第四，围绕国家安全与重大领域科技优势进行战略布局，构筑竞争优势。特朗普上台伊始，曾对气候、环保、生命科学等领域科研预算实施大幅紧缩，一度使美国整个科学研究受到影响。但在 2018 年，美国已逐步调整重心，围绕国家安全与重大领域科技优势进行战略布局和重点实施。2018年，美国在量子、人工智能、太空安全、进攻性网络安全和生物安全等领域密集发布了 10 多项国家级战略规划，尤其针对军用量子技术和量子计算机研发，更是启动专项规划，并投入数十亿美元支持，力求在重点领域保持和扩大领先优势，巩固其科技优势地位，在世界政治、经济、军事局势不确定的情况下维护国家政治经济安全。

2. 德国

德国是老牌工业强国，"德国制造"以其高品质、高附加值、高技术含量闻名全球。德国在发展新兴产业方面，特别注重科学战略决策的作用，注重发挥战略计划的牵引作用。为应对未来经济和科技发展趋势，德国规划了新能源汽车、高端装备制造、新能源等重点发展领域，并用多项科技研发和技术创新促进政策来推动新兴产业发展。其主要政策措施如下。

第一，将推动创新作为新兴产业发展的核心，把坚持开放创新作为培养竞争优势的源泉。德国政府于 2010 年提出了《德国 2020 高技术战略》，重点关注气候和能源、保健和营养、交通、安全和通信等领域，并在这些领域提出各自具体的计划和措施。与此同时，德国加强与其他欧洲国家的合作，积极参与欧洲新兴产业的框架。德国加入了"地平线 2020"计划，该计划将为德国创新引入国际性战略合作伙伴，使得德国可以进一步开展基础科学、工业技术、社会挑战三大领域的技术创新，并且与其他欧洲国家共同分享科研创新成果。

第二，注重培育"政产学研"创新体系。与其他一些欧美发达国家相比，德国通过政府、企业、高校、相关科研机构的紧密结合，将国家的经济发展战略、技术创新和产业现实相结合，从而使"政产学研"创新体系更具有长期性、实践性和开放性。德国政府要求企业与政府之间就研发建立长期稳定的合作关系，并且通过研究与创新联合计划，向企业提供额度不等的资金支持。

第三，重视科技型中小企业的创新发展。战略性新兴产业以科技型企业为主，而科技型企业在其发展初期往往以中小企业为主。因此，科技型中小企业对于推动新兴产业的发展有着不可估量的重要作用。德国专门设立了促进中小企业发展的管理机构——中小企业局，该机构负责制定保护中小企业发展的政策和措施，出台了《反限制竞争法》《中小企业促进法》《关于提高中小企业效率的行动计划》等对中小企业进行保护。同时，在保障科技型中小企业的研发资金需求方面，德国政府制定的《中小企业创新集中计划》(ZIM)与《中小企业创新计划》(KUM-innovativ)发挥了重要作用。

3. 日本

日本是一个资源极度匮乏的国家，长期以来坚持"科技创新立国"的战略，政府的产业政策在日本的经济体系中居于主导地位。在发展战略性新兴产业方面，日本政府将政策支持重点放在与其传统优势产业关联度较高的行业领域，通过增加投资、税收优惠、促进研发创新等手段支持新兴产业发展。其主要政策经验如下。

第一，制定国家战略计划，引导战略性新兴产业发展。长期以来对外部能源的依赖，刺激日本产生了对新能源的巨大需求。自20世纪80年代起，日本就开始发展风电、太阳能发电、生物能废物发电等新能源产业。2008年，日本政府颁布了《低碳社会行动计划》和"新增长战略"，均强调了太阳能和核能等能源环境方面的重点发展方向。此外，日本在2018年提出《综合创新战略》，将未来产业重点发展方向锁定在氢能源推广、新能源管理系统方面。

第二，通过财政补贴、税收优惠等财税杠杆，鼓励和支持企业发展战略性新兴产业。日本政府逐年增加对节能环保产品的研发及应用的财政补贴，加大对重要节能技术开发、节能设备推广和示范项目的补贴力度。同时，对节能投资企业给予低息优惠贷款，鼓励中小企业进入新兴产业领域。

第三，以科技创新为支撑，将新兴产业发展与社会需求紧密结合。日本是传统的科技强国，凭借充裕的科研投入、长期的技术积累、高效的科研制度和经验丰富的科研队伍，日本科研机构和企业在基础技术研究、应用技术开发与新产品研发等方面极具竞争力。在2018年公布的《综合创新战略》中，日本对其国家创新系统提出两个重要支持：一是明确提出要实行弗劳恩霍夫模式大学改革，在政府资助下以企业形式运作，官产学研相结合，公益性地开展应用研究，支持激励大学积极争取民间研究资金；二是加强政府对创新的支持，各级政府在政府采购和社会保障等相关项目的实施过程中，要把促进新技术应用摆在突出位置，通过政府事业来促进科技创新。

二、中国战略性新兴产业发展总体评估：优势与局限

本部分将从产业竞争力、产业创新力、产业带动力三个方面对中国战略性新兴产业的发展情况进行总体评估。框架上借鉴曹江宁的产业评价体系框架[①]，并根据国际数据的可得性而做评估标准上的调整，而产业带动力方面主要借鉴张同斌等的研究成果[②]。承续前文，本部分主要基于国家统计局公布的《战略性新兴产业分类(2018)》目录中的产业类别，并结合

---

① 曹江宁.中国战略性新兴产业发展评价与路径选择研究[D].保定:河北大学,2015.
② 张同斌,高铁梅.高技术产业产出增长与关联效应的国际比较——基于美、英、日、中、印、巴六国投入产出数据的实证研究[J].经济学(季刊),2013(3):847-868.

曹江宁对战略性新兴产业的划分方法,将 OECD 数据库中按照《国际贸易标准分类(修订版本 4)》(SITC4)提供的产业数据划分为新一代信息技术产业(ICT 产品)、生物产业(基本药物产品和制剂、医疗和牙科器械)、新能源产业(能源生产、电气设备制造业)、高端装备制造业(航空航天设备制造业、铁路运输设备制造业)、新材料产业(钢铁的采矿和制造业、有色金属的采矿和制造业)、节能环保产业(废物收集、处理和处置,材料回收)六大战略性新兴产业。本部分将对上述六大产业进行跨国分析,并另外加入其他学者对于战略性新兴产业的国际竞争力的论述以做补充。

(一)产业竞争力

产业竞争力是衡量在跨国的对比中,我国的战略性新兴产业在出口总值、显性比较优势指数(RCA)、出口增加值、产业增加值占制造业增加值的比例方面中的竞争力的指标。在衡量的过程中,不仅考虑指标的总量和结构性特征,还考虑增长趋势所代表的产业发展能力。

从图 2-9(a)可以看出,从 1999 年到 2017 年,中国、美国、德国的战略性新兴产业的出口额较高,明显高于英国、法国、日本。中国、美国、德国的变化趋势较为一致,除 2008 年和 2015 年左右有所下降外,基本上保持增长态势。其中,中国整体的上升趋势最为明显,在 1999 年时低于其他五国,在 2001 年加入世界贸易组织(WTO)后,其战略性新兴产业的出口额迅速增长。日本、法国和英国战略性新兴产业的出口额的变化趋势也较为一致,2008 年由于遭受金融危机有所下降,且在 1999—2017 年没有明显的增长趋势。

从图 2-9(b)来看,近年来,仅有中国与英国的出口显性比较优势指数大于 1,基本处于战略性新兴产业出口的显性比较优势地位,而其他四国基本没有出口显性比较优势。其中,中国出口显性比较优势指数的变化情况最为明显,从 1999 年处于较低水平,到 2001 年加入 WTO 后迅速增长,在 2004 年到达最高水平 1.17 后下降,但在 2012 年后又恢复增长趋势。英国与美国在 1999—2017 年,整体呈现出了 U 形的变化趋势,其中美国在 2000 年失去了显性比较优势,到 2017 年仍然未恢复 1999 年出口显性优势的水平。日本战略性新兴产业的出口显性比较优势指数下降得最为明显,在 2005 年前后低于法国并在 2010 年左右与德国处在了相同水平。法国与德国战略性新兴产业的出口显性比较优势均小于 1,图中曲线也较为平稳,近 20 年间变化不大。

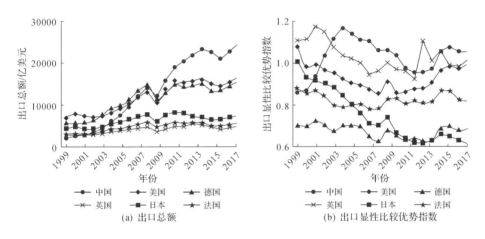

图 2-9　主要国家战略性新兴产业出口总额及显性比较优势

　　图 2-9 的数据说明了以下几个问题:其一,自中国加入 WTO 之后,得益于深入参与到全球价值链分工体系中,其战略性新兴产业的出口总额和显性比较优势均有明显的提升。其二,金融危机对各国的战略性新兴产业的出口影响非常明显,体现在危机期间出口总额和出口显性比较优势指数的下降。其三,传统发达国家战略性新兴产业出口显性比较优势不强的原因可能在于:一方面,战略性新兴产业作为未来一段时期内各国重点发展的产业,为保持技术优势,发达国家可能存在战略性新兴产业的出口管制措施;另一方面,由于各国深入参与到全球价值链分工体系中,发达国家更多的是出口具有高技术含量的中间品,而中国主要从事高技术产品的加工

贸易环节,可能存在出口总值的"统计幻象",因此需要从出口增加值的角度进一步分析各国的产业竞争力。

诸多学者认为将出口增加值替代出口总值作为衡量各国国际贸易水平的指标更为妥当。但由于中国的出口增加值数据缺失,故无法通过出口增加值数据直接对中国的战略性新兴产业进行评估。除了出口增加值之外,高技术产业在一定程度上也能反映战略性新兴产业的竞争力情况,许多学者也尝试用其他方法对中国高技术产业的国际竞争力进行评估,比如通过剔除进口中间品构建垂直专业化指数,通过投入产出模型计算国内外增加值、出口增加值-生产率指标等,得出结论:虽然用出口总值来衡量会高估中国高技术产业的国际竞争力,但中国的高技术国际分工地位确实在不断上升。[1]

(二)产业创新力

产业创新力是衡量高新产业的创新环境、创新投入和创新产出的指标。创新环境主要从创业环境和经营环境的角度来评估;创新投入包括R&D费用和研发人员、科研人员等要素投入;创新产出则指专利申请数量。

创新环境评价主要包括创业资本的情况是否足够支持创新创业,各国的商业经营环境对创业是否有利。由于中国的风险资本总额与其他国家的风险资本总额数据出处不同,可能存在统计口径不可比的情形,但仍然可以在一定程度上说明中国的风险资本总量较大,有利于创新创业活动的进行。2018年风险资本占GDP比重的数据显示,中国和美国占比最大,分别为0.69%和0.55%,而其他国家不足0.10%(见表2-5)。

---

① 杨高举,黄先海. 内部动力与后发国分工地位升级——来自中国高技术产业的证据[J]. 中国社会科学,2013(2):25-45,204;黄先海,杨高举. 高技术产业的国际分工地位:文献述评与新的分析框架[J]. 浙江大学学报(人文社会科学版),2009(6):145-154.

表 2-5　主要国家 2018 年风险投资情况

国家	风险资本/亿美元	风险资本占 GDP 比重/%
美国	1131.42	0.55
英国	21.85	0.08
德国	17.31	0.04
法国	17.67	0.06
日本	16.79	0.04
中国	938.00	0.69

注:日本的数据为 2017 年数据。除中国外数据均来自 OECD 数据库,中国的数据则来源于 Crunchbase 数据库。

主要国家经营环境数据显示,在中国成立公司所需的平均时间比多数发达国家长,但注册资产所需时间最短,这意味着在中国创立公司和开启业务所需时间与各发达国家差不多。然而,在中国获取厂房施工许可所需时间要长于美国、英国和日本,所需的程序为 18 个,高于世界平均。商业启动时间非常重要,因为商业机会稍纵即逝,中国需要做相应的调整。在破产保护所需时间方面中国也相对较长,投资者保护方面中国显得相当谨慎,披露程度为 10(见表 2-6)。

表 2-6　主要国家 2019 年经营环境相关数据

国家	成立公司			注册资产		获取厂房施工许可		合同强制执行所需时间/天	保护投资者披露指数	破产保护所需时间/天
	程序/个	所需时间/天	成本/%	程序/个	所需时间/天	程序/个	所需时间/天			
美国	6	4.2	0.0	4	15.2	16	80.6	444	7	1.0
英国	4	4.5	0.0	6	21.5	9	86.0	437	10	1.0
德国	9	8.0	29.8	6	52.0	9	126.0	499	5	1.2

续 表

国家	成立公司			注册资产		获取厂房施工许可		合同强制执行所需时间/天	保护投资者披露指数	破产保护所需时间/天
	程序/个	所需时间/天	成本/%	程序/个	所需时间/天	程序/个	所需时间/天			
法国	5	4.0	0.0	8	42.0	9	213.0	447	8	1.9
日本	8	11.2	0.0	6	13.0	12	108.4	360	7	0.6
中国	4	8.6	0.0	4	9.0.	18	110.9	496	10	1.7
世界平均	7	19.6	5.4	6	46.9	15	154.0	650	6	2.5

注:数据来源于世界银行 WDI 数据库。其中,披露指数为 0—10,0 为最低,10 为最高。

对于创新的投入和产出的情况,前文分析了主要国家 R&D 支出和研发人员比例等要素投入的情况,主要的结论为:我国的 R&D 投入在逐年上升,目前 R&D 支出水平仅次于美国,且与美国的差距较小;R&D 支出占 GDP 的比例为 2.05%(2014 年),仍低于美国、德国、法国、日本等发达国家;每百万人中研究人员数量为 1113 人,相比另外五国每百万人中 4000～5000 人的比例还有较大的提升空间。

在创新产出方面,前文提及中国的 PCT 专利数量与美国差距较大,但从世界银行数据库中各个国家专利申请情况来看,中国的专利申请量则远大于包括美国在内的其他国家。

从表 2-7 看,2018 年,我国的专利申请数量远大于其他国家,其中专利申请的人数约为美国的五倍。但从 OECD 数据库中得到的 PCT 和 EPO 收录的数据看,中国被收录的专利数量虽然近年来有所上升,但与美国差距仍较大,2015 年时约为美国的 60%。这在某种程度上反映了中国的专利数据申请虽然数量很多,但大多数专利的质量水平并不高。

表 2-7　2018 年主要国家专利申请情况

国家	专利申请/人		商标申请数量/个		工业设计申请数量/个	
	居民	非居民	居民	非居民	居民	非居民
美国	285095	312046	342150	122636	22824	24313
英国	12865	8076	66833	28082	22904	4538
德国	46617	21281	65686	9550	38815	5645
法国	14303	1919	90581	7698	11661	834
日本	253630	59937	145269	38388	23459	8009
中国	1393815	148187	—	—	689097	19702

数据来源:世界银行数据库。

(三)产业带动力

产业带动力指的是产业对整个经济体的带动作用,反映在对 GDP 的直接和间接带动力、前向和后向产业关联中。

高技术产业增加值对产出的变化的直接影响可分解为对营业盈余、劳动者报酬和税收补贴等的影响。2000—2015 年,美国、英国、日本、中国、巴西的高技术产业增加值中对营业盈余、劳动者报酬、税收与补贴三者带动的总量分别为 144.83 亿美元、241.44 亿美元、－ 793.82 亿美元、1782.32 亿美元、79.00 亿美元。[①] 其中,中国的带动绝对量远大于其他国家,说明中国的高技术产业对 GDP 的直接带动能力较强。

总体上,高技术产业带动国家产出中的营业盈余的能力较强,2000—2005 年,中国、美国、英国、日本、巴西的高技术产业对总产出的赢利能力的贡献绝对量分别为 1091.61 亿美元、591.15 亿美元、120.77 亿美元、－319.64亿美元、14.09 亿美元,符合高技术行业高附加值的特点。从数

---

① 张同斌,高铁梅. 高技术产业产出增长与关联效应的国际比较——基于美、英、日、中、印、巴六国投入产出数据的实证研究[J]. 经济学(季刊),2013(3):847-868.

字的比较中可以看出,我国的高技术产业对营业盈余的直接带动作用远强于其他国家。这可能源于我国加入 WTO 时积极参与全球高技术产业分工过程,受到国际技术溢出的技术进步为资本偏向型。我国的高技术产业对营业盈余的贡献率从 1995—2000 年的 19.09% 上升到 2000—2005 年的 47.49%,但对劳动者报酬的贡献率则从 25.60% 下降到 19.26%,说明我国的高技术产业对要素价格的拉动效应相对较弱。这可能由于我国在 2005 年以前仍处于投资拉动阶段,劳动力报酬相对较低,估计在 2010 年以后该比例会有上升。

高技术产业对其他产业和部分的带动效应也十分重要。表 2-8、表 2-9 显示了六国 2005 年高技术产业、农业、原材料工业、消费品工业、装备制造业、建筑业、生产者服务业和消费者服务业的前向、后向关联,从前向关联和后向关联的系数可以看出高技术产业的发展对国内其他产业的带动效应。其中,后向关联指的是为高技术产业提供中间产品的部门与高技术产业之间的关系,而前向关联指的是高技术产业与将高技术产业的产品作为中间投入的产业部门之间的联系。原则上,高技术产业之间的前向关联和后向关联数据应该一致,主要是统计上的差别。表 2-8、表 2-9 显示,无论是前向关联还是后向关联,高技术产业之间的联系比高技术产业与其他产业之间的联系更大,即高技术产业的自给特征较为明显。2005 年的数据显示,中国的高技术产业内部联系能力强于美国和日本,弱于英国和巴西。

表 2-8　2005 年高技术产业与其他各产业的后向关联

单位:%

产业	美国	英国	日本	中国	印度	巴西
高技术产业	19.97	23.85	13.18	22.86	24.06	30.66
农业	1.56	0.82	1.38	3.32	0.63	0.58
原材料工业	2.64	2.76	5.55	17.14	8.35	3.42
消费品工业	2.00	1.38	1.60	4.07	1.60	0.75

续 表

产业	美国	英国	日本	中国	印度	巴西
装备制造业	7.07	7.96	8.40	26.13	12.45	6.03
建筑业	0.29	0.47	0.48	0.73	1.07	0.32
生产者服务业	2.30	1.54	3.02	10.47	4.96	2.46
消费者服务业	1.01	0.93	1.19	5.76	2.16	0.90

数据来源:张同斌,高铁梅.高技术产业产出增长与关联效应的国际比较——基于美、英、日、中、印、巴六国投入产出数据的实证研究[J].经济学(季刊),2013(3):847-868。

表 2-9 2005 年高技术产业与其他各产业的前向关联

单位:%

产业	美国	英国	日本	中国	印度	巴西
高技术产业	19.44	23.12	13.21	22.70	20.44	27.57
农业	0.68	1.61	0.64	1.56	0.53	0.15
原材料工业	1.21	1.55	0.31	4.58	1.89	0.39
消费品工业	1.55	1.41	0.26	2.83	1.19	0.27
装备制造业	3.54	3.74	1.10	8.26	4.49	1.23
建筑业	1.21	1.18	0.48	5.17	1.98	0.39
生产者服务业	1.06	1.70	0.24	6.59	2.41	0.62
消费者服务业	1.58	2.72	0.72	3.61	0.93	0.40

数据来源:张同斌,高铁梅.高技术产业产出增长与关联效应的国际比较——基于美、英、日、中、印、巴六国投入产出数据的实证研究[J].经济学(季刊),2013(3):847-868。

后向关联主要反映了发展高技术产业过程中,由于对中间产品的需求而对其他产业造成的影响。由于高技术产品对中间产品的质量要求相对较高,故可认为这种后向关联促进了其他产业的产品创新。如表 2-8 所示,后向关联中,高技术产业首先对装备制造业的带动较为明显,反映出高技术产业的发展对于装备制造业的产品作为投入品的需求最大。其次为原材料工业和生产者服务业,这是由高技术产业的特点决定的。高技术行业一般为资本和技术密集型行业,需要相应的高端装备仪器和新材料来投入生产。我国的高技术产业对装备制造业的后向关联为26.13%,相比发达国家如美国、英国和日本8%左右的水平高出许多,相比印度12.45%和巴西6.03%也较高。与原材料工业的后向关联中,我国17.14%的水平也远高于美国、英国、日本、印度和巴西。在高技术产业对生产者服务业的后向关联方面,中国也远高于其他国家。中国的高技术产业对生产者服务业的关联系数为10.47%,另外五国的关联系数均小于5%,英国仅为1.54%。这意味着随着高技术产业的发展,我国的生产者服务业也得到了快速的增长。

高技术产业的前向关联反映了高技术产业对其他产业的生产效率和创新能力的推动。在前向关联中,高技术产业对装备制造业、生产者服务业、建筑业、原材料工业等的带动效应都较为明显,说明高技术产业对大多数行业的生产效率都有提升作用。如表2-9所示,中国的高技术产业对上述产业的前向关联系数都比其他五国大,中国的高技术产业对其他各产业的生产效率的带动能力更强。

1995—2005年,中国、美国、英国的高技术产业之间的前后向关联系数均在增大,而日本的系数一直在减小,印度和巴西的系数则由于国内形势的变化先减后增。在高技术产业与其他产业的前后向关联的10年变化中,中国的高技术产业与原材料工业以及装备制造业的后向关联系数变化最大,前者从1995年的7.05%增大到2005年的17.14%,后者从14.46%增大到26.13%,而美国和英国的这两个系数在这期间都变小。[1]

(四)简要评述:优势与局限

我国战略性新兴产业相对欧美等国起步较晚,但发展迅速。近年

---

[1] 曹江宁.中国战略性新兴产业发展评价与路径选择研究[D].保定:河北大学,2015.

出口总值和出口增加值等指标已经超越美国,成为世界第一,对其他
行业的带动效应十分明显,显现出很强的产业竞争力和产业带动力。
但我国的专利申请情况呈现国内专利申请数量庞大而受国际 PCT、
EPO 认可和保护的专利数量较少的"冰火两重天"的情形。此外,我国
研发人员占比数量与发达国家仍有差距,故在产业创新力方面仍然有
较大的进步空间,对产业的长期发展形成了制约。具体的评价总结如
表 2-10 所示。

表 2-10 中国战略性新兴产业发展:优势与局限

指标	评价内容	说明	优势	局限
产业竞争力	出口总值	仅出口总值,中国的出口增加值数据缺失	优势明显,出口总值较大	出口总值存在高估情况
	出口显性比较优势	在某行业一国的出口占比与世界出口占比的比值	在加入 WTO 之后,出现了明显的优势	应对金融危机的能力弱
产业创新力	创新环境	风险投资情况、创业环境	风险投资资金充足	行政审批手续需简化
	创新投入	R&D 投入、研发人员占比等	R&D 投入逐年增加,仅次于美国且与美国差距在缩小	研发人员占比较小,与五个发达国家差距较大
	创新产出	PCT 专利数据、国内专利申请	国内专利申请数量大,专利意识较强	PCT,EPO 等国际专利较少,国内申请的专利大部分质量不高
产业带动力	对 GDP 的带动	只有对 GDP 的直接贡献数据,无间接贡献数据	对 GDP 的直接贡献较大,结构上对营业盈余的贡献较大	
	后向关联	与为其提供中间产品的行业之间的联系	对装备制造业、原材料工业、生产者服务业的带动较强	
	前向关联	与为其提供中间产品的行业之间的联系	对所有行业的带动力均较强,对其他行业生产效率提升效果明显	

三、以光伏行业为例的中国战略性新兴产业发展特征

能源危机是 21 世纪各国面临的最重要的难题之一。根据目前的能源探明储量和能源使用的速度计算，能源的可持续性在 21 世纪岌岌可危。在能源危机背景下，各国通过直接投入研发与鼓励发展可再生能源及节能减排相关的产业和技术，促进能源使用方式转化。在可再生能源中，太阳能由于分布广泛、对环境影响较小而备受关注。各国的光伏产业也随之蓬勃发展，其中，我国的光伏行业是其中一颗受人瞩目的"新星"。

从发展的过程看，我国光伏行业 2004 年开始发展势头强劲，10 多年以来经历多重波折，曾低迷许久，在政策的扶持和企业坚持不懈的钻研与创新的推进下现又重现曙光。中国的光伏行业从 2007 年开始了持续 5 年产量全球第一的历程，许多企业于 2009 年、2010 年在光伏产品的高价格和地方政府的产业政策的刺激下纷纷进入光伏行业，市场迅速从供不应求转变成了供过于求。到了 2011 年和 2012 年，依赖出口市场的光伏遭遇价格暴跌、"双反"调查、产能过剩的考验，近 90% 的企业倒闭。与此同时，对其环保性、成本效率等本质问题的质疑也多了起来，故而市场中对其未来发展的悲观态度一度占据主流。但是，在近几年经过不懈的研发努力，将其发电成本大幅持续降低，并且提高生产的环保性之后，光伏又显现出能在未来可见的时间内一定程度替代火力发电的潜力。在 2014—2016 年全球光伏行业大调整的背景下，许多海外企业或亏损或倒闭，而中国光伏企业在国家产业政策的支持下不仅生存下来，还实现了盈利的增长，并活跃于跨国并购、在亚洲地区跨国建立生产基地等商业行为中。

目前，中国光伏行业已经在国际上有较强的竞争力，这不仅体现在国际市场份额上，也体现在技术储备与研发能力上。光伏企业通过"规模

化—并购上游企业—直接储备技术"的路径实现了产业的发展和在国际竞争中立足,其发展的阶段较为完整,故本章以光伏产业 10 多年的发展过程中主要呈现的现象来说明中国战略性新兴产业发展的特征。

(一)技术不断升级,自主创新能力增强

在产能过剩、国内外竞争激烈的光伏行业中,生产效率决定了企业的成本和竞争力,从而决定其是否能在市场中存活。另外,薄膜技术的出现使得使用硅片制作的电池有了被替代的危机,在政府的引导和支持下,光伏行业中企业创新的意愿非常强,也取得了很好的效果。

国内企业技术创新能力的进步可从多晶硅生产成本变化中反映。国内多晶硅生产采用的技术多改良自西门子法,但在 10 多年前引入技术并投入生产时,能耗无法下降,使得成本比美国、日本等高许多,关键设备需要进口同样也抬高了固定成本,故 10 多年来,生产光伏电池的企业大量进口多晶硅。目前,虽然国内使用的多晶硅仍有一半需要进口,但国内企业的技术不断提升,终于有了突破。如表 2-11 所示,国内的龙头企业保利协鑫能源有限公司(简称保利协鑫)的多晶硅生产成本在 2012 年已经接近国际水平。

表 2-11　2008—2016 年保利协鑫多晶硅成本数据

项目	2008 年	2009 年	2010 年	2011 年	2012 年	2013 年	2015 年 Q1	2016 年
多晶硅成本/ (万元/吨)	66.0	39.4	22.5	20.8	19.7	17.0	—	—
同比下降/%	—	40.3	42.9	7.6	5.6	13.7	4.0~5.0	10.0

注:保利协鑫于 2008 年进入光伏行业,其中:2010 年的数据为年底数据,当时该成本被视为行业最低成本;2015 年数据为第一季度数据,其他数据为全年平均数据。数据来源于保利协鑫年报。

自从 2008 年进入光伏行业以来,保利协鑫坚持低成本战略,在保证多

晶硅和硅片的质量不断提升的前提下，通过研发和并购等途径不断地降低成本，同时产量不断上升，在2016年底达到万吨，位列世界第一。2016年保利协鑫年报披露，其多晶硅产品产量占全球的23%，其中大部分自用，用于销售的部分的平均成交价格为每千克15.0美元，比2015年下降3.85%，生产成本比2015年下降一成。和表2-12对比，保利协鑫的价格低于从美国、德国、中国台湾进口的价格，高于从韩国、日本、德国、挪威、马来西亚、沙特阿拉伯等地进口的价格。《能源发展"十三五"规划》中也肯定了我国光伏企业在"十二五"期间的成果，除降低成本以外，还突破了多晶硅生产的技术封锁，同时打破了电池技术转换效率的世界纪录。

表2-12　2016年多晶硅进口主要来源国(地区)价格和数量

国家 (地区)	金额 /亿美元	金额 同比/%	数量 /万吨	数量 同比/%	数量 占比/%	价格/ (美元/千克)	价格 同比/%
韩国	10.27	23	7.01	37	49.71	14.66	−10
德国	5.57	−12	3.57	14	25.29	15.61	−23
中国台湾	2.41	6	1.36	26	9.61	17.77	−16
马来西亚	1.29	54	0.89	79	6.34	14.38	−14
美国	1.91	−21	0.56	−58	4.00	33.85	86
日本	0.30	10	0.26	87	1.87	11.52	−41
沙特阿拉伯	0.27	146	0.22	100	1.55	12.37	23
挪威	0.27	−22	0.22	−18	1.59	12.15	−4

数据来源：中国机电产品进出口商会太阳能光伏产品分会.2016年我国光伏产品进出口分析[J].电器工业，2017(3)：35-39.

(二)深度嵌入全球产业链，价值链逐步升级

中国光伏产业从最初发展起已深深地嵌入全球生产网络——其原材料来源于国外厂商，生产的产品也主要销往欧盟。经过了10多年的发展，我国光伏产业在政府政策的扶持下不断坚持技术创新，突破了国外企业的

技术封锁,相应的产业链也得到了持续升级和完善。

在光伏市场中,虽然有薄膜电池等新产品出现,但光伏行业10多年来的主流产品还是硅片制作的电池。硅电池相关的光伏产业链主要包括原材料提供(硅料、多晶硅、硅片)、电池生产和组装等环节。其中,多晶硅不仅是光伏行业的重要材料,在电子通信、航空航天等领域也有广泛应用。近年来光伏发电的成本下降主要源自技术含量较高的多晶硅的生产成本的下降,这也是长时间以来中国光伏产业链中的薄弱环节。

参与国际分工初期,中国光伏产业主要参与附加值较低的硅锭、组装环节,上游硅原料提供和下游组建电厂等附加值较高的部分主要在发达国家。2010年以前,多晶硅的高价带来的暴利吸引了国内许多企业纷纷投资生产,而投产的多晶硅产能有较高的投资和生产成本,在后来不断跌落的价格中迅速地转为了过剩的、不可用的产能,历史遗留的产能过剩问题在今天依然困扰着多晶硅厂商。

这种"两头在外"的全球生产链参与方式附加值低,风险较大。经过了10多年发展,我国的光伏市场在世界中的占比增加,原材料的制备技术水平不断上升,附加值低和政策不确定性导致风险大的情形有了很大的改善。经过了2016年的全球光伏产业的调整,中国光伏产业的国际竞争力大大增强,生产全球化嵌入的方式也更加高级。在主要国家减少光伏产业补贴的背景下,许多外国的企业面临生存问题,中国光伏企业开始活跃在国际并购的舞台上:通过横向并购扩大了规模,提升了国际竞争力;通过纵向并购德国、美国等国家的高技术企业,增强了研发能力,提升了技术水平。

由于自主创新能力不断增强,光伏产业链薄弱环节不断突破,光伏产业赢利能力增强,光伏产业国际竞争力也随之不断增强。在"领跑者计划"的推动下,光伏产业的成本进一步下降。根据2016年实际数据计算和预测，大型光伏发电项目的成本约为中国燃煤发电项目成本的 3 倍。[①] 预计未来 20 年内，燃煤发电成本微微上扬，而光伏发电成本将继续下降，且有一个较快的下降期，2035 年后光伏发电成本将低于燃煤发电成本。中国的光伏产业在掌握了全产业链的最前沿技术之后，将全球光伏产业带入 3.0 时代，将引领光伏产业突破瓶颈，使太阳能成为平价能源。

（三）需求引致规模扩张，规模经济明显

战略性新兴产业由于其技术处于不成熟的阶段，许多技术方法本身成本较高，或者产业化的成本较高，虽然政府对其进行补贴，但成本、售价倒置造成的依赖补贴会限制其规模的扩大。随着技术难关不断攻克，生产成本不断降低，需求量也在与日俱增。可以预期到不久的将来，光伏发电的价格将降低到能替代原有煤电的水平，迎来需求量剧增的时期。

除政策因素外，光伏发电成本不断降低，也推动户用分布式光伏项目需求进入快速扩张阶段。从国家能源局公布的数据看，我国的光伏装机量从 2011 年开始有大幅度的增长：2011 年，光伏装机量为 2010 年的 3 倍多；2011—2016 年，光伏新装装机容量复合增长率为 66.37％。同时，从 2013 年开始实施的分布式光伏补贴效果显著，分布式光伏新装装机容量 2013—2016 年年复合增长率为 74.63％。这意味着：一方面，光伏产业遭遇价格低和"双反"的市场低迷状况，国内电力市场对光伏开放力度变大，政策的推进成效显著；另一方面，光伏设备由于投资成本下降而受到市场的欢迎，特别在 2016 年，光伏新装装机容量和其中的分布式光伏新装装机容量均有大幅度提升。从全球市场来看：2010 年以前，欧盟地区占据了全球 80％的光伏市场，贸易壁垒对中国的光伏企业影响非常大；近年来，各个国家对光伏的应用重视起来后，全球光伏市场呈现一种"去中心化"的特点，中国的市场扩大为中国光伏企业的稳定发展提供了重要保障。从

---

① 潘莹，迟东训. 中国燃煤发电、大型光伏项目度电成本比较与预测[J]. 中外能源，2017(6)：1-7.

2015 年全球前十位国家太阳能发电累计装机规模统计看,中国太阳能发电累计装机规模超越德国,跃居世界第一(见表 2-13)。

表 2-13 2015 年全球前十位国家太阳能发电累计装机规模

排名	国家	太阳能发电累计装机规模/GW
1	中国	43.5
2	德国	40.0
3	日本	34.3
4	美国	25.6
5	意大利	18.6
6	英国	9.1
7	印度	5.1
8	法国	6.5
9	西班牙	5.4
10	澳大利亚	5.1

未来我国的光伏市场仍有很大潜力,一方面我国的用电总量仍有很大的增长潜力,另一方面为兑现《巴黎协定》的承诺和承担更多环境责任,我国的非化石能源使用比例将逐步提升。2015 年,我国人均购电量世界排名第 79 位,与发达国家差距巨大,另外,随着 GDP 的增长,国家用电总量也在继续增长。国家能源局公布的 2016 年年度数据显示,中国的光伏发电量占总体发电的 1%,仍有较大的提升空间。《能源发展“十三五”规划》计划到 2020 年,我国将新增太阳能发电装机约 7000 万千瓦。虽然与光伏有关的直接规划相对于目前的高速增长而言较为保守,但依然可以看出未来几年光伏产业的国内市场将稳步增长,在近期分布式光伏的预期增长量较大。

《能源发展“十三五”规划》统计,近年来欧美等国每年新增发电装机一半以上为非化石能源应用设备。2015 年,全球可再生能源新增发电装机容量首次超过常规能源发电装机容量,表明全球的电力系统建设正在发生结构性转变,能源结构也将随着时间的推移而发生变化。

(四)配套政策组合出击,补贴政策逐步退出

为促进战略性新兴产业的发展,我国制定了多层次、多方位的政策进行引导和支持。政策上以引导为主、补贴为辅,并且根据市场的情况及时进行调整。政策本身也在摸索中逐渐走向体系化、市场化。

政策可分引导型政策、需求型政策、生产型政策、研发型政策。引导型政策指总体规划、专项规划和区域规划等对光伏行业进行规划与引导的政策,如"十二五"期间发布的《关于促进光伏产业健康发展的若干意见》《太阳能发展"十三五"规划》等。需求型政策方面,国家层面有统一的补贴政策,另外不同的地区会按发电量或者按户进行额外补贴。生产型政策方面,有资产折旧补贴、贷款贴息、用地优惠、人才引进补贴等,这一层面的政策上地方政府更为积极。研发型政策,指针对研发和创新行为进行补贴,以及"领跑者计划"这类引导性的研发政策。事实上,对光伏企业的补贴并非中国特色,如美国从20世纪70年代就开始对可再生能源产业进行补贴。光伏产业的发展跟各国的环境政策密切相关,各国光伏产业的竞争在某种程度上是各国产业政策的竞争。

与时俱进是光伏产业政策最显著的特征,产业政策随着产业发展的进程和国外政策与市场的变化而变化。光伏产业诞生之初,由于企业缺乏规模而难以达到经济效应,对于消费者而言用电成本较高,故以电价补贴为主要政策,再辅以生产政策帮助新成立的企业建立规模。国内针对光伏产业的政策从设定战略性新兴产业之前就已经开始了,在气候问题成为全球热点议题和我国准备实施电价改革之际,2005年我国国家发改委就在《关于无电地区电力建设有关问题的通知》中提及可以采用太阳能光伏发电方式或"风光"互补发电方式。在《关于2006年度可再

生能源电价补贴和配额交易方案的通知》中首次提及了光伏发电的定价问题。"十一五"期间,光伏发电主要在北京、上海、江苏、广东等发达地区进行试点。在欧盟对光伏产品的需求的刺激下,中国光伏产业不断壮大,中国光伏产业的产量从 2007 年开始连续多年居世界第一。金融危机后为了刺激经济的增长,意在培育新兴产业的需求政策"金太阳计划"在 2009 年开始施行。在这一时期,各地方政府为了培育当地的龙头企业而从各方面对企业进行生产补贴和研发补贴,培育出了许多新兴企业。

在产业逐渐走向成熟的过程中,产业政策随之调整或逐步退出。2009年出台的"事前补贴式""金太阳计划"虽然引导了光伏产业进入热潮,但在执行的过程中出现了一些负面的现象,于 2013 年停止实施。在多次征求业界意见之后,代之以光伏电价补贴"事后补贴"的新政策。随着产业不断发展,生产成本不断降低,政府补贴也不断减少。从表 2-14 可以看出,2011—2017 年光伏电站上网电价平均下降了 25%。2013 年,国家发改委《关于发挥价格杠杆作用促进光伏产业健康发展的通知》分三类资源区和西藏地区制定光伏电站上网电价,且在 2016 年以后准备每年调整一次,使之越来越接近煤电上网电价。另外,2013 年 9 月 1 日起分布式光伏补贴为 0.42 元每千瓦时。总而言之,光伏的补贴政策变得标准化和细化,政府正逐步退出对市场的干预。

表 2-14　光伏电站上网电价

单位:元每千瓦时

区域	2011-07-01 前	2011-12-31 前	2013-09-01 后	2016-01-01 后	2017-01-01 后
一类资源区			0.90	0.80	0.65
二类资源区	按照大型光伏	1.00	0.95	0.88	0.75
三类资源区	电站特许招标 项目中标价		1.00	0.98	0.85
西藏地区		1.15	另行制定	另行制定	另行制定

总而言之,生产补贴主要针对规模效应,研发补贴则是针对创新。对于战略性产业来说,只有掌握核心技术才能在国际竞争中存活和发展。特别是在中国,光伏企业在全产业链上均有较强的生产能力和国际竞争力之后,进一步提升技术水平以巩固已有的领先地位非常重要。除了研发补贴之外,我国在 2015 年提出了"领跑者计划",通过不断提升领跑者标准来规范技术,帮助企业树立锐意进取的创新意识和企业品牌,引导行业不断进行技术升级,取得了较好的成效。

(五)中国战略性新兴产业发展模式的经验得失

1. 中国战略性新兴产业发展模式的有益经验

(1)制定国家层面的战略规划,规划引导战略性新兴产业发展

中国分别于 2010 年、2016 年出台了《关于加快培育和发展战略性新兴产业的决定》和《"十三五"国家战略性新兴产业发展规划》,并于 2012 年、2016 年和 2018 年制订并更新了《战略性新兴产业分类》目录,重点关注新一代信息技术产业、高端装备制造产业、新材料产业、生物产业、新能源汽车产业、新能源产业、节能环保产业、数字创意产业、相关服务业等九大领域的培育与发展。虽然中国出台战略性新兴产业发展国家级战略的时间较发达国家稍晚,但体现了一定的后发优势,规划最为全面具体,反映了战略性新兴产业受到国家层面的高度重视,摆在经济社会发展的突出位置,为构建现代产业新体系、推动经济社会持续健康发展奠定了基础。

(2)充分借助大国市场优势,培育战略性新兴产业

作为全球第二大经济体,中国拥有巨大的市场容量,国内对新产品、新技术的巨大需求是战略性新兴产业得以发展的基础,有利于新

兴产业率先实现规模经济,使其在国际市场上具有成本低的比较优势。① 尤其在经济危机时期,国际商品或者服务市场低迷,国内的巨大市场容量能够为战略性新兴产业提供更多的生存空间,起到一定的缓冲作用。此外,国内稳定的大国市场保障了企业稳定的利润,同时也减少了企业研发的市场风险,因而大国市场的企业能够承受更高的研发风险,负担长期的研发投入计划。

(3)坚持自主创新与开放创新,处理好两者之间的关系

第一,强调核心技术要立足于自主创新,面向国家重大需求,面向世界科技前沿,在战略性新兴产业重要领域和关键环节上强化科研水平。第二,积极推动核心技术成果转化,形成科研院校与企业之间的协同效应。第三,利用全球资源开放创新,深入推进知识创新和技术创新,增强原始创新、集成创新和引进消化吸收再创新能力。

2. 中国战略性新兴产业发展模式的制约因素

(1)政府不当干预造成战略性新兴产业产能过剩

中国存在政府补贴、土地价格扭曲等政府对战略性新兴产业的不当干预问题。一方面,政府采用事前补贴、一刀切、压低土地价格等方式,扭曲了企业的投资行为,诱使企业为获取补贴而投资亏损项目或低技术门槛项目,形成过剩产能。另一方面,由于缺乏对企业的创新激励和事后监督,政府补贴等优惠政策破坏了创新环境,使得企业偏好于成本低、风险小、收益快的低附加值产品,并带来企业的盲目扩张,造成企业间无序竞争和产能过剩。②

---

① 黄先海,张胜利.中国战略性新兴产业的发展路径选择:大国市场诱致[J].中国工业经济,2019(11):60-78.

② 余东华,吕逸楠.政府不当干预与战略性新兴产业产能过剩——以中国光伏产业为例[J].中国工业经济,2015(10):53-68.

(2)融资约束制约战略性新兴产业技术水平提升

由于战略性新兴产业固有的高研发周期、高知识累积等特征,以及金融市场在经济低迷时存在"金融加速器效应",会进一步放大对企业的冲击,新兴产业企业往往面临较大融资约束。融资约束的存在导致企业更加偏好短期利益,以致偏好于成本低、风险小、收益快的低附加值产品,一方面形成了过剩产能,另一方面也忽视了技术水平的提升。[①]

(3)地方恶性竞争导致市场分割,产业同质化约束战略性新兴产业发展

由于引入了以经济增长为基础的晋升锦标赛竞争机制,地方政府间存在争相发展经济以获得经济激励和政治激励的动力,客观上造成了地方政府进行市场分割、地方保护主义、重复建设等问题。一方面,市场分割造成了区域之间的生产要素不能自由流动,无法实现要素价格均等化,资源配置效率低,区域产品在国内市场扩张面临市场规模约束,难以发挥大国市场的优势。另一方面,许多地区的产业规划同质化现象严重,产业战略布局雷同的情形十分普遍。大多数地区选择了节能环保、新能源、新材料、生物医药、信息通信、航空航天、新能源汽车等作为发展重点,造成了一哄而上、产业雷同、盲目投资、产能过剩等问题。

(4)知识产权保护水平不足

战略性新兴产业作为高知识技术密集行业,其发展受科技创新的影响非常明显,而知识产权保护体系则是科技创新的重要社会环境因素和激励机制。目前中国知识产权服务体系不完善,政策和制度落实不到位,缺乏高效运转的区域性及专业性知识产权公共服务平台,需要提高知识产权保护水平和执法效率,激励企业增加研发投入,实现技术创新。

---

① 杨源源,于津平,杨栋旭.融资约束阻碍战略性新兴产业高端化了吗?[J].经济评论,2018(5):60-74.

第三章　战略性新兴产业培育发展的新分析框架:政府市场"双驱动"

如何更好地培育发展本国新兴或幼稚产业?幼稚产业保护理论、后发优势理论等现有学说未能捕捉中国战略性新兴产业培育发展的全部特征。基于中国经验,本章提出政府市场"双驱动"理论模型,从竞争兼容型、市场友好型的政策介入视角,对战略性新兴产业发展中的政府与市场作用给出了一个新的理解框架。

战略性新兴产业因其技术同发、信息模糊、无市场解的溢出等异质性特征,对经典产业培育理论以及长期以来发展中经济体熟悉惯用的产业培育政策与应用提出了巨大挑战,战略性新兴产业的培育发展要求新的理论分析框架。

一、新兴产业培育的经典理论及其局限

对于如何培育发展本国新兴或幼稚产业(infant industry)的研究几乎贯穿于整个经济学发展历程。在史密斯于 1776 年发表推崇市场竞争和自由贸易的观点后不久,美国经济学家汉密尔顿在 1791 年便提出产业保护理论,认为自由贸易理论不适用于当时落后的美国,相反美国应采取高关税措施来保护国内幼稚产业。产业培育理论至此始发。之后,几乎所有著名经济学者均对产业培育理论进行批评或建树,由此产业培育理论成为推动经济学理论与经验研究发展且经久不衰的重要领域。

(一)幼稚产业保护理论

幼稚产业保护理论可以称为第一代产业培育理论,自汉密尔顿、利斯特等早期古典主义经济学家创立以来,经阿罗、巴尔丹、扬等新古典学者拓展后逐渐形成分析框架。该理论支持幼稚产业保护效应的主要逻辑依据为利润转移、学习效应和信息篱笆。

1. 利润转移

利润转移(profit shifting)一般指在放任自由市场条件下,国际领先企业进入国内幼稚产业,将形成显著的市场势力和市场占领,从而将本国企业利润转移到国外企业,形成静态损失。利润转移是早期幼稚产业保护理论的主要依据之一。相关观点认为,在非完全竞争条件下,即使没有学习效应动态收益,利用关税或出口补贴等政府干预使利润从国际企业向国内企业转移也是合理的。因国内外企业生产成本差异的存在,国外企业进入将对本地企业构成市场窃取效应和利润损失。①

2. 学习效应

从学习效应(learning effect)视角出发,幼稚产业需要一定时期的市场保护以规避国际竞争,是当前幼稚产业保护的主要理论与政策依据。自制造业"学习曲线"概念提出后,"干中学"和"外溢性"成为扶持产业政策的两大理论前提。然而,不同产业的"干中学"效应不同,如果完全按照比较优势进行国际贸易,落后国家将专注于学习效应较弱的传统产业,从而导致长期的动态损失。进入幼稚产业的企业具有极高的初始成本,但通过"干中学"可以逐步实现生产成本的下降,此时可以借助适当的产业和贸易政策,给予新兴产业市场保护直到其可以与国外企业进行自由竞争。②

3. 信息篱笆

学习效应从提出起一直面临可以内溢化以及存在学习条件性的挑战,

---

① P Krugman. The Myth of Asia's Miracle [J]. Foreign Affairs,1994(6):62-78.
② B Greenwald,J Stiglitz. Helping Infant Economies Grow:Foundations of Trade Policies for Developing Countries[J]. The American Economic Review,2006(2):141-146.

而从信息不完美视角可以为幼稚产业保护理论找到新的理论基点与政策依据。也就是说,即使新进入幼稚产业的国内企业与国外在位企业相比并不存在额外的学习效应,但是也存在市场信息篱笆(information barrier)。特别是在非完美消费者信息环境中,在完全贸易自由化条件下,国内消费者对新进入行业的国内企业产品并不知晓,国外成熟企业将在本国市场形成巨大市场信号优势。因此,需要通过贸易配额或补贴政策,支持国内幼稚产业企业进行信号传递和市场开拓。

(二)后发优势理论

后发优势理论可以称为第二代产业培育理论,自格申克龙在其经典研究"历史视野中的经济落后"中首次提出"后发优势",并经纳尔逊和费尔普斯、克鲁格曼、林毅夫和张鹏飞进行模型化拓展①,逐步形成分析框架。

1. 后发优势

"后发优势"(backwardness advantage)观点认为,落后经济体的产业或企业可以通过大量吸引国际直接投资,直接采用发达经济体的既有技术,实现快速技术追赶,非竞争性的制度安排如"企业-银行"长期合作关系、大企业和国家政策干预会有助于快速产业技术模仿追赶。因此,与第一代产业培育理论相比,后发优势理论有完全不同的政策含义,即为了利用技术差距模仿吸收国外先进技术,应该尽可能开放市场,吸引国际企业进入本国市场,并利用合资等合作形式最大限度吸收国外技术溢出。

2. 技术差距

基于对后发优势思想的理解,对更为精细的纳入技术差距及其动态规范模型的研究迅速展开。纳尔逊和费尔普斯首次构建出一个简单的动态

---

① 林毅夫,张鹏飞.后发优势、技术引进与落后国家的经济增长[J].经济学(季刊),2005(4):53-74.

模型,对格申克龙的"后发优势"思想进行了规范的数理分析,表明非技术前沿产业通过直接吸收国际前沿技术,可以取得一个与技术差距成正向关系的技术进步速率,即在增长初期可以实现更快的技术进步,随后减慢进步速度并最终收敛至一个均衡的技术差距。类似的还有芬德利、克鲁格曼等,前者主要强调教育与人力资本对前沿技术的吸收能力,后者则考虑技术扩散和吸收的具体途径如国际直接投资、南北国际贸易对技术差距动态与稳态的影响。林毅夫和张鹏飞也构建出一个远离技术前沿的发展中经济体可以利用后发优势实现技术追赶的内生增长模型,表明后发地区利用技术差距可以实现更快的经济增长。[①]

(三)经典理论的局限性分析

产业培育理论及其相应的政策干预有效性是长期以来经济学理论思辨中最具争议性的热点。从实践来看,虽然世界上几乎所有经济体都在施行形式各异的产业与贸易政策,并且存在如二战后日本、韩国、新加坡及中国台湾等经济体通过政策干预推动持续快速增长的成功样本,但大部分经济体施行产业政策通常面临相当程度甚至严重的负面后果。

经典产业培育理论及其政策主要面临三个方面的局限或缺失。

1. 福利扭曲

施行关税以及进口配额等幼稚产业保护政策虽然减少本国企业的市场与利润窃取(business stealing),但与国外企业相比,国内企业产品的高成本、高价格将导致消费者福利损失,此种福利扭曲难以避免。与关税相似,进口配额将会导致消费者福利减少,并且因政府配额管制并没有获得税收,因此社会总福利损失更为严重。在贸易双边战略性反应模型中,一国高关税与进口配额的政策如果引起对方国实施对称的贸易限制,引起所

---

① 林毅夫,张鹏飞.后发优势、技术引进与落后国家的经济增长[J].经济学(季刊),2005(4):53-74.

谓的贸易战，则双边的福利扭曲将更为严重。

2. 资源误配

从资源结构再配置效率角度考察幼稚产业保护理论的局限是新近的研究视角。在一个同时具有比较优势和非比较优势的产业部门的经济体内，幼稚产业保护政策通过补贴、关税政策等干预措施使得非比较优势部门获得较高的利润率，从而吸引原比较优势部门生产要素向该部门转移，造成生产要素误配和整体角度的效率损失。从资源误配角度来看，即使不存在福利扭曲，且非比较优势部门的学习效应仍然存在等幼稚产业保护理论假设不违背，资源误配导致的结构损失也将使幼稚产业保护的正面效应被削弱。在自由贸易条件下，比较优势部门将取得更快的生产率增长并且吸引要素向本产业流动，从而进一步形成资源再配置效应。

3. 竞争妨碍

幼稚产业保护政策对市场竞争造成妨碍，进而对技术创新动态效应产生抑制，是长期以来产业培育理论与政策存在的最大争议之处。幼稚产业保护政策限制国内企业与国际先进企业展开市场竞争，不仅导致消费者福利扭曲，而且削弱了市场竞争对国内外企业的创新效应。[①] 数个发展中经济体在二战以后一段时期广泛施行幼稚产业保护政策以促进其发展，但该政策在 20 世纪 80 年代后广受批评，因为传统产业政策为进行政策资源分配，需要在行业内"挑选赢家"从而妨碍竞争，并且导致普遍的政府俘获与寻租。关税、卫生壁垒（sanitary and phytosanitary standards，SPSs）、技术壁垒（technical barriers to trade，TBTs）或其他形式的非关税贸易保护（non-tariff measures，NTMs）对本地企业的技术创新水平或其他任何形式的生产率的提升效果并不一定存在，甚至可能事与愿违。技术后发优势理

---

① P Aghion，J Cai，M Dewatripont，et al. Industrial Policy and Competition［J］. American Economic Journal：Macroeconomics，2015，7（4）：1-32.

论因在入资限制、产业进入等方面存在选择性开放，同样存在市场竞争妨碍问题。

二、理论对象的经济学抽象

经典产业培育理论不仅存在难以规避的局限性，并且在全球开放和战略性新兴产业的特质条件下，理论依据和政策实施均面临挑战。战略性新兴产业的培育发展理论，实质上是要在一个全球竞争更加激烈的经济系统中，构建一种适用于技术同发、信息模糊、溢出巨大条件下的新型产业培育理论与政策激励体系，以推进本国产业在同发条件下创新先发且更快进步。

战略性新兴产业与幼稚产业保护理论中分析的幼稚产业，以及技术后发优势理论中分析的落后产业（backward industry），在产业性质上存在重大差异，因此战略性新兴产业培育发展理论与产业培育的两大经典理论在分析对象和逻辑起点上存在实质差异。

（一）技术同发而非技术后发

从技术视角看，战略性新兴产业与幼稚产业、落后产业的第一个重大差别是国内外产业不存在技术差距，处于技术同发状态，各国均处在新一轮技术革命起跑线上。由于不存在技术差距，后发优势效应不复存在。并且，出于战略安全和产业保护目的，各主要国家对战略性新兴产业的技术探索及研发成果信息，均具有严格的知识产权保护甚至处于技术禁止出口状态，使得其他国家很难通过模仿学习获得战略性新兴产业技术知识。因此，基于后发模仿的后发优势理论难以为战略性新兴产业发展提供有效分析和政策启示。

(二)研发驱动而非规模驱动

战略性新兴产业处于技术和产业生命周期的初始阶段,当今包括美国、日本、英国、德国、法国等在内的世界各主要发达经济体,均在推动战略性新兴产业进行持续试错性研发,技术演进方向与技术轨道模糊。因此,推动战略性新兴产业的技术进步密切依赖主动的高密集的专业性研发。幼稚产业保护理论的主要依据在于幼稚产业的"干中学"效应,即依靠生产经验累积和规模经济而使得生产成本下降。然而,依靠规模生产和经验累积渠道而获取的学习效应,显然不足以满足战略性新兴产业在技术模糊、技术轨道不确定的产品生命周期阶段下特有的快速技术进步要求。

(三)产品创新而非工艺创新

本质上,战略性新兴产业的主导形式是依靠技术创新与科技进步,获取一种新的生产函数,即获得跨产业的新产品或者更高质量的跨代产品,并不是对原产品的工艺性创新。战略性新兴产业进入消费者市场后,将对现有产业构成重大的革命性与替代性冲击。因此,工艺创新形式的技术进步理论难以适用于战略性新兴产业理论分析。

三、政府市场"双驱动"框架的理论内涵

适用于战略性新兴产业的产业培育理论,本质上是要在一个更具开放性、竞争性的全球经济系统中,构建一种适应技术同发、信息模糊、溢出巨大条件,政府切入与市场竞争协同驱动的新一代产业培育理论(见表3-1)。

表 3-1 "双驱动"理论与产业培育经典理论的比较分析

分析对象		幼稚产业保护理论	后发优势理论	"双驱动"理论
产业	产业对象	幼稚产业	落后产业	战略性新兴产业
	技术阶段	技术后发	技术后发	技术同发
	确定性质	确定	确定	不确定
	信息特质	信息篱笆	信息篱笆	信息平等
理论	理论依据	学习效应	后发效应	竞争效应
	理论目标	幼稚保护	后发追赶	前沿先发
政府市场	政府与市场关系	替代对立	调控限制	兼容互补
政策	贸易政策	强壁垒	弱壁垒	无壁垒
	竞争政策	隔离竞争	有限竞争	充分竞争
	补贴政策	集中、强补贴	集中、强补贴	离散、弱补贴
	产权政策	—	弱产权	强产权
预期	增长绩效	面临稻田条件而趋弱	面临无空间可模仿而趋弱	竞争创新效应,可持续

(一)"双驱动"框架的理论基石

1. 知识外部性理论

知识外部性及其研究争议几乎是驱动整个经济学思想变迁的重要动力之一。经典外部性理论强调经济行为人活动对社会产生正向或负向溢出,导致市场失灵,进而成为政策干预理论的重要依据。新制度经济学者从交易成本和产权视角出发,认为外部性问题根源是产权问题,部分外部性经济行为在可以清晰界定产权且交易成本不高的条件下,其外部性可以获得内部化,从而得到市场解。

然而,战略性新兴产业本质上属于探索新生产函数即产业前沿知识的创新活动,新知识具有高度非竞争性和部分非排他性的特征,特别是战略性新兴产业研发活动涉及大量非编码化隐形形式知识,不仅难以清晰界定产权,而且实现完全内生化的交易成本极高甚至无法做到。知识溢出的存在性及重要性无可否认,知识存在具有强大渗透力的外部性,使得知识可以超越国家边界和产业分隔自由溢出。特别是,战略性新兴产业当前技术轨道远未定型,各国、各企业均处于创新试错阶段,未取得成果的错误试验信息难以取得知识产权保护,但客观上为其他企业的创新提供了重要的避免误判的信息提示。这种难以完全内部化、难以形成市场解的"错的"正外部性,可能是对新制度经济学的外部性可以内部化的观点形成的一种新的挑战,并成为战略性新兴产业培育需要政府嵌入并与市场形成协同激励的重要依据。

2. 产业生命周期与蛙跳理论

产业从产生到消亡的整个过程中,在创新依赖性、创新速度与类型、研发不确定性以及组织结构方面存在普遍的阶段性和共同规律性特质,这是产业生命周期理论的重要贡献。产业(产品)生命周期可以划分为三个时期,即探索期、成长期和成熟期。在探索期,产品面临高不确定性及规模很小的市场需求,产品设计不稳定并且生产过程尚未程式化。为了探索不同的技术创新可能性,不同企业的创新方向往往存在重大异质性。由于技术远未标准化,不同企业在技术上的创新成果也存在普遍的跳跃性与非连续性。在这种情况下,企业研发创新可以吸收不同的知识来源,特别是来自本部门之外的知识信息。

不同于幼稚产业和后发跟进产业,战略性新兴产业在全球范围内均处于产业探索期,发展的根本动力是技术创新,而重大技术创新一般都面临着较大的风险或不确定性。创新的不确定性或风险可以划分为可度量的不确定性或狭义的风险,以及不可度量的不确定性或实际风险。技术创新通常被定为后者。这意味着新兴技术的未来发展方向很难预测,尤其是基本性的技术创新及其相应的产品应用的市场需求更难以测量。不同类型的企业创新蕴含的不确定性等级共分为六级，前三级与重大新技术、新产业的发明相联系，后三级属于在位产业中的非激进创新。在新兴产业中，创新的不确定性要远远大于在位产业。战略性新兴产业在探索阶段对创新的高度依赖、技术路径的高度不确定性以及相应的技术非连续性，为国家和企业在新一轮产业与技术培育发展中的突破性跳跃和世界产业领导地位的蛙跳赶超提供了窗口。

3. 熊彼特主义竞争增长理论

熊彼特在《经济发展理论》中最早试图从经济系统内部寻找经济增长和产业变迁的因素，并将推动经济变迁的力量归结为企业家实施的在供给上的新组合，即创新，随后将企业创新的性质进一步定义为"创造性破坏"概念。熊彼特"创造性破坏"思想提出时正值欧美第一次"大萧条"，社会大量失业与"创造性破坏"可能引致的产业破坏和失业加重，使该思想让位于凯恩斯主义，却对整个20世纪特别是80年代以来的经济增长理论产生深远影响。阿吉翁和豪伊特、阿西莫格鲁等正式将"创造性破坏"思想模型化，提出新古典形式的熊彼特主义竞争增长理论。该理论借鉴垄断市场存在"替代效应"观点，指出外部竞争者只能通过自主研发创新获得新技术，并对原有技术形成全面替代，才能超越已有垄断者，成为新的垄断者。特别是，熊彼特主义竞争增长理论注重研究竞争与创新增长的关系，认为市场竞争程度的提高会提升在技术阶梯上呈现为齐头并进状态的产业的创新密集度。

战略性新兴产业的重要特征即在于技术同发且具有高度不确定性（见表3-2），熊彼特主义模型较为精准地捕捉到并在新古典范式下刻画出上述特征。因此，熊彼特主义竞争增长理论对战略性新兴产业培育的重要理论揭示，即在于通过市场竞争激励技术同发部门进行企业研发创新，较高程度的市场竞争引致高密集度的异质性创新，弥补整个产业的技术信息与路径不确定性，最终推动产业技术快速进步，率先形成国际市场竞争优势。

表 3-2　创新类型及其不确定性水平

产业	不确定性水平	创新类型
战略性 新兴产业	最高	基础性研究与基础性发明
	极高	重大的开创性新产品创新
		重大的产品质量升级迭代
新兴 产业	较高	基本产品创新
		系统的生产工艺创新
	中等	企业已有品种的新"一代"产品
		获得专利的创新
成熟 产业	较低	仿制的产品创新
		产品的工艺改进
		成熟生产工艺的早期试用
	极低	新"型号"
		产品的衍变
		产品新地区的适应性改进
		已有生产工艺的中晚期采用
		较小的技术改进

(二)"双驱动"框架中的政府与市场

政府与市场在推动经济发展中的地位和相互关系是经济学持久不衰的一个核心课题。政府市场"双驱动"理论与幼稚产业保护理论、后发优势理论虽然具有相似的理论研究目标,即推动国内新兴产业快速发展,但其背后的理论逻辑特别是对政府与市场关系的理解存在深刻差异。

幼稚产业保护理论中的政府干预与市场竞争基本呈现为一种对立关系。幼稚产业保护理论源于李斯特贸易保护思想和筱原三代平的动态比较利益思想,前者从"财富生产力比财富本身重要"视角认为应当培育发展本国新兴幼稚产业,后者则从"比较优势下贸易分工条件将恶化"视角认为应对本国新兴主导产业进行培育。虽然两者切入点不同,但在政府与市场的关系上,两者均强调政府不能甘做"守夜人",而要做"植树人"和"护树人",通过关税、进口配额、生产补贴等方式隔离外部市场竞争。因此,在产业培育发展过程中,政府与市场主要表现为替代对立关系。

后发优势理论中的政府干预与市场竞争呈现一种干扰限制关系。关于产业培育的后发优势理论源于格申克龙的后发优势思想,其认为应基于国内外技术差距蕴含的追赶模仿效应,推动国内落后产业快速发展。格申克龙指出,落后经济体的产业或企业可以通过大量吸引国际直接投资、进口国外中间品或者技术收购,直接采用发达经济体的既有技术,实现快速的技术追赶。可见,后发优势理论对开放竞争的观点与幼稚产业保护理论完全相反。但是,在具体的战略实施和政策干预时,为加快技术模仿吸收,往往通过设计某种非竞争性的制度安排如"企业-银行"长期合作关系、大企业集团等模仿平台对国外先进技术进行模仿,虽然引进了国外技术和资本,但一般却是通过国内大企业的"联姻"实现模仿,对国内市场而言,市场竞争仍然有限。因此,后发优势理论中政府与市场表现为干扰限制关系。

政府市场"双驱动"理论中的政府干预与市场竞争则表现为兼容互补关系。关于战略性新兴产业培育的政府市场"双驱动"理论基于熊彼特主义竞争增长思想、产业周期理论以及知识溢出理论,强调在战略性新兴产业初期企业进入不足和溢出效应巨大的环境下,通过"政府培育市场—市场激励竞争—竞争诱发创新"的产业和技术培育逻辑,推动战略性新兴产业以快于市场自发状态的节奏加速进步。因此,政府是在战略性新兴产业的供给端和需求端市场均难以自发形成的条件下,通过离散创新补贴、公共知识池培育、消费者补助等政策工具,激活战略性新兴产业的知识研发市场、产品供给市场和产品需求市场,但将具体企业和产品的市场进入退出率、在位持续时间、在位份额等企业和产品微观动态交由企业竞争与消费者自主选择,从而形成政府与市场在推动战略性新兴产业创新竞争和产业动态进步过程中的嵌入兼容、协同驱动关系。因此,政府市场"双驱动"理论中的政府功能不是单纯的"守夜人",亦不是指定产业甚至企业并对其加以"温室保护"的"植树人",而是激活市场、支撑竞争的"育林人"。这是政府市场"双驱动"理论与幼稚产业保护理论、后发优势理论在培育新兴或幼稚产业中的政策工具选择及政策效应分化的深层差异。

(三)"双驱动"框架下的产业培育发展路径:中国选择

与美国、英国、日本、德国等当前上一代技术在位领先国相比,中国在新一代战略性新兴技术的创新"替代成本"、大国市场规模特质、创新产权激励安排上具有显著的国别特质,可内在决定战略性新兴产业三大培育路径。

1. 后发蛙跳创新

战略性新兴产业的本质特征之一即技术同发性,将世界各国拉到新一轮技术变革起跑线上,但是,各国的技术创新成本包括研发创新成本和沉没成本并不相同。世界发达经济体在前一轮技术及其应用产业上占据国际领导地位,并在原有技术轨道积累了大量产业知识和固定生产网络,而新一轮技术革命及其战略性新兴产业所带来的一般是具有重大质量跃迁和功能升级特征的新产品,一旦创新成功将对在位领导企业和产品形成决定性质量优势和功能超越,构成革命性替代或所谓破坏性创新。这意味着发达经济体在战略性新兴产业技术创新上,与包括中国在内的新兴经济体相比,将面临额外的创新"替代成本"。根据美国的企业创新与领导地位更替历史经验数据,美国几乎每一个重大颠覆性技术创新均是潜在新生企业所为,并非是在位技术领先企业完成。当前中国企业整体研发创新能力已处于世界准前沿水平,战略性新兴技术和产业面临更小的研发沉没成本,在战略性新兴产业技术初始阶段,通过加大技术创新力度,实现新一轮国际产业领导地位跳跃具有重大现实可能。

2. 大国市场诱致

全球化是否已经消除了产品市场分隔、要素流动边界以及创新密集度的国别差异?答案并不肯定。即使在关税、配额和技术壁垒等基本趋于消失的现代全球贸易规则环境下,边界效应仍然被证明广泛存在,母国市场规模对产品创新幅度、经验学习速度和市场竞争程度仍具有重要传导作用。随着国内一体化市场进程加快,大国市场效应越发凸显,中国巨大的市场容量将为战略性新兴产业的培育发展提供重要优势环境,并体现为三个方面:第一为市场规模效应。企业一旦创新成功,成为市场领导者,将获得巨大市场补偿,这为战略性新兴产业的企业创新提供了需求激励,同时较大的市场规模使得创新成功后的产品获得更大的规模经济和学习效应。第二为市场竞争效应。国内需求容量巨大,潜在进入企业相对更多,与小国市场相比,在同样零利润条件下将承载更多的资本和企业进入数量,市场竞争更为激烈,从而激励战略性新兴产业的企业加大研发创新支出。第三为市场信息效应,战略性新兴产业技术路线并未确定,主导产品方向信息模糊,巨大市场为不同企业在不同产品方向上的试错性创新均提供了足够的容量,因此,构建国内一体化大市场是加快战略性新兴产业培育和技术创新的重要路径。

3. 知识产权倒逼

不同于幼稚产业或后进产业,战略性新兴产业本质上从事的是探索新的生产函数即产业前沿知识的创新活动,属于高风险、高不确定性的知识技术密集型行业,面临的研发成本和研发风险巨大。而一旦创新成功,其他企业模仿生产的应用成本大幅降低,形成对原始创新企业产品市场的直接替代和利润窃取,这会降低企业创新预期,减少其创新努力。知识产权保护体系是推动科技创新的重要社会环境因素和激励机制。中国长期以来实施较弱的知识产权保护制度,以利于国际知识溢出和国内企业的学习扩散,但在战略性新兴产业技术同发和国外严格输出保护条件下,合理执行较强的知识产权保护制度,不仅可激励企业进行研发创新,更重要的是可倒逼其他潜在进入企业进行新方向、新路线、新产品的自主创新,从而提高战略性新兴产业总量研发密集度,加快多方向的试错过程,最终推动战略性新兴产业快速技术进步。

(四)"双驱动"框架的政策设计逻辑

当前学术界、产业界对传统产业政策的批评与诟病集中在两个方面,其一是政策对公平竞争的妨害性,其二是政府对未来信息认知的局限性。对于公平市场竞争的妨害性,数个发展中经济体在二战以后一段时期广泛施行产业政策以加快产业发展,但在具体的政策实施方面,为进行资源分配要在行业内"挑选赢家"和集中补贴,对未被选上的"输家"则构成抑制,不仅妨碍公平市场竞争,并且导致普遍的政府俘获与寻租。[①] 对于未来信息的不确定性方面的批评,如克鲁格曼所言,政府究竟选择什么样的产业是正确的并非容易,政府不可能比企业"更聪明"地获得关于创新的信息,未来的产业方向、技术路线只能靠市场竞争自然演化。

信息认知缺陷导致产业政策失败的经典案例是日本 20 世纪 90 年代在高清晰显示屏幕产业与技术选择上的激励政策。当时行业内垄断集团索尼、松下均在 CRT、PDP 等非液晶技术上孤注一掷,获取了日本政府大量补贴并投入巨额研发支出,但非液晶技术轨道上的技术创新空间以及相应的成本下降空间已经用尽,最终韩国三星、LG 在液晶技术上取得突破性进展并进一步向移动智能设备屏幕显示领域拓展,成为当今全球显示屏幕产业的领导者。

政府市场"双驱动"理论认同未来技术创新信息的不确定性以及政

---

① P Aghion,J Cai,M Dewatripont,et al. Industrial Policy and Competition[J]. American Economic Journal:Macroeconomics,2015,7(4):1-32.

策干预可能带来的资源误判,"双驱动"的理论主张两点:第一,政府决策和企业决策均存在对未来技术创新信息的误判风险,政府面临额外的俘获风险,从而降低对信息的敏感度,企业则面临因"替代成本"引致的路径依赖风险减缓对信息的感知与反应,坚守公共利益定位的政府则可规避俘获风险。第二,传统政策干预对市场竞争的损害性与信息不确定的认知局限导致的政策误判性,实际上是相互联立的"一币两面"。政府与企业对战略性新兴产业中可形成未来竞争优势的产品方向和技术方向均存在认知局限,减小信息不确定性和误判风险的有效途径是扩大企业竞争与市场筛选。但是,鉴于战略性新兴产业巨大的初期探索性研发成本、无市场解的溢出外部性和消费市场联动成本,潜在的研发(知识)市场、产品市场、需求市场均难以自发形成或竞争迭代不足,政府产业政策的设计逻辑则在于通过离散的研发补助、创业补助和消费者补助,激活行业层面的潜在的研发市场、产品市场和需求市场,扩大新知识竞争与产品竞争,从而加速更新战略性新兴产业研发创新试错率、企业进入退出率和产品迭代替代率,最终减小创新信息不确定性,驱动战略性新兴产业快速增长升级(见图 3-1)。

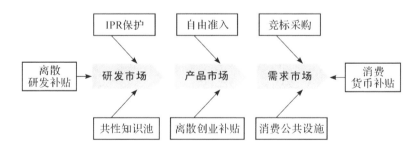

图 3-1 政府市场"双驱动"框架下的产业政策设计

四、政府市场"双驱动"框架的理论模型

当前,包括中国在内的世界上所有主要国家均在对战略性新兴产业发展施行形式各异的产业政策,各类产业政策从某种程度上可以抽象为对企业的补贴。本部分将熊彼特主义的经典内生增长模型基础上,纳入政府干预变量,力求从政府补贴、市场竞争和技术创新的相关关系角度,通过构建出一个具有传统部门与战略新兴产业部门的两部门熊彼特主义创新模型,从政府补贴政策特别是政策干预与市场竞争关系视角考察政府市场"双驱动"的传导机制。

(一)纳入政策变量的熊彼特主义基本环境

1. 消费行为

考虑一个两部门经济,分别为战略新兴产业部门和传统产业部门。[①]部门内部生产的产品同质,同样分别表示为 A 和 B ,其消费量分别以 x_A、x_B 表示,代表性消费者的效用函数为:

$$U(x_A, x_B) = \log(x_A) + \log(x_B) \qquad (3\text{-}1)$$

消费市场上完全竞争,消费者拥有的收入为 $2Y$[②],产品 i($i = A$、B)的价格为 Jp_i,可知当消费者实现效用最大化时,产品 i 的市场需求 $x_i = Y/Jp_i$。

2. 生产行为

各部门内存在两个大企业(1、2)和大量边缘企业。假定以边际成本为衡量企业特征的代理变量,边缘企业的常边际成本均为 c_f,大企业面临的

---

① 不同部门依据技术差距,具有不同的技术进步特性,具体见后文分析。

② 仅用于简化计算。

实际生产成本为：

$$c = c'/\tau \qquad (3\text{-}2)$$

其中，c'表示大企业的常边际成本，τ表示补贴强度，显然τ越大，企业的实际生产成本越低。一个合理的假设是：$Y \geqslant c_f > c'$，且$\tau \geqslant 1$。大企业存在规模经济，更有能力游说政府，俘获行业补贴而获得相对于边缘企业的成本优势，同时相对于产品成本，收入规模一般足够大。

3. 竞争行为

大量边缘企业进行伯川德竞争，而大企业之间可以选择是否进入同一产业或者在同一产业是否以串谋的方式来调整竞争程度。如果两大企业进入不同行业，本章称之为"差异化"选择，两者不存在正面竞争；如果进入同一行业，本章称之为"专注化"选择，两者会考虑串谋，如果串谋失败，则进行伯川德竞争。本章赋予两个大企业在进入同一行业后串谋成功的概率为θ，θ越小意味着行业竞争越激烈。因此，可将θ作为间接反映行业竞争程度的一个度量指标：

$$\theta = \theta(G, \tau) = \theta(\tau) \qquad (3\text{-}3)$$

其中，G表示企业家网络、反垄断法等影响企业串谋的社会因素，一般视为具有惯性的长期变量。相对而言，补贴强度τ则可以有较大幅度变化，并会通过以下两种渠道对θ产生影响：一是在行业补贴总额不变的情况下，补贴强度越大势必导致越少的企业可以俘获补贴，获补企业就越有动机形成串谋，以抑制可能造成补贴再配置的其他企业的壮大；二是就新兴产业发展初期而言，只有少数企业可获得补贴激励的预期会减少承担有巨大研发风险的潜在进入者的数量。可见两种渠道均对行业竞争程度产生负面影响，以下模型进一步揭示了这一机制。

4. 技术差距与异质性创新

两种产品的生产技术同样以A、B来表示。本章假定行业技术进步主要由大企业 1、2 是否选择创新行为而决定。为刻画不同行业的技术进步潜质即技术进步对研发成功的灵敏度,模型以研发成功使大企业边际成本的下降程度来表示:

$$c'/\gamma_A = c'/(\gamma+\delta); c'/\gamma_B = c'/(\gamma+\delta) \tag{3-4}$$

其中,γ_i 表示行业的技术进步潜质,显然 $\gamma_A > \gamma_B > 1(\gamma > 0, \delta > 0)$。该假设意味着具有不同技术差距的行业将具有不同的创新激励。传统部门一般为成熟行业,成熟行业技术路径相对比较明确,且已经过多次技术升级,经研发取得的技术进步或边际成本下降的空间较小,投入单位研发经费取得成功后的成本边际下降幅度并不显著。而战略性新兴产业部门蕴含巨大的技术不确定性,技术路径不明确,但是企业研发成功后的技术进步幅度或边际成本下降幅度很大。因此,可以假定行业 A 为战略性新兴产业部门,行业 A 中的企业进行研发,一旦研发成功,将具有更大的技术进步幅度和成本节约潜力。不失一般性,本章假定一个企业是否获得创新思想(idea)为"抛硬币"式的古典概率事件,企业一旦获得创新思想,将会投入研发,研发支出与成功概率的关系为:付出 $q^2/2$ 的研发支出,获得大小为 q 的成功概率。

(二)政策激励、创新效应与企业行为选择

考虑两个大企业选择进入不同行业的差异化情形。如前假定,此时每个行业均由一个大企业和大量边缘企业构成且彼此进行伯川德竞争。

现在分类考察企业创新行为。假如大企业没有获得创新思想,因其边际成本 c 小于边缘企业边际成本 c_f,大企业最优定价策略必然是将价格调整至略低于 c_f,从而获取整个市场,并得到如下利润:

$$E\pi_i^{D_c} = (c_f - c)\frac{Y}{c_f}。$$

假如大企业随机性地获得了创新思想(概率为 $1/2$),它将选择付出研

发支出以将创新思想付诸实践,并追求利润最大化,则有:

$$\max_q E\pi_i^{D_0} = q(c_f - \frac{c}{\gamma_i})\frac{Y}{c_f} + (1-q)(c_f - c)\frac{Y}{c_f} - \frac{q^2}{2}$$

企业满意的研发成功概率或者等价于最优研发支出的期望利润为:

$$q_i^D = \frac{\gamma_i - 1}{\gamma_i} \cdot \frac{c}{c_f}Y, i = A, B$$

$$E\pi_i^{D_0} = \frac{1}{2}(\frac{\gamma_i - 1}{\gamma_i})^2(\frac{c}{c_f})^2 Y^2 + (c_f - c)\frac{Y}{c_f}, i = A, B \tag{3-5}$$

最终,如果大企业选择差异化,则差异化的期望利润为:

$$E\pi_i^D = \frac{1}{2}(\pi_i^{D_0} + \pi_i^{D_1}) = \frac{1}{4}(\frac{\gamma_i - 1}{\gamma_i})^2(\frac{c}{c_f})^2 Y^2 + (c_f - c)\frac{Y}{c_f}, i = A, B \tag{3-6}$$

由(3-6)式可判断行业 A 的期望利润更高,两大企业均有意愿进入准前沿行业 A,如果最终的市场均衡呈现差异化情形,那么必定是 A 行业的竞争结构发生了足够的改变。

现在考虑两大企业选择进入同一个行业的专注化情形。由(3-6)式可知两大企业都会优先选择进入 A 行业,此时 B 行业完全由边缘企业组成,A 行业则由两个大企业和大量边缘企业构成。

该情形下,如果企业没有创新思想,其预期利润为

$$E\pi^{F_0} = \theta \cdot \frac{1}{2}(c_f - c)\frac{Y}{c_f}。$$

如果企业获得了创新思想,将会付出 $q^2/2$ 的研发成本,以换取大小为 q 的创新成功概率,一旦创新企业成功必然会垄断整个市场而不会选择串谋。其最优研发支出满足:

$$\max_q E\pi^{F_1} = q(c - \frac{c}{\gamma_A})\frac{Y}{c} + (1-q)\theta \cdot \frac{1}{2}(c_f - c)\frac{Y}{c_j} - \frac{q^2}{2}。$$

综合(3-2)、(3-3)式,可以得到:

$$q^F(\theta) = \left[(1 - \frac{1}{\gamma_A}) - \frac{\theta(\tau)}{2} \cdot \frac{c_f - c'/\tau}{c_f}\right] \cdot Y \tag{3-7}$$

(3-7)式给出的经济学含义非常清晰,符合企业意愿的研发支出,随着行业需求规模、行业技术进步潜质的扩大而增大,但随着补贴强度的增大而减小。该式同时显化了补贴对创新产生影响的微观机制:补贴的存在首先人为扩大了获补企业的外生的相对成本优势,更为重要的是补贴抑制了市场竞争,最终降低了企业研发支出(创新抑制效应)。相反,在补贴总量不变条件下,如果补贴政策通过减小对单个企业的补贴强度,不仅将弱化企业的外生成本优势,而且将使更多企业获得补贴从而激励潜在进入者进入市场,从而增强行业竞争(减小 θ),强化竞争效应,最终将刺激企业加大研发支出(创新激励效应)。本章将施行增大补贴强度抑制竞争的补贴方式概括为集中型补贴,并将减小强度、以覆盖面更广方式实施的补贴概括为竞争兼容型补贴,并将其与竞争、创新的关系归结为如下命题:

命题1:集中型补贴存在创新抑制效应,以更均匀的方式施行的竞争兼容型补贴可弱化补贴的创新抑制效应,并通过诱导企业竞争获得创新激励效应。

将(3-7)式代入利润最大化式得到创新预期利润,并最终得到选择同时进入准前沿技术产业 A 的企业的预期利润:

$$E\pi^F = \frac{1}{4}\left(1 - \frac{1}{\gamma + \delta} - \frac{\theta}{2} \cdot \frac{c_f - c}{c_f}\right)^2 Y^2 + \frac{\theta}{4}\left(\frac{c_f - c}{c_f}\right)Y \qquad (3-8)$$

(三)市场竞争的非线性效应与政策退出

从社会角度看,对于具有加快技术进步偏好的中央计划者而言,当(3-9)式成立时,同时进入准前沿行业 A 这一个专注化选择的全社会研发支出水平高于差异化选择。

$$2q^F(\theta) \geq q_A^D + q_B^D = \left(2 - \frac{1}{\gamma + \delta} - \frac{1}{\gamma - \delta}\right)\frac{c}{c_f}Y \qquad (3-9)$$

根据(3-7)式,$q^F(\theta)$ 是关于 θ 的减函数,θ 越小,竞争程度越大,(3-9)式越容易成立。因此,中央计划者有动机鼓励企业选择同时进入行业 A

并增强行业竞争，从而提高全社会研发支出水平，获得更快的技术进步速度。

然而，从企业角度看，同时投资于行业 A 并不必然是企业利润最大化的选择，当且仅当专注化选择的期望利润 $E\pi^F$ 大于差异化选择的期望利润 $E\pi_B^D$ 时，坚持专注化选择才是企业自由选择的稳态均衡结果。企业专注化条件为：

$$\frac{1}{4}\left(\frac{\gamma+\delta-1}{\gamma+\delta}-\frac{\theta}{2}\cdot\frac{c_f-c}{c_f}\right)^2\cdot Y^2+\frac{\theta}{4}\left(\frac{c_f-c}{c_f}\right)Y \geqslant$$
$$\frac{1}{4}\left(\frac{\gamma-\delta-1}{\gamma-\delta}\right)^2\cdot\left(\frac{c}{c_f}\right)^2 Y^2+(c_f-c)\frac{Y}{c_f},$$

进一步得到[①]：

$$\theta_d=\frac{K_1-\dfrac{1}{Y}+\sqrt{\left(\dfrac{1}{Y}-K_1\right)^2-K_1^2+K_2^2\left(\dfrac{c}{c_f}\right)^2+\dfrac{4c_f-c}{Yc_f}}}{\dfrac{c_f-c}{2c_f}}$$

$$\approx\frac{K_1+K_2\left(\dfrac{c'/\tau}{c_f}\right)}{\dfrac{c_f-(c'/\tau)}{c_f}} \tag{3-10}$$

其中，$K_1=1-\dfrac{1}{\gamma+\delta}$，$K_2=1-\dfrac{1}{\gamma-\delta}$，约等式两侧成立利用了 $Y\geqslant c_f>c'$ 条件。(3-10)式意味着只有当 $\theta\geqslant\theta_d$，即行业内竞争程度不超过某个值时，企业才会坚持专注化，本章称 θ_d 为保证专注化的竞争阈值，并有如下命题。

命题 2：存在一个保证专注于新兴产业生产的市场竞争阈值 θ_d，当竞争程度超过 θ_d 时，企业选择进行差异化生产，进而抑制技术进步。

命题 2 揭示出政府补贴与市场竞争关系的重要政策含义：市场自身存在

[①] θ_d 的另一方程根为 $\left(K_1-K_2\dfrac{c'/\tau}{c_f}\right)/\left(\dfrac{c_f-c'/\tau}{c_f}\right)$，不符合现实经济含义，故舍去。

一个对行业竞争程度进行调节的自发机制，当竞争在适度范围内时，随着竞争程度提高，企业有动机加大创新力度以期赢得竞争；当竞争程度过高时，企业事实上会选择差异化生产以规避竞争，这反而不利于企业创新和技术进步。

(3-10)式约等号右边表明，政府补贴干扰了市场竞争调节机制或资源配置机制的发挥：补贴强度越大，企业可容忍的行业内竞争阈值越高，行业过度竞争风险越大。命题2一定程度上亦揭示了政府补贴与产能过剩的内在联系：对于准前沿经济体，大部分行业内企业竞争尚为水平性质的同质竞争，过度竞争风险增大基本等同于产能过剩风险的出现。

前述理论模型所揭示的前沿技术行业下的政府补贴、市场竞争以及企业创新支出的关系，为解读新兴工业化经济体常见的产能过剩，特别是中国2010年以来的"战略性新兴产业也过剩"现象提供了一个合乎逻辑的微观解释：以竞争兼容方式施行的补贴可在抑制补贴对创新的负面作用的同时，通过扩大市场竞争获得创新激励效应。但是，每个行业存在一个调节企业进入、退出的有效竞争阈值，当行业竞争程度已经过高时，补贴会使企业进一步降低对竞争压力的敏感度，市场竞争对企业退出的调节机制趋于失效，产能过剩的风险随之产生。因此，补贴与竞争以及创新的互动关系为以各类补贴为主的新兴经济体战略性新兴产业政策提供了一个方向性的优化指南：实施适中、离散、动态的战略性新兴产业补贴政策，激励更多潜在企业进入新兴行业，提高基于新兴行业的总量研发密集度，同时在行业市场竞争过大时停止政策激励，由市场自发进行竞争调节。

五、理论与现实：对中国战略性新兴产业的审视

战略性新兴产业是当前世界各主要国家的政策重心，也是中国产业政策的焦点。我国在2009年出台相关规划与政策后，战略性新兴产业在随

后 3 年内呈现高速增长趋势,新能源产业等部分产业实际上已处于世界的技术研发与产业化中心,但是随后又出现类似于传统产业的产能过剩现象。出现在中国的这种新兴产业先高速增长又快速过剩的现象在世界上其他国家难以存在,为完整理解政府市场"双驱动"理论内涵及其政策工具的有效性条件提供了一个难得的理论检验样本。

对战略性新兴产业考察首先遇到的障碍是行业识别问题。由中国国家统计局印发的《战略性新兴产业分类(2012)》(试行)的编码依据是《国民经济行业分类》(GB/T 4754—2011),且产业类别既有工业,也覆盖部分农业和服务业,而以上实证研究是基于以 2002 年的行业分类标准为编码依据的中国工业企业数据库。在本章搜索到的文献范围内,本章首次将《战略性新兴产业分类(2012)》(试行)与《国民经济行业分类》(GB/T 4754—2002)进行了四位码匹配,并剔除了其中非工业性的新兴产业,然后以中国工业企业数据库的微观企业数据为依据,归并核算出四位码级别上的行业资本密集度和行业竞争程度,表 3-3 显示了部分成果,为讨论中国战略性新兴产业政策实施有效性提供了一致的数据基础。①

表 3-3　中国战略性新兴产业分类与匹配

战略性新兴产业分类(2012 年)		国民经济行业分类(GB/T4754—2002)		
二位码	三位码	四位码	2007 年	
			资本密集度	竞争程度
		平均	4.4322	2.6640
01 节能环保产业	011 高效节能通用设备制造	3511	4.3077	2.7978
02 新一代信息技术	022 高端计算机制造	4041	4.5134	4.3902
03 生物产业	031 生物药品	2720	4.9829	2.3587
04 高端装备产业	045 智能装备	3521	4.3598	2.9225

---

①　由于《战略性新兴产业分类(2012)》(试行)并没有对战略性新兴产业进行数字编码,为便于研究,本章亦将战略性新兴产业进行了两位编码和三位编码,完整结果可向作者索取。

战略性新兴产业分类(2012 年)		国民经济行业分类(GB/T4754—2002)		
		四位码	2007 年	
二位码	三位码		资本密集度	竞争程度
		平均	4.4322	2.6640
05 新能源产业	054 太阳能设备	2665	5.4501	1.8412
06 新材料产业	069 高能复合材料	2659	4.3755	2.4567
07 新能源汽车	071 新能源整车	3721	5.2439	3.0534

注:表中行业均为工业性质,出于例证分析需要,且限于篇幅,表中每个战略性新兴产业门类仅列出该门类下的一个三位码大类和该大类下的一个四位码小类,感兴趣的读者可向作者索取本表的完整版。

表 3-3 显示,中国战略性新兴产业平均资本密集度为 4.4322,与前文揭示的资本密集度最优值较为契合,说明就要素禀赋维度而言,中国选定的大部分战略性新兴产业处于社会平均密集度略高水平,因此扭曲效应较小。从产业周期来看,战略性新兴产业尚处于起步与成长期,一般具有较高资本与技术门槛,企业一旦进入则具有较大的市场势力。事实上,战略性新兴产业的平均行业竞争程度仅为 2.6640,市场竞争程度严重不足。在此情景下,政府可以执行补贴政策,但是应以竞争兼容性方式施加,即适当降低补贴集中度从而使补贴以更均衡化的方式向企业发放,这样不仅可避免对单一企业补贴过多导致创新抑制效应,又可通过激励更多潜在进入者进入市场增强竞争和促进创新。

但是,由于不同行业存在相当不同且动态变化的异质性差异,政府介入政策仍然需要高度针对性和灵活性。具体来看,少数战略性新兴产业资本密集度良好,但其竞争程度已经超过了社会平均最优值。如表 3-3 显示,四位码 4041 所对应的电子计算机整机制造业竞争程度已达到了 4.3902,处于高度竞争状态。这可从侧面表明,虽然该类行业被归类为战略性新兴技术产业,但中国企业主要参与的是资本技术门槛并不高的加工装配环节,此类行业已经不适宜继续执行补贴政策。

另外一些战略性新兴产业资本密集度较高,同时市场竞争程度显著不足。此类行业非常适宜施加竞争兼容型补贴政策,但也应紧密跟踪市场竞争的动态变化并适时调整。如新能源产业门类下四位码 2665 对应的行业主体正是光伏产业。根据表 3-3 数据,该行业 2007 年的资本密集度、竞争程度分别为 5.4501 和 1.8412,具有高资本密集度和低行业竞争程度的新兴产业典型特征,但也正是该行业在 2010 年前后便率先出现严峻的"战略性新兴产业也过剩"现象,至 2012 年下半年整体进入"萧条"期。根据调查资料测算,光伏产业竞争程度在 2010—2013 年已分别大幅上升为 2.3026、3.1011、4.1997 和 3.9120。不断提升的竞争程度使该产业已滑落出产业政策的最优实施空间,但各级地方政府对该产业持续的过度补贴政策,进一步降低了企业对市场需求变化和竞争压力的敏感性,最终导致出现企业"为争取政府补贴而生产"和"战略性新兴产业也过剩"的尴尬局面。可见,政府激励政策应随着行业竞争程度变化进行动态调整。

第四章 中国战略性新兴产业的发展路径：
后发蛙跳创新

　　自主创新是驱动后发经济体战略性新兴产业实现"蛙跳"的基本路径。本章发展了一个可以分析自主创新与战略性新兴产业发展的理论框架，并基于中国战略性新兴产业数据，表明技术创新行为导致企业绩效提升的作用机制和后发国蛙跳创新的主要机制。

本章以"后发蛙跳创新"作为基本研究对象,探究中国作为准前沿经济体,是否能通过自主创新提升产业发展水平。基本的研究思路是在准前沿经济体技术设定上引入自主创新变量,并对开放经济下的情形进行深入探讨,构建一个可以解释封闭经济和开放经济的理论框架。在此基础上,本章使用中国工业企业数据和专利数据对理论命题进行实证研究:一方面检验了理论命题的正确性,另一方面深入研究了中国战略性新兴产业的发展现状和创新效率。

一、自主创新与战略性新兴产业发展:一个理论框架

本部分在现有文献基础上,构建理论模型刻画自主创新对战略性新兴产业发展的作用,表明在产业同发竞争情形下,作为发展中国家的中国可能具备与发达国家相近的产业创新机会。由于发达国家在原有产业上的领先地位,其已经在上一代技术创新和运用过程中积累了大量沉淀成本,因而中国更有可能在新技术运用上产生"蛙跳型"创新,赶超发达国家。

(一)技术创新与企业绩效提升:基准模型

本部分在一个垄断竞争框架下探讨创新行为(主要是产品创新和工艺创新)对企业绩效的影响。企业提升绩效有两种潜在可能,一是技术模仿,二是自主创新。基准模型基于南北贸易模型设定,即北方创新和南方模仿。由于存在一定的技术差距,在原有技术运用上南方国家(中国)企业倾向于采用技术模仿,这样做一方面可以降低研发成本,另一方面可以提高产业化成功概率。基于技术模仿的工艺创新和产品创新可以提升企业绩效(生产率、加成率)。

本部分借鉴 M-O 模型,利用可变替代弹性效用函数(VES),将企业可变加成率内生化。在此基础上,根据安东尼亚德斯对 M-O 模型的改进[①],将企业产品质量引入模型,以此论证中国工业企业劳动力成本上升对企业加成率影响的可能机制。

1. 基准模型

考虑一个封闭市场模型,假定仅存在国内市场 H。H 中厂商都生产并消费一种传统商品和一类工业品。传统商品市场是完全竞争的,将其标准化为等价物。工业品市场是垄断竞争的,其种类 $i \in \Omega$ 是分布在 Ω 上的连续统。假定国内市场 H 的消费者偏好、厂商生产技术相同,国内市场规模为 H。

(1)需求与消费者偏好

国内市场 H 的代表性消费者拥有以下拟线性效用函数:

$$U = q_0^c + \alpha \int_{i \in \Omega} q_i^c \mathrm{d}i - \frac{1}{2}\gamma \int_{i \in \Omega} (q_i^c)^2 \mathrm{d}i - \frac{1}{2}\eta(\int_{i \in \Omega} q_i^c \mathrm{d}i)^2 \tag{4-1}$$

其中,q_0^c 表示传统商品,q_i^c 表示第 i 种工业品。参数 α、γ 和 η 均大于 0,刻画

---

① A Antoniades. Heterogeneous Firms, Quality, and Trade[J]. Journal of International Economics, 2015(2):263-273.

商品之间的替代弹性，其中 γ 表示工业品之间的替代弹性，α、η 表示工业品与传统商品之间的替代弹性。

根据(4-1)式，可以求得国内市场 H 第 i 种工业品的线性需求函数：

$$q_i \equiv L^H q_i^c = \frac{\alpha L^H}{\eta N^H + \gamma} - \frac{L^H}{\gamma} p_i^H + \frac{\eta N^H}{\eta N^H + \gamma} \frac{L^H}{\gamma} \overline{p}^H \qquad (4\text{-}2)$$

其中，N^H 表示国内市场所有商品种类，$\overline{p}^H = \frac{1}{N^H} \int_{i \in \Omega} p_i^H \mathrm{d}i (\Omega H \subseteq \Omega)$ 是一国生产商品的平均价格。令消费者需求为 0，可以求得国内市场上商品的最高价格：

$$p_{max}^H \equiv \frac{1}{\eta N^H + \gamma}(\gamma \alpha + \eta N^H \overline{p}^H) \qquad (4\text{-}3)$$

（2）供给与生产者行为

同 M-O 模型基本假定，只有劳动力一种生产要素，单位工资标准化为 W。传统商品的生产是规模报酬不变的。工业品的生产是规模报酬递增的，企业 i 需要支付国内生产的固定成本 f_E，并抽取一个边际成本 $c_i(W, a_i)$①，其中 a_i 表示企业 i 的全要素生产率，假定 $\partial c_i / \partial W > 0, \partial c_i / \partial a_i < 0$。代表性企业的成本函数是：

$$c(q_i) = c_i q_i \qquad (4\text{-}4)$$

企业根据利润最大化原则选择自身产量，以满足国内市场。企业内销的临界成本 $c^H = p_{max}^H$。根据上述分析，可以将企业的生产行为进行分类：$c_i > c^H$ 的企业退出市场，$c_i \leqslant c^H$ 的企业供应国内市场。

根据企业的最优化决策，可以求得企业 i 在国内市场 H 生产商品的价格和数量：

$$p^H(c_i) = \frac{1}{2}(c^H + c_i) q^H(c_i) = \frac{L^H}{2\gamma}(c^H - c_i) \qquad (4\text{-}5)$$

---

①　这里沿用 M-O 模型的假定，认为企业生产率为 $a_i \sim G(a)$，其中 $G(a) = (a/a_M)^k, c \in [0, a_M]$ 服从帕累托分布。企业在支付国内生产的固定成本 f_E 之后，可以观测自身的生产率 a_i。

由(4-5)式可得，企业 i 在国内市场的绝对加成率：

$$\mu^H(c_i) = \frac{1}{2}(c^H - c_i) \tag{4-6}$$

2. 引进产品质量的模型扩展

基准模型已经得到了企业加成率与劳动力成本之间的关系，并探讨了考虑工艺创新情况下企业在劳动力成本上升后的加成率变化。但是基准模型的重要假设是企业生产的产品质量相同，然而现实情况是不同企业生产的同种产品有相当程度的质量差异。本部分通过扩展 M-O 模型，将企业最优产品质量选择引入模型并内生化，进一步探讨企业在劳动力成本上升时是否会存在"质量升级效应"。

（1）引入产品质量的效用函数

根据安东尼亚德斯的假定[①]，国内市场 H 的厂商生产的工业品存在质量差异，消费者更加偏好高质量的商品，扩展的效用函数为：

$$U = q_0^c + \alpha \int_{i \in \Omega} q_i^c \mathrm{d}i + \beta \int_{i \in \Omega} z_i q_i^c \mathrm{d}i - \frac{1}{2}\gamma \int_{i \in \Omega} (q_i^c)^2 \mathrm{d}i - \frac{1}{2}\eta \left(\int_{i \in \Omega} q_i^c \mathrm{d}i \right)^2 \tag{4-7}$$

其中，β 表示消费者对质量的偏好程度，z_i 表示企业 i 的产品质量，同(4-2)式，可以推导每种工业品在国内市场的需求函数：

$$q_i = Lq_i^c = \frac{\alpha L}{\eta N + \gamma} - \frac{L}{\gamma}p_i + \frac{L\beta}{\gamma}z_i + \frac{\eta N L}{\eta N + \gamma}\bar{p} - \frac{\eta N L \beta}{\eta N + \gamma}\bar{z} \tag{4-8}$$

（2）供给与生产者行为

企业可以通过产品质量升级来获得更高的利润，但是这种升级将会付出固定成本 $\theta_{jp}^2(z_i)^2$，其中 θ_{jp}^2 表示"行业-省份"层面的质量升级难度系数，θ_{jp}^2 越小表明该行业中企业的质量升级越容易。企业 i 的成本函数如下：

$$c(q_i) = c_i q_i + \theta_{jp}^2 z_i^2 \tag{4-9}$$

企业根据利润最大化原则，选择自身在国内市场的产量和价格：

---

① A Antoniades. Heterogeneous Firms，Quality，and Trade［J］. Journal of International Economics，2015(2)：263-273.

$$p^H(c_i) = \frac{1}{2}(c^H + c_i) + \frac{\beta}{2}z_i, q^H(c_i) = \frac{L^H}{2\gamma}(c^H - c_i) + \frac{\beta}{2\gamma}z_i \quad (4\text{-}10)$$

（3）企业最优产品质量选择

企业根据利润最大化的一阶条件，可以求得国内市场的最优产品质量选择 z^{H*}：

$$z^{H*}(c_i) = \frac{L^H\beta}{4\theta_{jp}^2\gamma - L^H\beta}(c^H - c_i) = \phi_{jp}(c^H - c_i) \quad (4\text{-}11)$$

假定 $4\theta_{jp}^2\gamma > L^H\beta^2$，即 $\phi_{jp} > 0$。[①] 根据（4-10）、（4-11）式，可得企业均衡情况下的加成率：

$$\mu^H(c_i) = \frac{1}{2}(1 + \beta\phi_{jp})(c^H - c_i) \quad (4\text{-}12)$$

根据（4-12）式可知，在考虑质量差异后企业的加成率相比基准模型有所提升。

（二）技术创新与企业绩效提升：开放条件下模型扩展

本部分在基准模型（封闭条件下）进行扩展，构建一个开放创新模型。假定北方国家 N（例如美国）在原有技术上占有优势，技术研发能力大于南方国家 S（例如中国）。南方国家除了技术模仿之外，通过北方国家的外国直接投资（FDI）等行为产生溢出效应。假定技术创新存在"天花板"效应（越接近技术前沿，模仿难度越大），因此在原有技术路径上存在"赶超陷阱"，发展中国家总是会距离发达国家"最后一里路"。假定在原有工艺创新和质量升级路径上，由于发达国家 N 已经处于前沿且技术相对成熟，存

---

① 这里假定 $\phi_{jp} > 0$，主要根据是企业存在正向质量升级阶梯，即边际成本较低的企业可以选择更高的产品质量。此时 ϕ_{jp} 的经济学含义是：企业面临的国内市场规模（L^H）、质量弹性系数（β）越大，质量升级难度系数 θ_{jp}^2 越小，企业的质量升级阶梯就更为陡峭。

在前沿生产边际成本 $c_{\min}$ 和产品质量 $z_{\max}$。[①] 发达国家 N 在原有技术上投入固定成本 F_c^N 和 F_z^N,发展中国家 S 技术模仿也需要投入一定固定成本 F_c^S 和 F_z^S,技术模仿投入成本远小于原始创新成本,即 $F_c^S \ll F_c^N$ 和 $F_z^S \ll F_z^N$。在原有技术路径上由于发达国家已存在前沿技术,因此发展中国家最优选择就是接受发达国家的技术溢出,通过技术模仿实现工艺创新和质量升级。

1. 工艺创新路径

假定企业 i 可以学习前沿技术,降低自身边际成本。学习效应需要付出固定成本 $\theta_{jp}^1 (\Delta c)^2$,这里 θ_{jp}^1 表示"行业-省份"层面的工艺创新难度系数,国内行业与技术前沿的差距越大、省份内市场化水平越高,可以认为学习技术相对容易[②],θ_{jp}^1 较小。[③] $(\Delta c)^2$ 表示学习的固定成本随着边际成本下降而增加,天花板效应在于企业工艺创新的最高水平是接近前沿,即 $c_i^{'} = c_i - \Delta c > c_{\max}$,企业 i 采取工艺创新后的利润函数为:

$$\pi_i(c_i^{'}) = \frac{L^H}{4\gamma}(c^H - c_t^{'})^2 - \theta_{jp}^1(\Delta c)^2, c_i^{'} = c_i - \Delta c \qquad (4\text{-}13)$$

当 $\pi_i(c_i^{'}) > \pi_i(c_i)$ 时,企业 i 会采取工艺创新,此时 $\theta_{jp}^1 < \bar{\theta}_{jp}^1 = \frac{\Delta L^H}{\Delta c \gamma}(2c^H - 2c_i + \Delta c)$。令 $\frac{\partial \pi_i(c_i^{'})}{\partial \Delta c} = 0$,可得均衡时企业工艺创新的程度 $\Delta c = \frac{L^H(c^H - c_i)}{4\theta_{jp}^1 \gamma - L^H}$,不妨设 $4\theta_{jp}^1 \gamma - L^H > 0$,此时企业 i 的加成率为:

---

① 这里假定发达国家 N 处于技术前沿,工艺水平和产品质量均已最优,其主要原因:一是原有产业已经处于产业生命周期成熟期,向衰退期发展,该产业本身的技术已经日趋成熟,较少有前沿领域创新;二是该假定可以较大程度简化模型计算,但是需要注意的是,即使考虑发达国家的渐进式创新过程,只要这种创新过程慢于发展中国家的模仿过程,模型结果仍然成立,因此结果不失一般性。

② J Fagerberg. Technology and International Differences in Growth Rates[J]. Journal of Economic Literature,1994(3):1147-1175;蒋殿春,张宇. 经济转型与外商直接投资技术溢出效应[J]. 经济研究,2008(7):26-38。

③ 理论部分刻画的中国企业创新行为均为技术溢出基础上的模仿创新,有别于以发达国家为研究对象的原始创新。本章在进一步讨论中对这一理论假设进行了检验。

$$\mu^H(c_i^{'}) = \frac{1}{2}(c^H - c_i^{'}) = \frac{1}{2}(c^H - c_i + \Delta c) =$$

$$\frac{4\theta_{jp}^1\gamma(c^H - c_i) + c^H(L^H - c^H)}{8\theta_{jp}^1\gamma - 2L^H} \tag{4-14}$$

由(4-13)式可知,观察到发达国家的前沿技术后发展中国家企业可能选择工艺创新($\theta_{jp}^1 < \bar{\theta}_{jp}^1$),工艺创新后企业 i 的加成率变成 $\mu^H(c_i^{'})$。当 $\mu^H(c_i^{'}) < \mu^H(c_i)$,即 $c_i^{'} > c_i$ 时,企业 i 的加成率下降;反之,$c_i^{'} < c_i$ 时,工艺创新后企业 i 的加成率上升。发展中国家技术模仿对企业加成率的作用受到企业工艺创新效应的影响。

命题1: 当企业 i 面临的工艺创新难度系数 $\theta_{jp}^1 > \bar{\theta}_{jp}^1$ 时,企业 i 不会选择工艺创新;当 $\theta_{jp}^1 < \bar{\theta}_{jp}^1$ 时,企业 i 会选择工艺创新。进一步,当 $c_i^{'} > c_i$ 时,企业 i 进行工艺创新后加成率仍然低于 $\mu^H(c_i)$;反之,当 $c_i^{'} < c_i$ 时,企业 i 进行工艺创新后加成率高于 $\mu^H(c_i)$。工艺创新效应是否带来企业加成率提升取决于"行业-省份"层面的 θ_{jp}^1,以及工艺创新后企业的边际成本 $c_i^{'}$。

2. 质量升级路径

同工艺创新路径中模型设定,发展中国家 N 中企业通过观察发达国家的优质产品,基于技术模仿可进行质量升级,同样假定企业 i 通过技术模仿存在天花板效应,即 $z_i^{'} = z_i + \Delta z < z_{max}$,此时企业 i 可以选择采用质量升级提升利润水平,其利润函数为:

$$\pi_i(c_i^{'}, z_i^{'}) = \frac{L^H}{4\gamma}(1 + \beta\phi_{jp})(c^H - c_i^{'})^2 - \theta_j^2(z_i^{'}) \tag{4-15}$$

当 $\pi_i(c_i^{'}, z_i^{'}) > \pi_i(c_i^{'})$ 时,企业 i 会采取质量升级,此时 $\theta_{jp}^2 < \bar{\theta}_{jp}^2$。令 $\partial\pi_i(c_i^{'}, z_i^{'})/\partial z_i^{'} = 0$,可得均衡时企业质量升级的程度 $z_i^{'} = \phi_{jp}(c^H - c_i^{'})$,此时企业 i 的加成率为:

$$\mu^H(c_i^{'}) = \frac{1}{2}(1 + \beta\phi_{jp})(c^H - c_i^{'}) \tag{4-16}$$

当 $\mu^H(c_i^{'}, z_i^{'}) < \mu^H(c_i, z_i)$,即 $z_i^{'} < z_i$ 时,企业 i 的加成率下降;反之,

质量升级后企业 i 的加成率上升。劳动力成本上升对企业加成率的作用受到企业质量升级效应的影响。

命题 2:当企业 i 面临的质量升级难度系数 $\theta_{jp}^2 > \bar{\theta}_{jp}^2$ 时,企业 i 不会选择质量升级;当 $\theta_{jp}^2 < \bar{\theta}_{jp}^2$ 时,企业 i 会选择质量升级。进一步,当 $z_i' < z_i$ 时,企业 i 进行质量升级后加成率下降;反之,当 $z_i' > z_i$ 时,企业 i 进行质量升级后加成率提升。质量升级效应是否引致企业加成率提升取决于"行业-省份"层面的 θ_{jp}^2,以及质量升级后企业产品质量 z_i'。

(三)基于战略性新兴产业的模型扩展

假定某一时刻出现了基于原有技术的战略性新兴产业,由于技术的不成熟性,处于产业生命周期的导入期,即使发达国家企业也未能积累足够的学习效应(经验曲线值)。发展中国家由于在原有技术上较低的利润水平和固定成本投入,存在较强的技术路径转移动力,更容易转向战略性新兴产业。发达国家企业由于在上一代技术运用中有较高的固定成本投入,缺乏进入新兴产业的动力,且由于该产业仍处于导入期,技术创新的潜力仍然较大,但是存在技术运用的不确定性。因此,在一定情况下,企业可内生化选择技术创新的路径和技术创新后绩效情况(生产率、加成率等)。由于发达国家并未在战略性新兴产业中积累相应技术,因此发展中国家企业只能通过自主创新(原始创新、集成创新和引进消化吸收再创新)实现产业升级,由于技术产业化的不确定性,存在创新到达率 $\delta_{jp} \in (0,1)$,表示企业自主研发后的成功概率。

1. 工艺创新路径

同以上工艺创新假定,企业通过自主创新需要付出固定成本 θ_{jp}^1,这里表示"行业-省份"层面的工艺创新难度系数,国内行业与技术前沿的差距越大,省份内市场化水平越高,可以认为学习技术相对容易[1],θ^1_{jp} 较小。[2] $(\Delta c)^2$ 表示学习的固定成本随着边际成本下降而增加,由于采用了新技术,这里假定不存在工艺创新的"天花板",企业可以自主选择创新程度,即 $c^{'}_i = c_i - \Delta c_i > 0$,工艺创新的到达率是 δ^c_{jp}。企业 i 采取工艺创新后的利润函数为:

$$\pi_i(c^{'}_i) = \delta^c_{jp} \frac{L^H}{4\gamma}(c^H - c^{'}_i)^2 + (1 + \delta_{jp})\frac{L^H}{4\gamma}(c^H - c_i)^2 -$$
$$\theta^1_{jp}(\Delta c)^2, c^{'}_i = c_i - \Delta c \tag{4-17}$$

当 $\pi_i(c^{'}_i) > \pi_i(c_i)$ 时,企业 i 会采取工艺创新,此时 $\theta^1_{jp} < \theta^1_{jp} = \frac{4\delta_{jp}L^H}{\Delta c \gamma}(2c^H - 2c_i + \Delta c)$。令 $\frac{\partial \pi_i(c^{'}_i)}{\partial \Delta c} = 0$,可得均衡时企业工艺创新的程度 $\Delta c = \frac{\delta_{jp}L^H(c^H - c_i)}{4\theta^1_{jp}\gamma - \delta_{jp}L^H}$,不妨设 $4\theta^1_{jp}\gamma - \delta_{jp}L^H > 0$,此时企业 i 的加成率为:

$$\mu^H(c^{'}_i) = \frac{1}{2}(c^H - c^{'}_i) = \frac{1}{2}(c^H - c_i + \Delta c) = \frac{2\theta^1_{jp}\gamma(c^H - c_i)}{4\theta^1_{jp}\gamma - \delta_{jp}L^H} \tag{4-18}$$

2. 质量升级路径

发展中国家 N 中企业也可以通过自主创新进行质量升级,由于技术创新仍处于起始期,因此不存在天花板效应,即 $z^{'}_i = z_i + \Delta z$,此时企业 i 可以选择采用质量升级提升利润水平,工艺创新的到达率是 δ^z_{jp},其利润函数为:

$$\pi(c_i, z^{'}_i) = \delta^z_{jp}\frac{L^H}{4\gamma}(1 + \beta\varphi_{jp})(c^H - c^{'}_i)^2 +$$
$$(1 - \delta^z_{jp})\frac{L^H}{4\gamma}(1 + \beta\phi_{jp})(c^H - c_i)^2 - \theta^2_{jp}(z^{'}_i)^2 \tag{4-19}$$

---

① J Fagerberg. Technology and International Differences in Growth Rates[J]. Journal of Economic Literature,1994(3):1147-1175;蒋殿春,张宇. 经济转型与外商直接投资技术溢出效应[J]. 经济研究,2008(7):26-38。

② 理论部分刻画的中国企业创新行为均为技术溢出基础上的模仿创新,有别于以发达国家为研究对象的原始创新。

当 $\pi_i(c_i, z_i') > \pi_i(c_i)$ 时，企业 i 会采取质量升级，此时 $\theta_{jp}^2 < \bar{\theta}_{jp}^2$。令 $\partial\pi_i(c_i, z_i') / \partial z_i' = 0$，可得均衡时企业质量升级的程度 $z_i' = \phi_{jp}(c^H - c_i')$，此时企业 i 的加成率为：

$$\mu^H(c_i') = \frac{1}{2}(1 + \beta\phi_{jp})(c^H - c_i') \tag{4-20}$$

当 $\mu^H(c_i', z_i') < \mu^H(c_i, z_i)$，即 $z_i' < z_i$ 时，企业 i 的加成率下降；反之，质量升级后企业 i 的加成率上升。自主创新对企业加成率的作用受到企业质量升级效应的影响。

命题 3：当发展中国家面对战略性新兴产业时，会存在产业同发机遇，在发达国家面临较高技术转移成本情况下，优先转向战略性新兴产业。企业 i 通过自主创新实现工艺创新和质量升级，进而扩大市场势力。由于新技术存在较大的创新空间，因此当创新到达率较高时，发展中国家企业 i 可能实现蛙跳型技术创新，赶超发达国家企业。

二、自主创新与战略性新兴产业：内部升级需求与外部倒逼机制

在前一部分的基础上，本部分主要探究企业的内部和外部环境变动对其自主创新激励的可能影响。由于传统产业的相对过剩，利润率持续下滑，国内企业基于内部发展需要可能会进行自主创新。另外，由于国内目前劳动力成本的上升，越发强化的最低工资制度带来企业生产成本的高企，企业可能存在动力进行技术创新以实现"对冲"。

(一)传统行业相对过剩与自主创新内生动力

自中央经济工作会议确定了"去产能、去库存、去杠杆、降成本、补短板"供给侧结构性改革任务后，"去产能"作为五大任务之首受到决策层和理论界广泛关注。所谓"产能"一般指现有生产能力、在建生产能力和拟建

生产能力之和，当生产能力总和大于消费能力总和，即企业的实际生产能力超过了市场需求，即为产能过剩。随着世界经济需求日益低迷，我国经济也面临较大下行压力，钢铁、水泥、煤化工、电解铝、平板玻璃等行业出现严重产能过剩。一般而言，一定程度的产能盈余有利于市场竞争，推动企业优胜劣汰，调节和平滑消费者需求波动，但过度的产能盈余将导致要素配置扭曲、市场竞争恶化、人员下岗失业、企业经营效益低下，甚至触发系统性风险。[①] 为化解和转移我国严重的过剩产能问题，需要牢牢牵住、清理、处置"僵尸企业"这个"牛鼻子"。传统行业中由于产能过剩，技术创新潜力不足，企业赢利水平相对低下，根据本章的测算结果，中国工业企业中已存在相当比例的"僵尸企业"。

表 4-1 汇报了 1999—2007 年二位码行业的平均"僵尸企业"比例情况，在 39 个二位码行业中，"僵尸企业"比例排名前 20% 的行业分别是：水的生产和供应业（46.72%）、燃气生产和供应业（42.58%）、塑料制品业（25.02%）、石油和天然气开采业（23.97%）、橡胶制品业（19.33%）、专用设备制造业（19.05%）、其他采矿业（17.32%）和石油加工、炼焦及核燃料加工业（17.25%）。"僵尸企业"比例排名后 20% 的行业分别是：烟草制品业（7.47%），工艺品及其他制造业（7.39%），饮料制造业（7.33%），电气机械及器材制造业（7.27%），电力、热力的生产和供应业（7.01%），医药制造业（6.51%），通信设备、计算机及其他电子设备制造业（6.43%），化学原料及化学制品制造业（5.69%）。总体来看，二位码行业中企业数量较多、过剩产能较多的，"僵尸企业"比例更高，反之则呈现出较低的"僵尸企业"比例（见表 4-1）。

---

① 林毅夫，巫和懋，邢亦青．"潮涌现象"与产能过剩的形成机制[J]．经济研究，2010(10)：4-19；刘西顺．产能过剩、企业共生与信贷配给[J]．金融研究，2006(3)：166-173；程俊杰，刘志彪．产能过剩、要素扭曲与经济波动——来自制造业的经验证据[J]．经济学家，2015(11)：59-69．

表 4-1 二位码行业"僵尸企业"比例

行业代码	行业名称	企业数/个	"僵尸企业"数/个	比例/%
6	煤炭开采和洗选业	24373	3457	14.18
7	石油和天然气开采业	605	145	23.97
8	黑色金属矿采选业	6120	915	14.95
9	有色金属矿采选业	10380	1458	14.05
10	非金属矿采选业	13484	2188	16.23
11	其他采矿业	127	22	17.32
13	农副食品加工业	89284	8740	9.79
14	食品制造业	33463	3074	9.19
15	饮料制造业	25529	1871	7.33
16	烟草制品业	2074	155	7.47
17	纺织业	116184	15803	13.60
18	纺织服装、鞋、帽制造业	93322	14306	15.33
19	皮革、毛皮、羽毛(绒)及其制品业	33239	4558	13.71
20	木材加工及木、竹、藤、棕、草制品业	25375	3973	15.66
21	家具制造业	14929	2026	13.57
22	造纸及纸制品业	43465	4144	9.53
23	印刷业和记录媒介的复制	31483	2918	9.27
24	文教体育用品制造业	18389	2396	13.03
25	石油加工、炼焦及核燃料加工业	10536	1817	17.25
26	化学原料及化学制品制造业	155990	8874	5.69
27	医药制造业	31172	2030	6.51
28	化学纤维制造业	6948	1069	15.39
29	橡胶制品业	69202	13377	19.33
30	塑料制品业	88267	22081	25.02
31	非金属矿物制品业	127248	13420	10.55
32	黑色金属冶炼及压延加工业	31357	2707	8.63

续　表

行业代码	行业名称	企业数/个	"僵尸企业"数/个	比例/%
33	有色金属冶炼及压延加工业	24636	2019	8.20
34	金属制品业	71079	9972	14.03
35	通用设备制造业	413703	66996	16.19
36	专用设备制造业	106051	20201	19.05
37	交通运输设备制造业	64021	5366	8.38
39	电气机械及器材制造业	146259	10635	7.27
40	通信设备、计算机及其他电子设备制造业	59962	3853	6.43
41	仪器仪表及文化、办公用机械制造业	19214	2515	13.09
42	工艺品及其他制造业	203	15	7.39
43	废弃资源和废旧材料回收加工业	587	74	12.61
44	电力、热力的生产和供应业	38046	2668	7.01
45	燃气生产和供应业	2607	1110	42.58
46	水的生产和供应业	20317	9492	46.72

传统行业由于赢利前景较为一般,中国企业可能存在内生动力转向战略性新兴产业,这是基于企业最优化决策的内生结果。

(二)劳动力成本上升与自主创新倒逼机制

劳动力成本上升是最近 10 多年来中国经济在要素供给、国际比较优势等层面发生的一个深刻变化。自 2004 年国内沿海地区首次出现"用工荒"现象以来,近乎无限的低价剩余劳动力供给阶段结束,劳动力成本开始逐年迅速上升。2001—2014 年,全国城镇单位就业人员平均工资从 10834 元提高到 39396 元,年均实际增速为 10.44%。虽然相比欧美发达国家,中国单位劳动力成本仍然具有一定优势,但已经远远超过泰国、印度尼西亚等处于同等发展水平的东南亚国家。根据美国国会研究服务机构的统计,2001 年中国企业用工成本只有墨西哥企业的30.00%,而到 2014 年,中国企业劳动力成本比墨西哥企业高出 50.50%。鉴于劳动力成本优势是中国长期以来经济增长和国际贸易发展的主要推动力，劳动力成本上升将对国内经济和贸易持续增长提出严峻挑战。可以说，增长动力转换和贸易比较优势升级提供了倒逼性外部环境。

1. 劳动力成本上升后的企业选择：工艺创新

假定劳动力成本上升后，企业 i 的边际成本变为 c_i' ($c^H > c_i' > c_i$)，此时企业的利润和加成率变为：

$$\pi_i(c_i') = \frac{L^H}{4\gamma}(c^H - c_t')^2, \mu^H(c_i') = \frac{1}{2}(c^H - c_i') \tag{4-21}$$

易知，由于劳动力成本上升，企业边际成本上升，引致利润和加成率下降 $\mu^H(c_i') < \mu^H(c_i)$。此时企业 i 会选择是否进行工艺创新（process innovation），假定企业 i 可以学习技术前沿，降低自身边际成本。学习效应需要付出固定成本 $\theta_{jp}^1(\Delta c)^2$，这里 θ_{jp}^1 表示"行业-省份"层面的工艺创新难度系数，当国内行业与技术前沿的差距越大，省份内市场化水平越高，可以认为学习技术相对容易[1]，θ_{jp}^1 较小。[2] $(\Delta c)^2$ 表示学习的固定成本随着边际成本下降而增加。企业 i 采取工艺创新后的利润函数为：

$$\pi_i(c_i'') = \frac{L^H}{4\gamma}(c^H - c_t'')^2 - \theta_{jp}^1(\Delta c)^2, c_i'' = c_i' - \Delta c \tag{4-22}$$

当 $\pi_i(c_i'') > \pi_i(c_i')$ 时，企业 i 会采取工艺创新，此时 $\theta_{jp}^1 < \bar{\theta}_{jp}^1 = \frac{4\gamma}{\Delta c L^H}$

$(2c^H - 2c_i' + \Delta c)$。令 $\frac{\partial \pi_i(c_i'')}{\partial \Delta c} = 0$，可得均衡时企业工艺创新的程度 Δc

$= \frac{L^E(c^H - c_i')}{4\theta_{jp}^1 \gamma - L^H}$，不妨设 $4\theta_{jp}^1 \gamma - L^H > 0$，此时企业 i 的加成率为：

---

① J Fagerberg. Technology and International Differences in Growth Rates[J]. Journal of Economic Literature, 1994(3):1147-1175;蒋殿春,张宇. 经济转型与外商直接投资技术溢出效应[J]. 经济研究,2008(7):26-38。

② 理论部分刻画的中国企业创新行为均为技术溢出基础上的模仿创新，有别于以发达国家为研究对象的原始创新。本章在进一步讨论中对这一理论假设进行了检验。

$$\mu^H(c_i^{''}) = \frac{1}{2}(c^H - c_i^{''}) = \frac{1}{2}(c^H - c_i^{'} + \Delta c)$$

$$= \frac{4\theta_{jp}^2 \gamma(c^H - c_i^{'}) + c^H(L^H - c_H)}{8\theta_{jp}^1 \gamma - 2L^H} \tag{4-23}$$

由(4-23)式可知,劳动力成本上升后,企业可能选择工艺创新 $(\theta_{jp}^1 < \bar{\theta}_{jp}^1)$,工艺创新后企业 i 的加成率变成 $\mu^H(c_i^{''})$。当 $\mu^H(c_i^{''}) < \mu^H(c_i)$, 即 $c_i^{''} > c_i$ 时,企业 i 的加成率下降;反之,工艺创新后企业 i 的加成率上升。 劳动力成本上升对企业加成率的作用受到企业工艺创新效应的影响。

综上所述,可得以下两个命题。

命题 4:控制企业工艺创新行为,企业加成率随劳动力成本上升而 下降。

命题 5:当企业 i 面临的工艺创新难度系数 $\theta_{jp}^1 > \bar{\theta}_{jp}^1$ 时,劳动力成本上 升,企业 i 不会选择工艺创新;当 $\theta_{jp}^1 < \bar{\theta}_{jp}^1$ 时,企业 i 会选择工艺创新。进 一步,当 $c_i^{''} > c_i$ 时,企业 i 进行工艺创新后加成率仍然低于 $\mu^H(c_i)$;反之, 当 $c_t^{''} < c_i$ 时,企业 i 进行工艺创新后加成率高于 $\mu^H(c_i)$。工艺创新效应是 否带来企业加成率提升取决于"行业-省份"层面的 θ_{jp}^1,以及工艺创新后企 业的边际成本 $c_i^{''}$。

2. 劳动力成本上升后的企业选择:质量升级

同基准模型中关于劳动力成本上升的描述以及基本模型设定,此时企 业 i 可以选择采用质量升级提升利润水平,其利润函数为:

$$\pi_i(c_i^{'}, z_i^{'}) = \frac{L^H}{4\gamma}(1 + \beta\phi_{jp})(c^H - c_i^{'})^2 - \theta_j^2(z_i^{'})^2 \tag{4-24}$$

当 $\pi_i(c_i^{'}, z_i^{'}) > \pi_i(c_i^{'})$ 时,企业 i 会采取质量升级,此时 $\theta_{jp}^2 < \bar{\theta}_{jp}^2$。令 $\partial\pi_i(c_i^{'}, z_i^{'})/\partial z_i^{'} = 0$,可得均衡时企业质量升级的程度 $z_i^{'} = \phi_{jp}(c^H - c_i^{'})$,此 时企业 i 的加成率为:

$$\mu^H(c_i^{'}) = \frac{1}{2}(1 + \beta\phi_{jp})(c^H - c_i^{'}) \tag{4-25}$$

当 $\mu^H(c_i', z_i') < \mu^H(c_i, z_i)$,即 $z_i' < z_i$ 时,企业 i 的加成率下降;反之,当 $z_i' > z_i$ 时,企业 i 的加成率上升。劳动力成本上升对企业加成率的作用受到企业质量升级效应的影响。

根据扩展模型的分析,在引入企业产品质量差异后,可得命题6。

命题6:当企业 i 面临的质量升级难度系数 $\theta_{jp}^2 > \bar\theta_{jp}^2$ 时,劳动力成本上升,企业 i 不会选择质量升级;当 $\theta_{jp}^2 < \bar\theta_{jp}^2$ 时,企业 i 会选择质量升级。进一步,当 $z_i' < z_i$ 时,企业 i 进行质量升级后加成率下降;反之,当 $z_i' > z_i$ 时,企业 i 进行质量升级后加成率提升。质量升级效应是否引致企业加成率提升取决于"行业-省份"层面的 θ_{jp}^2,以及质量升级后企业产品质量 z_i'。

三、自主创新与战略性新兴产业发展:基于工业企业的经验分析

本部分主要基于工业企业数据库(ASIF)(1996—2013年)和工业企业产品产量数据库(ASIFQ)(2000—2006年)构建一个战略性新兴产业目录,对战略性新兴产业进行识别。在此基础上通过匹配企业专利数据库,识别创新行为(发明专利、实用新型专利),运用微观数据实证研究微观企业创新对绩效的影响。

(一)战略性新兴产业的界定与识别

战略性新兴产业最早的规范性政府文件是2010年10月出台的《国务院关于加快培育和发展战略性新兴产业的决定》,该文件根据发展阶段和特点,明确指出了我国需要重点发展的行业领域,主要包括:节能环保产业、新一代信息技术产业、生物产业、高端装备制造业、新能源产业、新材料产业和新能源企业产业。根据这一文件,国家统计局编制了《战略性新兴产业分类(2012)》(试行),对七大战略性新兴产业进行了详细划分,具体到了产品层面。随着我国经济社会发展,《"十三五"国家战略性新兴产业发

展规划》(以下简称《规划》)将"数字创意产业"纳入统计口径中,对原有目录进行了调整。根据该《规划》制定了《战略性新兴产业重点产品和服务指导目录(2016)》,这是目前最新的有关战略性新兴产业的官方界定。但是,由于该目录并未详细列示具体行业及产品目录,因而较难进行有效数据处理,考虑到最新目录与《战略性新兴产业分类(2012)》(试行)并无明显变动(特别是原有七大战略性新兴产业),因此本章的实证研究仍然基于2012年的标准。由于服务业与工业生产存在较大差异,本章的研究仅限于工业战略性新兴产业企业。

《战略性新兴产业分类(2012)》(试行)将七大类产业细分为三个层次,第一层为七大产业,第二层为30个类别,第三层为100个类别。在第三层建立与行业和产品(服务)的对应关系,对应《国民经济行业分类》(GB/T4154-2002)中的359个行业类别,对应战略性新兴产业产品及服务2410项,其中对应《统计用产品分类目录》中的产品(服务)700多项。根据这一目录特点,本章对战略性新兴产业进行如下处理:首先,根据四位码行业代码初步匹配战略性新兴产业,直接删去不属于上述四位码行业的企业;其次,根据工业企业数据库中汇总的企业主要产品1对初步匹配的企业产品进行匹配,得到工业战略性新兴产业企业样本;最后,进一步处理工业企业数据库,对上述处理后的样本的某些年份统计缺失值进行再匹配。[①]

(二)统计性描述与特征性事实

本部分借助有关战略性新兴产业企业数量和特征性变量的描述性统计,通过其与全样本变量均值的比较,初步识别战略性新兴产业企业的特征。

[①] 这里进一步处理工业企业数据库,主要是指数据缺失或者误报等情况可能造成某些战略性新兴产业企业在部分年份主要产品名称缺失。因此,本章将某一年出现在战略性新兴产业产品目录的企业识别为样本企业。另外,由于《战略性新兴产业分类(2012)》(试行)产品名称较细,本章对产品层面的匹配采用关键词进行近似匹配。

1. 战略性新兴产业企业数量和比例

根据工业企业数据，每年的战略性新兴产业企业数量和占比汇报如表4-2所示。其中1998—2010年，战略性新兴产业企业比例维持在13.22%～16.43%，基本保持稳定且波动相对较小，说明在这一阶段战略性新兴产业并未出现显著增长。结构上看，2008—2009年略有上升，上升的原因分为两方面：一方面是国内生产成本增加，企业由传统产业转向战略性新兴产业的内生升级结果；另一方面是国际经济危机倒逼企业转型升级，提升产品层次和竞争力，使得战略性新兴产业企业占比增加。需要指出的是，2011年以后由于规上工业企业标准调整[①]，2011—2013年规上工业企业数量减少。

表4-2　分年份战略性新兴产业企业数量和比例

年份	数量/个	当年样本总数/个	比例/%
1998	21907	165118	13.27
1999	21600	162033	13.33
2000	21652	162883	13.29
2001	22817	171240	13.32
2002	23999	181557	13.22
2003	26297	196222	13.40
2004	40481	274763	14.73
2005	39450	271835	14.51
2006	44504	301961	14.74
2007	50758	336768	15.07
2008	66359	411407	16.13
2009	64915	395056	16.43

---

① 2011年国家统计局将规上工业企业标准由之前的500万元提升至2000万元，相应的规上工业企业数量减少，并非是因为该年有较多企业退出。

续　表

年份	数量/个	当年样本总数/个	比例/%
2010	52393	348536	15.03
2011	57898	302593	19.13
2012	59950	309458	19.37
2013	68930	342926	20.10

2.战略性新兴产业企业主要数据与样本均值比较

表 4-3 汇报了战略性新兴产业企业特征变量与全样本企业对比情况。其中在规模指标上,除从业人数对数值($\ln l$)以外,战略性新兴产业的资本对数值($\ln k$)、中间品投入对数值($\ln m$)和工业总产值对数值($\ln y$)均显著大于全样本均值,说明战略性新兴产业企业(处理组)规模更大,产值更高。由资本劳动比(klratio)可知,处理组企业资本劳动比更高,表现为更加偏向资本密集型行业。在出口交货值对数值(lnexport)方面,处理组企业均值显著低于全样本,并未表现出较高的出口密集度,说明整体上战略性新兴产业更加依赖国内市场。从效率指标上看,处理组企业全要素生产率对数值(lntfp_lp)显著高于全样本均值,表现出更高的生产效率。创新指标显示,战略性新兴产业企业的研发投入(rd)和新产品产值(new)的对数值更高,说明在创新投入和创新产出两个层面处理组企业均显著优于全样本企业。这一方面可能是由于战略性新兴产业更多属于产业生命周期导入期,研发活动边际收益更大,所以投入更多;另一方面可能是处理组企业本身的生产效率更高,竞争力更强,因而具备更好的研发能力。

表 4-3　战略性新兴产业企业特征变量与全样本对比

变量	处理组	处理组标准差	全样本	全样本标准差	差异
$\ln l$	4.6427	1.1878	4.7837	1.1495	−0.1410[***]
$\ln k$	8.4319	1.7968	8.3685	1.7633	0.0634[***]
klratio	1.8889	0.4151	1.8162	0.4046	0.0727[***]

续　表

变量	处理组	处理组标准差	全样本	全样本标准差	差异
ln$m$	9.5368	1.4867	9.4518	1.4275	0.0850***
ln$y$	9.9398	1.4742	9.8418	1.4074	0.0980***
lnexport	9.2755	2.1080	9.4064	1.7169	−0.1309***
lntfp_lp	6.3847	1.2969	6.2567	1.2292	0.1280***
lnrd	5.7121	2.2216	5.2847	2.2329	0.4274***
lnnew	9.3358	2.1460	9.0833	2.1275	0.2525***

注:*** 表示 1% 的显著性水平(two-tailed)。

3. 战略性新兴产业生产率、加成率对比

图 4-1 显示,战略性新兴产业企业生产率分布相比于非战略性新兴产业更靠右,这说明平均意义上战略性新兴产业企业生产率水平更高;从分布离散程度看,处理组企业样本方差更大,这说明战略性新兴产业也存在相当一部分低效率企业。图 4-2 显示,战略性新兴产业企业加成率分布更靠右,表现出更高的加成率水平。结合图 4-1 和图 4-2,静态来看,战略性新兴产业企业生产率和加成率水平显著超过非战略性新兴产业企业,表明处理组企业效率更高,市场势力更大。

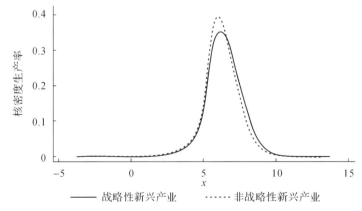

图 4-1　战略性新兴产业企业生产率对比

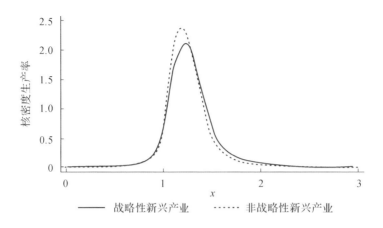

图 4-2　战略性新兴产业企业加成率对比

（三）计量分析与检验

1. 研发投入和新产品产值

　　由于研发投入可以较好地刻画企业研发强度，而战略性新兴产业均处于产业生命周期成长期之前，研发活动存在较大边际收益，比较战略性新兴产业研发活动强度可以更好凸显该类产业特点，为计量分析提供基础。直接回归比较可能存在选择性偏误，倾向得分匹配（PSM）法可以更好地控制选择性偏误，表 4-4 汇报了采用倾向得分匹配法求得的处理组（战略性新兴产业）和控制组（匹配上非战略性新兴产业）企业研发投入对数值和新产品产值对数值的差距，其中匹配后差距为平均处理效应（ATT）。匹配前后处理组和控制组差距显示，七大类战略性新兴产业企业研发投入显著超过控制组企业，横向对比显示新一代信息技术、高端装备制造业研发投入相比于控制组企业更高，节能环保和新材料产业研发投入相对较低。新产品产值对比显示，七大类战略性新兴产业企业新产品产值在匹配后显著大于控制组企业。横向比较看，新一代信息技术、新能源和新能源汽车行业新产品产值相比于控制组更高，而节能环保、生物和新材料产业差距相对更小。从研发投入和产出关系看，研发投入相对更高的处理组行业创新产出更多。

表 4-4　不同类型企业研发情况差异比较（PSM 法）

变量	产业	样本	处理组	控制组	差距	标准差	t 值
研究开发费	节能环保	匹配前	5.4188	5.1739	0.2449***	0.0250	9.81
		匹配后	5.4190	5.2700	0.1490***	0.0353	4.23
	新一代信息技术	匹配前	6.6210	5.1739	1.4471***	0.0377	38.40
		匹配后	6.6190	5.3910	1.2280***	0.0565	21.72
	生物	匹配前	5.6235	5.1739	0.4496***	0.0209	21.49
		匹配后	5.6235	5.3338	0.2897***	0.0286	10.14
	高端装备制造	匹配前	6.2920	5.1739	1.1181***	0.0471	23.70
		匹配后	6.2921	5.2829	1.0092***	0.0676	14.94
	新能源	匹配前	5.8474	5.1739	0.6735***	0.0363	18.54
		匹配后	5.8466	5.1463	0.7003***	0.0505	13.88
	新材料	匹配前	5.5985	5.1739	0.4246***	0.0309	13.72
		匹配后	5.5971	5.3848	0.2123***	0.0439	4.83
	新能源汽车	匹配前	5.7802	5.1739	0.6063***	0.0422	14.36
		匹配后	5.7802	5.1278	0.6524***	0.0594	10.99
新产品产值	节能环保	匹配前	9.0876	9.0313	0.0563**	0.0237	2.38
		匹配后	9.1447	9.0880	0.0567***	0.0330	1.92
	新一代信息技术	匹配前	10.0526	9.0313	1.0213***	0.0358	28.50
		匹配后	10.0518	9.5599	0.4919***	0.0559	8.80
	生物	匹配前	9.1516	9.0313	0.1203***	0.0211	5.70
		匹配后	9.2705	9.1516	0.1189***	0.0291	4.08
	高端装备制造	匹配前	9.5932	9.0313	0.5619***	0.0438	12.82
		匹配后	9.5934	9.3551	0.2383***	0.0633	3.77

续　表

变量	产业	样本	处理组	控制组	差距	标准差	t 值
新产品产值	新能源	匹配前	9.5196	9.0313	0.4883***	0.0340	14.36
		匹配后	9.5206	9.0904	0.4302***	0.0477	9.02
	新材料	匹配前	9.4801	9.0313	0.4488***	0.0303	14.81
		匹配后	9.4791	9.3752	0.1039***	0.0433	2.40
	新能源汽车	匹配前	9.4680	9.0313	0.4367***	0.0404	10.82
		匹配后	9.4680	9.0140	0.4540***	0.0568	7.99

注:*** 表示 1% 的显著性水平(two-tailed)。

2.企业绩效

表 4-5 汇报了处理组与控制组企业绩效指标对比情况,其中前两列汇报了全要素生产率,中间两列汇报了企业出口产品质量,后两列汇报了加成率回归结果。其中核心变量是战略性新兴产业企业虚拟变量(emerging),其他控制变量包括企业规模(lnscale)、资本劳动比(klratio)、国有资本占比(soe)、企业年龄(age)、四位码行业层面赫芬达尔-赫希曼指数(hhi)。控制变量构造方法简要汇报如下:企业规模以工业销售总产值对数值、企业年龄以特定年份与企业开业年份之差对数值刻画。前两列数据显示,战略性新兴产业(处理组)企业生产率显著高于控制组企业,在控制了行业和年份固定效应后,平均意义上战略性新兴产业企业的生产率比控制组企业高 0.0073,这一结果与特征性事实一致。中间两列数据显示战略性新兴产业企业出口产品质量显著高于控制组企业,平均意义上出口产品质量高 0.0023。后两列从赢利情况出发比较两类企业,结果显示战略性新兴产业企业加成率水平显著高于控制组企业,这说明战略性新兴产业企业相比于控制组企业具有更好的赢利情况。综合来看,战略性新兴产业企业具有绩效优势,生产效率、产品质量和市场势力等维度的表现均显著优于控制组企业。

表4-5 不同类别产业企业绩效指标差异

变量	lntfp_lp		quality		mkp	
	处理组	对照组	处理组	对照组	处理组	对照组
emerging	0.0105***	0.0073***	0.0023*	0.0023*	0.0016**	0.0018**
	(3.90)	(2.73)	(1.83)	(1.82)	(2.32)	(2.48)
lnscale	0.8174***	0.8308***	0.0360***	0.0356***	−0.1976***	−0.1957***
	(1190.52)	(1107.39)	(52.28)	(49.87)	(−463.69)	(−434.69)
klratio	−0.1813***	−0.1699***	−0.0059***	−0.0063***	0.0959***	0.0993***
	(−94.58)	(−87.82)	(−3.62)	(−3.87)	(112.67)	(115.58)
soe	−0.0358***	−0.0473***	−0.0002	−0.0003	0.0060***	−0.0029**
	(−12.59)	(−16.40)	(−0.05)	(−0.08)	(4.80)	(−2.27)
age	−0.0190***	−0.0096***	0.0037***	0.0033***	−0.0054***	−0.0015***
	(−24.33)	(−11.51)	(5.42)	(3.98)	(−15.72)	(−4.15)
hhi	0.0757***	−0.0255	−0.0263**	−0.0276**	−0.0034	−0.0144
	(3.64)	(−1.22)	(−1.96)	(−2.05)	(−0.37)	(−1.56)
lntfp_lp			−0.0015***	−0.0015***	0.3107***	0.3114***
			(−3.05)	(−2.93)	(849.84)	(851.22)
_cons	−1.3714***	−1.5511***	0.2970**	0.3057**	1.1236***	1.1180***
	(−53.17)	(−59.64)	(2.55)	(2.63)	(98.38)	(96.99)
Industry FE	Yes	Yes	Yes	Yes	Yes	Yes
Year FE	No	Yes	No	Yes	No	Yes
N	1997218	1997218	190588	190588	1997218	1997218
Within R^2	0.5097	0.5117	0.0369	0.0372	0.3412	0.3429

注:*、**和***分别表示10%、5%和1%的显著性水平(two-tailed)。括号内为 t 统计量。

(四)自主创新的界定与识别:进一步分析与讨论

自主创新主要是根据企业研发活动的投入和产出情况界定的。主要代理变量包括企业研发投入(rd)、新产品产值(new)和专利情况。另外为更好体现企业创新效果,本章进一步匹配了中国专利数据库,获取企业层面三种专利数量信息,以此作为企业创新程度的代理变量。本部分通过基本回归和引入政策变动的准自然实验检验自主创新对战略性新兴产业企业绩效的影响。

1. 基准回归结果

表 4-6 汇报了基于战略性新兴产业企业虚拟变量(emerging)和企业研发投入对数值滞后 1 期(l. rd)交互效应的回归结果,其中交互项是emerd。其中前两列数据显示交互项(emerd)系数不显著,且虚拟变量(emerging)显著为负,说明战略性新兴产业企业生产率并未因研发投入增加而显著提升,即不存在显著交互效应。进一步,从出口产品质量(quality)和企业加成率(mkp)来看,仅出口产品质量存在一定交互效应,但显著性水平较低(10%)。可以反映企业市场势力的代理变量(mkp)并未因产业类别差异显示出交互效应,这也说明两类产业的加成率差异可能是由研发投入差异引致。基准模型显示,虽然战略性新兴产业在研发投入和研发产出方面均有显著优势,但是在反映企业绩效指标的生产率、出口产品质量和加成率上,仅有出口产品质量存在显著正向交互影响。这初步说明中国战略性新兴产业企业创新效率相对较低,并未因大量研发投入改善经营绩效。

表 4-6　自主创新对战略性新兴产业企业绩效的影响基准回归结果

变量	lntfp_lp		quality		mkp	
	处理组	对照组	处理组	对照组	处理组	对照组
emerging	0.0079*	0.0051*	0.0308	0.0306	−0.0122	−0.0123
	(1.77)	(1.65)	(1.57)	(1.55)	(−1.20)	(−1.21)
l. rd	0.0077***	0.0089	0.0015	0.0012	0.0009**	0.0014**
	(3.85)	(2.02)	(2.29)	(2.11)	(1.99)	(2.54)

续　表

变量	lntfp_lp		quality		mkp	
	处理组	对照组	处理组	对照组	处理组	对照组
emerd	0.0019	0.0024	0.0045*	0.0045*	0.0008	0.0007
	(2.27)	(2.71)	(1.65)	(1.67)	(1.56)	(1.46)
lntfp_lp			−0.0032	−0.0014	0.3341***	0.3356***
			(−0.77)	(−0.33)	(46.16)	(15.60)
lnscale	0.7744***	0.8355***	0.0376***	0.0309***	−0.2054***	−0.2107***
	(165.84)	(158.59)	(7.25)	(5.33)	(−76.15)	(−69.97)
klratio	−0.2961***	−0.2208***	0.0076	0.0029	0.1507***	0.1460***
	(−18.01)	(−13.31)	(0.52)	(0.20)	(20.95)	(19.99)
soe	0.0137	−0.0368***	−0.0273**	−0.0237**	−0.0111**	−0.0075
	(1.09)	(−2.92)	(−2.28)	(−1.97)	(−2.03)	(−1.35)
age	−0.0519***	−0.0201***	0.0023	−0.0019	−0.0007	−0.0025
	(−10.19)	(−3.84)	(0.53)	(−0.41)	(−0.32)	(−1.10)
hhi	0.0943	−0.1461	−0.0273	−0.0094	−0.0301	−0.0150
	(0.99)	(−1.54)	(−0.38)	(−0.13)	(−0.73)	(−0.36)
_cons	−0.1808	−1.0511***	0.6492***	0.7258***	0.8408***	0.9021***
	(−1.03)	(−5.90)	(4.11)	(4.52)	(10.96)	(11.52)
Industry FE	Yes	Yes	Yes	Yes	Yes	Yes
Year FE	No	Yes	No	Yes	No	Yes
N	91000	91000	11458	11458	91000	91000
Within R^2	0.4620	0.4715	0.0470	0.0491	0.3798	0.3805

注:*、**和***分别表示10%、5%和1%的显著性水平(two-tailed)。括号内为t统计量。

2. 不同所有制企业回归结果

由于企业加成率取决于价格对边际成本的偏离程度,因此其一方面可以反映企业生产效率,另一方面可体现产品差异化程度,具有综合性指标特点,因此在以下回归中进一步考虑不同子样本下战略性新兴产业企业创新对加成率的交互影响。不同所有制类型[①]回归结果汇报如表 4-7 所示,前两列数据显示,国有企业在 1.rd 和 emerd 上均不显著,说明国有企业在创新效率上最低,创新投入并未能显著改善企业赢利情况。后两列汇报了外资企业的回归,结果显示 1.rd 系数显著为正,这说明创新投入可显著提升外资企业加成率水平,但是交互项系数并不显著,说明战略性新兴产业外资企业并无创新效率的优势。中间两列数据显示,民营企业交互项系数显著为正,说明民营战略性新兴产业企业具有创新效率的优势,创新投入引致加成率提升效应值更大。表 4-7 从所有值类型角度出发检验了三种所有制企业创新效率的差异性,仅有民营企业在创新效率方面存在战略性新兴产业优势。

表 4-7 不同所有制企业回归结果

变量	国有企业		民营企业		外资企业	
	处理组	对照组	处理组	对照组	处理组	对照组
emerging	−0.0466	−0.0457	0.0476*	0.0475*	−0.0042	−0.0106
	(−1.13)	(−1.11)	(1.76)	(1.76)	(−0.13)	(−0.33)
1. rd	0.0107	0.0082	0.0054**	0.0038*	0.0068***	0.0038*
	(0.96)	(1.25)	(2.37)	(1.64)	(2.66)	(1.88)
emerd	0.0023	0.0030	0.0027***	0.0029***	0.0020	0.0032
	(0.38)	(0.48)	(2.61)	(2.68)	(0.44)	(0.71)
lnscale	0.1128***	0.1262***	0.0421***	0.0541***	0.0780***	0.0986***
	(13.50)	(13.87)	(7.90)	(8.93)	(11.85)	(14.19)
klratio	−0.0155	0.0424	0.0257*	0.0350**	0.0776***	0.0942***
	(−0.37)	(0.97)	(1.70)	(2.30)	(3.68)	(4.48)

---

① 企业所有制类型根据企业登记注册类型进行划分,其中国有企业代码为 110、141、143、151,外资企业包括 310、320、330、340、210、220、230、240,其余为民营企业[集体企业(120)除外]。

续　表

变量	国有企业		民营企业		外资企业	
	处理组	对照组	处理组	对照组	处理组	对照组
soe	−0.0078	−0.0173	−0.2830***	−0.2883***	0.0434	0.0134
	(−0.53)	(−1.17)	(−2.74)	(−2.79)	(1.50)	(0.46)
age	−0.0001	0.0028	−0.0102	0.0030	−0.0530***	0.0116
	(−0.01)	(0.22)	(−1.51)	(0.40)	(−5.47)	(0.97)
hhi	−0.1031	−0.1745	−0.3545***	−0.3889***	0.0506	−0.0755
	(−0.67)	(−1.13)	(−3.22)	(−3.52)	(0.37)	(−0.55)
_cons	0.2501	−0.0020	0.6572**	0.5674**	0.4649**	0.1596
	(1.15)	(−0.01)	(2.29)	(1.97)	(2.07)	(0.71)
Industry FE	Yes	Yes	Yes	Yes	Yes	Yes
Year FE	No	Yes	No	Yes	No	Yes
N	8826	8826	27404	27404	19752	19752
Within R^2	0.0708	0.0760	0.0141	0.0167	0.0228	0.0335

注:*、**和***分别表示10%、5%和1%的显著性水平(two-tailed)。括号内为t统计量。

3. 不同地区企业回归结果

表4-8汇报了不同地区[①]企业回归结果,其中前两列数据显示东部企业1.rd系数显著为正,交互项emerd系数不显著,这说明东部地区企业的研发行为提升了加成率水平,但是战略性新兴产业并无显著优势。这主要源于东部地区较多的企业数量,大部分战略性新兴产业集聚于东部地区,造成明显的竞争加剧效应,因而抑制了研发活动对战略性新兴产业企业市场势力的扩大作用。中间两列数据汇报了中部地区的结果,其中交互项系

---

① 地区划分方法参考国家统计局的三区域划分标准,其中东部地区包括北京、天津、河北、辽宁、上海、江苏、浙江、福建、山东、广东、海南11个省份;中部地区包括山西、吉林、黑龙江、安徽、江西、河南、湖北、湖南8个省份;西部地区包括内蒙古、广西、重庆、四川、贵州、云南、西藏、陕西、甘肃、青海、宁夏、新疆12个省区。

数显著为正(10％显著性水平),说明中部战略性新兴产业企业研发投入对加成率的影响显著超过控制组企业,表现出更优的创新绩效。西部企业的回归结果汇报在后两列,其中一次项 1. rd 和交互项 emerd 系数均不显著,说明西部地区战略性新兴产业企业创新绩效相对较弱,研发投入并未显著扩大企业市场势力。这可能与该地区较低的市场化程度有关,研发活动并未完全从经济目的出发。

表 4-8 不同地区企业回归结果

变量	东部		中部		西部	
	处理组	对照组	处理组	对照组	处理组	对照组
emerging	−0.0088	−0.0083	0.0717**	0.0733**	−0.0067	−0.0026
	(−0.58)	(−0.55)	(2.18)	(2.23)	(−0.17)	(−0.07)
1. rd	0.0059***	0.0027**	0.0014**	0.0002**	−0.0028	−0.0003
	(4.68)	(2.12)	(2.47)	(2.05)	(−0.84)	(−0.09)
emerd	−0.0002	0.0004	0.0081*	0.0085*	−0.0019	−0.0019
	(−0.09)	(0.18)	(1.66)	(1.69)	(−0.34)	(−0.35)
lnscale	0.0592***	0.0801***	0.0837***	0.0961***	0.0934***	0.1144***
	(20.32)	(25.10)	(12.59)	(12.37)	(11.64)	(12.06)
klratio	0.0345***	0.0618***	0.0109	0.0301	0.0347	0.0646*
	(3.50)	(6.21)	(0.42)	(1.14)	(1.04)	(1.90)
soe	0.0087	−0.0116	−0.0003	−0.0096	−0.0415**	−0.0553***
	(1.00)	(−1.32)	(−0.02)	(−0.59)	(−2.36)	(−3.09)
age	−0.0216***	−0.0032	−0.0097	−0.0066	−0.0267***	−0.0213***
	(−6.23)	(−0.87)	(−1.44)	(−0.96)	(−3.48)	(−2.73)
hhi	0.0460	−0.0469	−0.1801	−0.2383	0.2429	0.1466
	(0.79)	(−0.80)	(−1.18)	(−1.55)	(1.29)	(0.77)
_cons	0.9060***	0.5899***	0.2268	0.0460	−0.0307	−0.2666
	(7.82)	(5.04)	(0.78)	(0.16)	(−0.11)	(−0.92)

续 表

变量	东部		中部		西部	
	处理组	对照组	处理组	对照组	处理组	对照组
Industry FE	Yes	Yes	Yes	Yes	Yes	Yes
Year FE	Yes	Yes	Yes	Yes	Yes	Yes
N	65416	65416	17000	17000	10074	10074
Within R^2	0.0182	0.0274	0.0362	0.0382	0.0503	0.0542

注:*、**和***分别表示10%、5%和1%的显著性水平(two-tailed)。括号内为t统计量。

4. 不同要素密集度企业回归结果

不同要素密集度[①]的回归结果汇报如表 4-9 所示。前两列数据汇报了劳动密集型企业回归结果,一次项 1. rd 和交互项 emerd 系数均不显著,说明劳动密集型企业的研发活动并未显著扩大其市场势力。这一方面是因为中国数量众多的劳动密集型企业形成激烈市场竞争,削弱了研发活动对企业赢利情况的影响;另一方面是因为劳动密集型企业大多属于成熟行业,产品形式相对稳定,可创新程度较低。资本密集型企业回归汇报在中间两列,其中一次项 1. rd 系数显著为正,交互项 emerd 系数不显著,说明资本密集型企业并不存在战略性新兴产业优势,两类产业在创新对加成率的影响上一致。后两列结果显示技术密集型企业存在明显的创新和战略性新兴产业交互影响,说明在技术密集型行业内部存在明显的战略性新兴产业创新优势,一定的研发投入可引致更高水平的市场势力扩大。

---

① 本章根据从业人员、资本存量和研发投入等依次划分劳动、资本与技术密集型行业。

表 4-9 不同要素密集度企业回归结果

变量	劳动密集型		资本密集型		技术密集型	
	处理组	对照组	处理组	对照组	处理组	对照组
emerging	0.0217	0.0182	−0.0064	−0.0040	−0.0220	−0.0207
	(0.54)	(0.45)	(−0.12)	(−0.08)	(−1.44)	(−1.36)
1. rd	−0.0028	−0.0011	0.0008**	0.0013**	0.0053***	0.0020**
	(−1.43)	(−0.55)	(2.20)	(2.32)	(3.62)	(2.36)
emerd	−0.0104*	−0.0097	−0.0022	−0.0025	0.0016*	0.0020*
	(−1.67)	(−1.56)	(−0.31)	(−0.36)	(1.71)	(1.92)
lnscale	0.0591***	0.0741***	0.1096***	0.1142***	0.0715***	0.0928***
	(12.15)	(13.75)	(11.04)	(9.02)	(22.14)	(25.78)
klratio	0.0136	0.0289*	0.0877**	0.0934**	0.0412***	0.0726***
	(0.86)	(1.81)	(2.04)	(2.13)	(3.57)	(6.19)
soe	−0.0263	−0.0417**	−0.0072	−0.0086	0.0068	−0.0116
	(−1.60)	(−2.52)	(−0.32)	(−0.37)	(0.81)	(−1.36)
age	−0.0226***	−0.0097*	−0.0242**	−0.0225**	−0.0207***	−0.0089**
	(−4.18)	(−1.69)	(−2.43)	(−2.21)	(−5.76)	(−2.41)
hhi	0.0864	0.0170	−0.1555	−0.1609	0.1022	−0.0140
	(0.68)	(0.13)	(−0.88)	(−0.91)	(1.45)	(−0.20)
_cons	0.6648***	0.4677***	0.2690	0.1803	0.5404***	0.2498***
	(7.19)	(4.80)	(1.14)	(0.67)	(10.98)	(4.64)
Industry FE	Yes	Yes	Yes	Yes	Yes	Yes
Year FE	Yes	Yes	Yes	Yes	Yes	Yes
N	28390	28390	26790	26790	35707	35707
Within R^2	0.0186	0.0234	0.0745	0.0753	0.0214	0.0285

注: * 、** 和 *** 分别表示 10%、5% 和 1% 的显著性水平(two-tailed)。括号内为 t 统计量。

5. 以专利为创新程度代理变量的回归结果

企业研发投入对数值可以作为企业研发活动的代理变量,但是存在两个主要问题:一是该指标在 2004 年缺失,二是该指标相对笼统,无法识别企业研发活动的层次。企业专利数据库提供了各企业专利申请和授权情况信息,包括发明专利、实用新型专利和外观设计专利。根据我国《专利法》的规定,发明专利是指对产品、方法或者其改进所提出的新的技术方案。实用新型专利是指对产品的形状、构造或者其结合所提出的适于实用的新的技术方案。外观设计专利是指对产品的形状、图案或者其结合以及色彩与形状、图案的结合所做出的富有美感并适于工业应用的新设计。因此,从创新程度来看,发明专业>实用新型专业>外观设计专业。以下计量分析将先从企业专利授权总数(patent)和发明专利授权数(invention)出发进行研究。由于中国专利数据库与工业企业数据库无统一识别码,因此本章通过企业名称字段对两者进行了匹配,匹配结果汇报在表 4-10 中。专利申请属于相对高水平的研发活动,1998—2009 年工业企业数据库中有专利授权企业比例均低于 5%,呈现出逐年缓慢增长趋势(个别年份较上年略有下降)。2010 年以后,工业企业专利授权量和比例均有显著增长,其中 2011 年较上一年比例增长 4.20 个百分点,呈现平台式跳跃增长,截至 2013 年,有专利授权企业数占比 13.10%。2010 年 10 月。《国务院关于加快培育和发展战略性新兴产业的决定》出台,该产业政策可能引致企业专利授权量增加,其出台时间可以作为准自然实验的时间节点。

表 4-10　各年份专利授权数和有专利授权企业比例

年份	有专利授权企业数/个	当年样本总数/个	比例/%
1998	2032	165118	1.23
1999	2831	162033	1.75
2000	2932	162883	1.80

续　表

年份	有专利授权企业数/个	当年样本总数/个	比例/%
2001	3382	171240	1.98
2002	3762	181557	2.07
2003	4447	196222	2.27
2004	6090	274763	2.22
2005	6243	271835	2.30
2006	7546	301961	2.50
2007	10095	336768	3.00
2008	12509	411407	3.04
2009	16781	395056	4.25
2010	18173	348536	5.21
2011	28467	302593	9.41
2012	36290	309458	11.73
2013	44938	342926	13.10

在此基础上，本章针对专利总数和发明专利数对企业绩效指标影响进行回归，结果汇报如表 4-11 所示。以企业当年专利授权总数为代理变量，结果显示一次项 patent 系数不显著，交互项中 quality、mkp 系数显著为正，说明专利授权总数对于战略性新兴产业企业出口产品质量和加成率有正向影响。后三列数据汇报了以发明专利数为代理变量的回归结果，一次项 invention 和交互项 emerinvention 系数在后两列显著为正，说明发明专利数的增加显著提升了战略性新兴产业企业出口产品质量和加成率水平，且存在明显的处理组优势。上述回归也证实了发明专利更高的创新程度，以及更强的绩效提升效应。

表 4-11 专利对中国战略性新兴产业企业绩效影响

变量	以专利授权总数为代理变量			以发明专利数为代理变量		
	lntfp_lp	quality	mkp	lntfp_lp	quality	mkp
emerging	-0.0664***	0.0076	0.0014	-0.0660***	0.0081	0.0039
	(-3.65)	(0.87)	(0.17)	(-3.63)	(0.92)	(0.47)
patent	-0.0003	0.0001	0.0000			
	(-1.14)	(0.51)	(0.25)			
invention				-0.0027	0.0024***	0.0012**
				(-0.33)	(2.59)	(2.18)
emerpatent	0.0003	0.0014**	0.0013***			
	(0.44)	(2.02)	(4.03)			
emerinvention				0.0052	0.0023**	0.0096***
				(0.42)	(2.36)	(2.75)
lnscale	0.8159***	0.0256***	-0.2245***	0.8157***	0.0255***	-0.2242***
	(113.33)	(5.58)	(-54.71)	(113.35)	(5.57)	(-54.63)
klratio	-0.1469***	-0.0169	0.1372***	-0.1468***	-0.0170	0.1373***
	(-6.72)	(-1.34)	(13.93)	(-6.71)	(-1.34)	(13.93)
soe	-0.0138	-0.0184	-0.0072	-0.0138	-0.0189	-0.0069
	(-0.71)	(-1.46)	(-0.82)	(-0.71)	(-1.50)	(-0.79)
age	-0.0117	0.0134***	-0.0000	-0.0117	0.0135***	-0.0001
	(-1.53)	(2.75)	(-0.01)	(-1.53)	(2.76)	(-0.02)
hhi	0.1696	0.1871***	-0.0221	0.1675	0.1871***	-0.0252
	(1.41)	(3.26)	(-0.41)	(1.39)	(3.26)	(-0.46)
lntfp_lp		-0.0031	0.3504***		-0.0031	0.3504***
		(-1.01)	(113.51)		(-0.99)	(113.47)
_cons	-0.3391	0.5861***	3.1451***	-0.3325	0.5992***	3.1479***
	(-0.64)	(4.94)	(13.11)	(-0.62)	(5.05)	(13.11)

续　表

变量	以专利授权总数为代理变量			以发明专利数为代理变量		
	lntfp_lp	quality	mkp	lntfp_lp	quality	mkp
Industry FE	Yes	Yes	Yes	Yes	Yes	Yes
Year FE	Yes	Yes	Yes	Yes	Yes	Yes
N	46769	9388	46769	46769	9388	46769
Within R^2	0.4434	0.0349	0.3887	0.4433	0.0351	0.3883

注:** 和 *** 分别表示 5% 和 1% 的显著性水平(two-tailed)。括号内为 t 统计量。

6. 战略性新兴产业政策冲击对企业行为影响(准自然实验)

(1)政策冲击对两类企业专利授权量均值的影响

前文已进行了初步分析,发现 2010 年可能是有效的政策冲击时间节点。进行准自然实验的基本假定是共同趋势,因此需要对处理组和控制组企业各类专利授权数变动趋势进行考察。图 4-3 至图 4-6 分别汇报了两类企业各类专利授权数均值变动的趋势,具体情况如下:图 4-3 汇报了两类产业企业专利授权数总量均值变动趋势,如果以 2010 年为时间节点,2010—2011 年处理组企业均值变动斜率明显大于控制组,且 2009—2010 年两组企业变动斜率相近,这说明两类企业共同趋势假定成立。图 4-4、图 4-5 分别汇报了发明专利和实用新型专利数量均值变动,其基本趋势与专利总数基本一致,于 2010—2011 年呈现出更大的处理组增长斜率。图 4-6 中外观设计专利在政策实施前也具有一致趋势,在 2010—2011 年呈现出处理组企业较低程度增长,相比于控制组企业此时处理组企业这类专利授权数有所下降。总体而言,两类产业企业存在较好的实验前共同趋势,具备准自然实验条件。

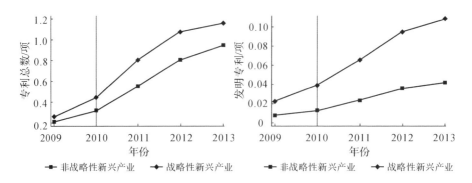

图 4-3 两类产业企业专利授权总量均值 图 4-4 两类产业企业发明专利授权量均值

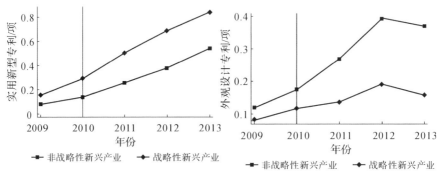

图 4-5 两类产业企业实用新型专利授权 图 4-6 两类产业企业外观设计专利授权 量均值趋势 量均值趋势

(2)战略性新兴产业政策对相关企业专利授权数的影响

由于国务院最早在 2010 年 10 月 18 日出台产业政策文件,因此企业受到政策冲击的时点可选为 2010 年末,构建时间虚拟变量 post。在此基础上,构建个体(emerging)和时间(post)交互项 emerpost,这是本部分实证结果的核心变量,其参数估计结果表示政策实施后处理组企业的净效应。表 4-12 汇报了受政策冲击后战略性新兴产业企业各类专利数变动情况回归结果,第二列数据结果显示,处理组企业专利授权总数相比于控制组上升约 0.0046 件,这说明整体上政策出台有利于提升战略性新兴产业企业研发活动水平。进一步从结构视角出发,第三、四、五列数据汇报了政策冲击下发明、实用新型和外观设计专利变动情况,交互项系数显示,政策实施引致战略性新兴产业企业发明和实用新型专利分别增加 0.0428 件、0.1129 件,外观设计专利减少 0.1511 件。根据上文分析,外观设计专利的创新程度最低,这一实证结果表明整体上战略性新兴产业企业专利授权数提升,专利申请结构有所优化,发明和实用新型专利有所增加,外观设计专利有所减少。

表 4-12 战略性新兴产业政策对相关企业专利授权数影响

变量	专利授权总数		发明专利数	实用新型专利数	外观设计专利数
	patent	patent			
emerpost	0.0050***	0.0046**	0.0428***	0.1129***	−0.1511***
	(3.19)	(2.17)	(2.83)	(4.27)	(−6.47)
scale		0.0133	0.0005	0.0216***	−0.0088
		(1.24)	(0.67)	(4.57)	(−0.97)
hhi		0.8671	0.1221***	0.4888**	0.2562
		(1.53)	(2.91)	(1.97)	(0.54)
age		−0.0320*	−0.0104***	−0.0181**	−0.0035
		(−1.72)	(−7.58)	(−2.22)	(−0.22)
_cons	0.1813	0.0581	−0.0139	−0.1695	0.2416
	(0.89)	(0.23)	(−0.73)	(−1.51)	(1.12)
Industry FE	Yes	Yes	Yes	Yes	Yes
Year FE	Yes	Yes	Yes	Yes	Yes
N	1586622	1535327	1535327	1535327	1535327
Within R^2	0.0025	0.0025	0.0037	0.0053	0.0004

注:** 和 *** 分别表示 5% 和 1% 的显著性水平(two-tailed)。括号内为 t 统计量。第一列数据是添加控制变量后的回归结果,第二列数据是未添加控制变量时的回归结果。

(3)战略性新兴产业政策对相关企业劳动生产率的影响

由于工业企业数据库的缺陷,2009—2013 年工业增加值和中间品投入信息遗漏,无法通过半参数估计(如 OP 法和 LP 法)推算企业生产率,因此本章使用企业人均工业总产值对数值(llp)作为代理变量,对政策冲击前后的效率情况进行研究。表 4-13 汇报了针对企业效率变动情况的回归,其中前两列汇报了倍差法(DID)的结果,后两列在倾向得分匹配(PSM)基础上进一步实施倍差法,以控制可能的样本选择性偏误。第一、二列倍差法结果显示,交互项 emerpost 系数显著为负,这说明政策冲击降低了处理组企业的生产效率。第三、四列针对匹配后样本的回归结果显示,该负向效应可能更大,根据第四列结果,处理组企业生产效率平均下降约 0.0812。结合上文中专利授权数变动结果可知,总体上看,政策冲击提升了处理组企业创新强度,增加了专利授权数,但是降低了处理组企业生产效率。

表 4-13　战略性新兴产业政策对相关企业劳动生产率影响

变量	llp(DID)		llp(PSMDID)	
	政策前	政策后	政策前	政策后
emerpost	-0.0239^{***}	-0.0425^{***}	-0.0708^{***}	-0.0812^{***}
	(-8.10)	(-17.34)	(-5.75)	(-3.42)
scale		0.6017^{***}		0.6490^{***}
		(633.64)		(343.89)
hhi		-0.0280		0.1183
		(-0.56)		(0.36)
age		-0.0819^{***}		-0.0873^{***}
		(-49.91)		(-25.07)
_cons	5.9060^{***}	-0.5136^{***}	5.9529^{***}	-0.8861^{***}
	(25.69)	(-22.66)	(42.25)	(-22.09)

续 表

变量	llp(DID)		llp(PSMDID)	
	政策前	政策后	政策前	政策后
Industry FE	Yes	Yes	Yes	Yes
Year FE	Yes	Yes	Yes	Yes
N	1586622	1535327	435176	435176
Within R^2	0.0470	0.3408	0.0552	0.3644

注:*** 表示 1% 的显著性水平(two-tailed)。括号内为 t 统计量。

(4)安慰剂效应检验

战略性新兴产业均处于产业生命周期导入期,存在较好的市场发展前景和较高的赢利水平,自发状态下企业也可能转向战略性新兴产业,不一定是因为政策冲击的影响,因此需要针对准自然实验进行安慰剂检验。最基本的安慰剂检验设定是将被解释变量滞后阶作为新的被解释变量,如果政策冲击对该变量有显著效应,则可判定该政策是安慰剂。本章以上述被解释变量滞后 1 阶作为新的被解释变量,结果汇报如表 4-14 所示。表格每一列分别汇报了对专利授权总数、发明专利授权数、实用新型专利授权数、外观设计专利授权数和人均工业总产值对数值的检验,结果显示交互项系数均不显著,不存在明显的安慰剂效应。

表 4-14 安慰剂效应检验结果

变量	1. patent	1. invention	1. utility model	1. design	1. llp
emerpost	0.0785	0.0324	0.1472	-0.1011	-0.0086
	(0.79)	(0.64)	(0.88)	(-0.74)	(-1.05)
scale	-0.0481^{***}	-0.0023^{*}	-0.0082	-0.0376^{**}	0.0316^{***}
	(-2.61)	(-1.81)	(-1.04)	(-2.43)	(17.85)
hhi	-0.2429	0.0158	0.2596	-0.5184	-0.1514^{*}
	(-0.26)	(0.24)	(0.65)	(-0.66)	(-1.69)

续　表

变量	1. patent	1. invention	1. utility model	1. design	1. llp
age	−0.0502	−0.0112***	−0.0338**	−0.0052	0.0057*
	(−1.50)	(−4.84)	(−2.37)	(−0.18)	(1.76)
_cons	0.7739	0.0372	0.1224	0.6143	5.8757***
	(0.95)	(0.66)	(0.35)	(0.90)	(74.98)
Industry FE	Yes	Yes	Yes	Yes	Yes
Year FE	Yes	Yes	Yes	Yes	Yes
N	854103	854103	854103	854103	850412
Within R^2	0.0022	0.0032	0.0037	0.0005	0.0271

注:*、**和***分别表示10%、5%和1%的显著性水平(two-tailed)。括号内为 t 统计量。

(5)预期效应检验

准自然实验的一个重要假设是政策冲击的不可预期性。如果企业在政策实施前就可理性预期并进行相应生产准备,就可能导致回归结果偏误。从政策实施的现实背景出发,2009 年 9 月,时任国务院总理温家宝曾召开三次战略性新兴产业座谈会,并提出该类产业是重大战略选择。因此,可以将冲击时点选为 2009 年末,检验处理组企业是否在前一年有明显预期效应。其中时间虚拟变量 posta,在 2010 年及以后取值为 1,之前取值为 0。回归汇报如表 4-15 所示,结果显示交互项系数均不显著,不存在明显的预期效应,说明准自然实验的结果具有可信度。

表 4-15　准自然实验的预期效应检验结果

变量	patent	invention	utility model	design	llp
emerposta	0.0336	0.0272	0.1044	−0.0980	−0.0230
	(1.25)	(1.70)	(0.89)	(−1.35)	(−0.71)
scale	0.0134	0.0007	0.0221***	−0.0095	0.6015***
	(1.24)	(0.93)	(4.69)	(−1.05)	(633.39)

续　表

变量	patent	invention	utility model	design	llp
hhi	0.8823	0.1179***	0.4947**	0.2697	−0.0219
	(1.55)	(2.81)	(1.99)	(0.57)	(−0.44)
age	−0.0320*	−0.0105***	−0.0183**	−0.0033	−0.0818***
	(−1.72)	(−7.63)	(−2.25)	(−0.21)	(−49.86)
_cons	0.0430	−0.0197	−0.2003*	0.2630	−0.5097***
	(0.17)	(−1.04)	(−1.78)	(1.22)	(−22.46)
Industry FE	Yes	Yes	Yes	Yes	Yes
Year FE	Yes	Yes	Yes	Yes	Yes
N	1535327	1535327	1535327	1535327	1535327
Within R^2	0.0025	0.0034	0.0053	0.0004	0.3407

注:*、**和***分别表示10%、5%和1%的显著性水平(two-tailed)。括号内为 t 统计量。

四、结　论

本章从后发国"蛙跳创新"的视角出发,对战略性新兴产业的发展路径进行了研究,通过理论模型架构了一个可以分析自主创新与战略性新兴产业发展的理论框架。这一理论框架论证了技术创新行为导致企业绩效提升的作用机制和后发国"蛙跳创新"的主要机制。在此基础上,本章根据中国工业企业数据库和中国专利数据库对微观层面数据进行实证研究,主要结果如下:第一,静态来看,战略性新兴产业企业生产率、出口产品质量和加成率水平均高于非战略性新兴产业企业。第二,研发活动对企业生产绩效有显著影响,但是战略性新兴产业企业除了出口产品质量外,在生产率和加成率上均不存在显著创新优势。第三,子样本检验显示,民营企业、中部地区企业和技术密集型企业存在显著创新绩效优势,一定的研发投入引致更大正向加成率效应。第四,以专利授权数为创新代理变量的结果显示,在出口产品质量和加成率上,专利授权总数与战略性新兴产业存在交互影响,而生产率并无该效应。以发明专利为代理变量的结果基本一致,但是正向效应值相对更大。第五,基于战略性新兴产业政策冲击的准自然实验结果显示,在产业政策影响下,处理组企业专利授权数显著增加,但效率指标相比于控制组显著有所下降。总体上看,政策冲击提升了战略性新兴产业企业研发强度,但是降低了其生产效率。

第五章　中国战略性新兴产业的发展路径：大国市场诱致

足够规模的市场需求始终是企业创新行为、生产行为的直接决定因素，大国在市场规模方面提供了天然优势。本章的实证检验和理论分析的结论保持一致：大国市场放大了市场冲击的市场扩张效应，且市场扩张效应大于竞争弱化效应，显著促进了战略性新兴产业的研发创新活动，并且，越是高生产率企业，面临的正面效应越强烈，这进一步放大了市场的筛选效应。

新一轮科技革命和全球产业变革给世界各国带来了新的发展机遇,作为后发大国的中国,充分利用好新阶段赶超窗口来夺得产业技术革命的先机,是实现大国赶超的必然选择。国家在战略部署上把战略性新兴产业放在更加突出的重要位置,"大国市场"为战略性新兴产业培育提供了天然的"土壤"。在战略性新兴产业发展扩张过程中,"大国市场"优势仍能发挥出更深层次的作用。

一、大国市场诱致战略性新兴产业发展的理论基础

(一)大国市场诱致的基本内涵

新一轮科技革命和产业变革将会给世界各国带来新的发展机遇,作为后发大国的中国,充分利用好战略性新兴产业这一赶超机遇期,抢抓产业技术革命的先机,是新时代后发大国构建先发优势的必然选择。党的十九大报告明确提出要加快建设创新型国家,2019 年政府工作报告要求促进新兴产业加快发展,而战略性新兴产业承担着培育壮大新动能、优化升级

产业结构和提高供给体系质量、效率的重大历史使命,提升创新能力和生产率水平是发展战略性新兴产业的题中应有之义。中国名义 GDP 在 2010 年超过日本,成为全球第二大经济体。按照现价美元来计算,2013—2015 年中国占据了全球 13% 的市场容量,且 GDP 增长率都在 7% 左右。中国经济的飞速发展和国内巨大的市场规模为战略性新兴产业提供了良好的生存与发展环境以及产业关联优势,总体的经济规模优势为战略性新兴产业提供了产业链分工优势、成本降低优势和支柱产业优势。已有研究表明,市场规模的扩大有利于企业生产率水平和创新能力的提升[1],庞大的内需市场对全球优势资源产生“虹吸效应”,优质生产要素在中国的集聚为战略性新兴产业的技术进步和创新发展提供了条件,助力战略性新兴产业生产高质量的产品,优化产业结构,支撑大国的崛起。尤其在当下,中国经济处在转型升级的关键时期,国际贸易保护主义抬头且国外市场低迷,贸易条件恶化,企业由出口转为内销,国内市场的重要性进一步提高。大国市场中多元化的产品和产业结构能够减弱贸易条件恶化的负向作用,增强战略性新兴产业抵抗外部贸易冲击的能力。[2] 但战略性新兴产业政策存在补贴信息不对称问题,企业可能为了获取政府的资助而采取逆向选择行为。一些战略性新兴产业,不仅无法实现产业高端化发展,还依赖于大量的资本投入、政府补贴以及廉价的劳动力,产品或者服务的附加值较低;当面临国际激烈的市场竞争时,部分企业甚至没有自生能力,产业政策扶持企业创新发展的效率较低。[3] 那么,大国市场是否能够推动战略性新兴产业的研发创新?其内在的作用机制是什么?本章基于异质性企业理论

---

　　[1] D Acemoglu, J Linn. Market Size in Innovation: Theory and Evidence from the Pharmaceutical Industry[J]. Quarterly Journal of Economics,2004(3):1049-1090;M J Melitz,G I P Ottaviano. Market Size, Trade, and Productivity[J]. Review of Economic Studies, 2008(1):295-316;陈丰龙,徐康宁. 本土市场规模与中国制造业全要素生产率[J]. 中国工业经济,2012(5):44-56.
　　[2] 欧阳峣.大国经济研究[M].北京:经济科学出版社,2014.
　　[3] 罗晓辉,胡珑瑛,万丛颖.结构趋同与“优势企业扶持”政策的创新激励效应——来自于地方政府同质化竞争的解释[J].管理世界,2018(12):181-183.

来探讨市场需求规模对企业研发行为的作用机制，并基于战略性新兴产业数据实证检验该作用机制是否存在，为重新考量战略性新兴产业的发展进程，推进战略性新兴产业高端化发展提供重要的理论支撑。

市场需求对企业研发创新行为影响的研究主要基于需求引致创新理论和本土市场效应。需求引致创新理论认为，企业的研发创新行为同企业的其他生产行为一样，受企业产品价格和利润最大化的驱动。[①] 市场规模的扩大会促进企业增加生产要素投入，激励企业进行研发创新，市场需求冲击会影响企业研发行为的方向和速度。[②] 从国内价值链的角度出发，大国市场构建的国内价值链有助于中国企业向价值链上游位置推进，提升企业的研发创新水平。[③]

本土市场效应认为，大国市场诱致国内外企业进入规模经济部门，从而呈现出明显的本土市场效应，且市场规模越大，劳动分工越精细，规模经济越显著。[④] 大国市场能够吸引更多的国外企业加入本国市场，"本土市场效应"进一步扩大了大国市场优势。[⑤] 专业化分工水平高的行业需要匹配高质量的人力资本，企业的研发创新能力较强。内生增长理论也认为，外生的需求冲击会影响企业在研发创新方面的投入和生产要素积累[⑥]，新

① D Popp. Induced Innovation and Energy Prices[J]. American Economic Review，2002(1)：160-180.

② Y Hayami，V W Ruttan. Factor Prices and Technical Change in Agricultural Development：The United States and Japan，1880—1960[J]. Journal of Political Economy，1970(5)：1115-1141；D Acemoglu. Labor-and Capital-Augmenting Technical Change[J]. Journal of the European Economic Association，2003(1)：1-37.

③ 刘志彪，张杰. 全球代工体系下发展中国家俘获型网络的形成、突破与对策——基于 GVC 与 NVC 的比较视角[J]. 中国工业经济，2007(5)：39-47.

④ P Krugman. Scale Economies Product Differentiation and Pattern of Trade [J]. America Economic Review，1980(5)：950-959.

⑤ P Krugman，A J Venables. Globalization and the Inequality of Nations[J]. Quarterly Journal of Economics，1995(4)：857-880.

⑥ P M Romer. Increasing Returns and Long-Run Growth[J]. Journal of Political Economy，1986(5)：1002-1037；R Lucas. On the Mechanics of Economic Development[J]. Journal of Monetary Economics，1988(1)：3-42.

技术主要是在较大市场规模和利益驱动下产生的[①]。大国市场从两个方面提升企业的生产率水平：企业集聚效应和企业选择效应。[②] 企业集聚效应增强了企业之间的技术和研发合作，降低了企业的研发成本；企业选择效应则是用产业进入退出条件筛选出产业技术水平或者生产率更高的企业。

综上所述，相比于小国，大国经济能够集中优势资源进入资本密集度较高的行业，缩短产业升级的时间，而且凭借国内的市场规模和生产资源条件，大国经济即使在外贸比重较低的条件下也能进行专业化生产，实现规模经济。本章认为大国市场规模对战略性新兴产业研发创新行为的作用机制可以从市场扩张效应和竞争弱化效应两方面来解释。一方面，战略性新兴产业的市场规模越大，对高质量的资本、劳动力和技术等生产要素要求越多，优质生产要素的集聚有利于提升企业的规模经济水平。较大的市场规模推动企业形成专业化研发分工和相互协作机制，分摊研发成本，促进企业的新产品研发和企业之间的技术溢出[③]，对于关键技术突破和前沿技术研发与应用有重要的推动作用。战略性新兴产业的市场规模越大，同一行业中企业数量、产品种类和数量越多，产品多样性增强了企业对外贸易的比较优势和应对贸易冲击的能力。另一方面，战略性新兴产业在主动对接和吸收全球先进生产要素市场的同时也面临激烈的国际市场竞争，竞争强度的提升会压低企业的产品价格，降低企业的成本加成率[④]，倒逼

---

① P M Romer. Endogenous Technological Change[J]. Journal of Political Economy，1990(5)：71-102；P Aghion，P A Howitt. Model of Growth through Creative Destruction[J]. Econometrica，1992(2)：323-351.

② P Combes，G Duranton，L Gobillon，et al. The Productivity Advantage of Large Markets：Distinguishing Agglomeration from Firm Selection [J]. Econometrica，2012(6)：2543-2594.

③ K Desmet，S L Parente. Bigger is Better：Market Size，Demand Elasticity，and Innovation[J]. International Economic Review，2010(2)：319-333.

④ K Desmet，S L Parente. Bigger is Better：Market Size，Demand Elasticity，and Innovation[J]. International Economic Review，2010(2)：319-333.

企业进行研发创新以获取新的技术优势和逃离竞争效应[①]，同时也会进一步促进企业吸收先进技术。

基于对现有文献的梳理，本章在三个方面做了进一步的拓展：第一，无论是"需求引致创新"理论还是本土市场效应，都假定企业之间的生产率水平是同质的，本章在异质性企业理论的框架内探讨大国市场在战略性新兴产业发展中创新激励作用，是对现有文献的有益补充。第二，在异质性企业理论的分析框架内，本章将大国市场诱致战略性新兴产业研发创新的作用机制刻画为市场扩张效应和竞争弱化效应，并在理论层面揭示了市场规模和生产率因素在这两种效应中的重要调节作用。第三，在实证研究上，本章基于工业企业数据库和《战略性新兴产业分类（2012）》（试行）匹配数据，并结合中国专利数据库，从微观企业的视角验证了市场扩张效应和竞争弱化效应，识别了市场规模和生产率因素的作用方向。

本章接下来的结构安排如下：第二部分构建理论模型来揭示大国市场诱致战略性新兴产业研发创新的作用机制。第三部分基于微观企业数据对理论分析的基本结论进行实证检验，并做进一步分析。第四部分针对实证模型可能存在的内生性进行检验。最后一部分为本章的研究结论和相应的政策建议。

（二）大国市场诱致的理论构建

一方面，中国巨大的国内市场降低了战略性新兴产业的进入门槛，为尚处于培育期的企业提供了生存空间；另一方面，大量企业进入战略性新兴产业，导致企业间竞争加剧，企业进行产品创新、工艺创新的市场风险增加。大国市场能否促进战略性新兴产业的研发行为？

---

① P Aghion，N Bloom，R Blundell，R Griffith，P Howitt. Competition and Innovation：An Inverted-U Relationship[J]. Quarterly Journal of Economics，2005（2）：701-728；M J Melitz，G I P Ottaviano. Market Size，Trade，and Productivity[J]. Review of Economic Studies，2008（1）：295-316.

1. 消费者行为

考虑到代表性消费者的效用函数为:

$$u(x_i) = \alpha x_i - \beta x_i^2, \alpha > 0, \beta > 0 \tag{5-1}$$

其中,x_i 表示消费者购买产品 i 的数量,i 表示产品种类,消费者效用函数满足边际效用递减定律。将消费者的收入标准化为 1,消费者结合效用最大化和预算约束条件来进行购买决策。消费者最优选择问题为:

$$\max_{x_i}\left\{\int_0^N u(x_i)\mathrm{d}i + \lambda\left[\int_0^N p(x_i)\mathrm{d}i - 1\right]\right\} \tag{5-2}$$

其中,$\mathrm{d}i$ 表示对产品种类进行微分,N 表示产品种类集合,$p(x_i)$ 表示产品的价格水平,求解一阶条件可得:

$$p(x_i) = (\alpha - \beta x_i)/\lambda \tag{5-3}$$

其中,$\lambda = \int_0^N u(x_i)\mathrm{d}i$ 为拉格朗日乘数,表示收入的边际效用。

2. 战略性新兴产业的生产行为

考虑到一个典型的战略性新兴产业厂商边际生产成本为 c[①],企业的边际生产成本 c 越低,代表企业的生产率水平越高,因此本章将企业边际成本的降低等同于企业生产率的提高[②]。L 表示市场中消费者个数,厂商的利润最大化函数为:

$$\max_{x_i} L\left[P(x_i)x_i\mathrm{d}i - cx_i\right] \tag{5-4}$$

将价格函数(5-3)式代入(5-4)式,求出一阶条件:

$$x_i(c,\lambda) = (\alpha - c\lambda)/2\beta, \alpha - c\lambda > 0 \tag{5-5}$$

设定企业的利润函数为 $\pi(c,\lambda)$:

$$\partial\pi(c,\lambda)/\partial c = -(\alpha - c\lambda)/2\beta < 0 \tag{5-6}$$

---

① 此处未考虑企业生产的固定成本,是为了简化模型的分析。

② P Aghion, A Bergeaud, L Lequien, et al. The Heterogeneous Impact of Market Size on Innovation: Evidence from French Firm-Level Exports[J]. NBER Working Papers, 2019, No. 24600.

(5-6)式表明:企业的生产率水平越高,企业的利润水平越高;企业面临的市场竞争越激烈,其利润水平越低。[①] (5-6)式中 λ 既可以表示为收入的边际效用,也可以衡量产品市场竞争强度。考虑到可分离偏好的假设,在特定的市场规模 L 下,收入的边际效用是唯一的需求转移变量。较高的 λ 将使潜在进入者的剩余需求曲线向下移动,故本章将 λ 的提升解释为在特定的市场规模 L 下企业之间的竞争加强。

3. 战略性新兴产业的创新行为选择

假定企业初始的边际生产成本为 c_0,企业在进行研发(R&D)投入之后,边际生产成本下降:

$$c = c_0 - \delta k, \delta > 0 \tag{5-7}$$

其中,δ 为企业研发成功的概率,且企业每投入资本 k,企业的生产成本增加 $1/2\varphi k^2$。企业进行 R&D 投入后利润函数为:

$$\max_k L\left[(1-\delta)\pi(c_0, \lambda) + \delta\pi(c_0 - \delta k)\right] - 1/2\varphi k^2 \tag{5-8}$$

最优的 R&D 投入为:

$$k^* = (\alpha - c\lambda)/(2\beta\varphi/\delta^2 L - \delta\lambda) \tag{5-9}$$

假定当 λ 保持不变时,$\partial k^*/\partial L > 0$,即当面临正向的需求冲击时,企业研发的收益和利润水平上升,正向的市场需求冲击减少了企业的研发风险,所以企业有激励进行更多的 R&D 投入,此为市场扩张效应,如图 5-1、图 5-2 所示。且 $\partial k^*/\partial L^2 > 0$,即战略性新兴产业的市场规模越大,市场扩张效应越显著。[②]

---

① M J Melitz, G I P Ottaviano. Market Size, Trade, and Productivity[J]. Review of Economic Studies, 2008(1): 295-316.

② M J Melitz, G I P Ottaviano. Market Size, Trade, and Productivity[J]. Review of Economic Studies, 2008(1): 295-316.

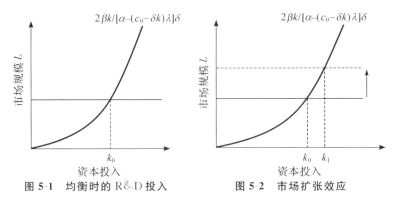

图 5-1　均衡时的 R&D 投入　　　图 5-2　市场扩张效应

命题 1:正向的需求冲击诱发市场扩张效应,激励企业进行更多的 R&D 投入,且市场规模越大,市场扩张效应越显著。

同理可得,$\partial^2 k^* / \partial L \partial c > 0$,市场规模扩大后,企业越接近技术前沿,其赢利能力越强[①],最优的 R&D 投入 k^* 增幅越大。

命题 2:相同条件下,企业的生产率越高,市场扩张效应越强。

企业自由进出市场的门槛为(F 为企业的进入成本):

$$L\pi\left[c(c_0,\lambda),\lambda\right] = F \tag{5-10}$$

只有企业的边际生产成本 c 低于或者等于 c_0 时,企业才会进入市场。预算约束条件为:

$$M\int_0^{c_0}\left[c(c_0,\lambda),\lambda\right]\mathrm{d}F(c_0) = 1 \tag{5-11}$$

其中,M 表示出口到某一目的地国的国家总数,$F(c_0)$ 为初始边际生产成本的概率分布,市场中企业的数量由企业的边际生产成本 c_0 和其概率分布 $\Gamma(c_0)$ 决定。因此,当市场规模扩大时,由(5-10)式、$\partial\pi(c_0,\lambda)/\partial c_0 < 0$ 和 $\partial\pi(c_0,\lambda)/\partial\lambda < 0$ 可得,c_0 上升,战略性新兴产业进入标准降低,或者 λ 上升,企业之间的竞争水平加剧,或者 c_0、λ 同时上升。假设 c_0 上升,对于

----

① M J Melitz, G I P Ottaviano. Market Size, Trade, and Productivity[J]. Review of Economic Studies,2008(1):295-316.

某一特定 c_0，若企业增加 R&D 投入 k 则 c_0 下降，$\partial r(c_0,\lambda)/\partial k > 0$。而 (5-11)式成立要求 λ 必定上升，战略性新兴产业的竞争加剧，企业进行 R&D 投入的风险增加，$\partial k^*/\partial \lambda < 0$，企业的 R&D 投入减少，此为竞争弱 化效应，如图 5-3 所示。$\partial^2 k^*/\partial \lambda \partial L$ 可能大于、小于或者等于 0，竞争弱化效 应的变动存在不确定性。

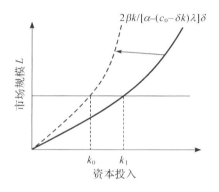

图 5-3　竞争弱化效应

命题 3：正向的需求冲击诱发竞争弱化效应，企业减少 R&D 投入，但 当市场规模扩大时，竞争弱化效应变化方向不确定。

$\partial^2 k^*/\partial \lambda \partial c_0 < 0$，战略性新兴产业的竞争程度提升后，随着战略性新 兴产业在关键技术和领域取得重大进展，越接近技术前沿的企业，其最优 的 R&D 投入 k^* 降幅越小。伴随着企业间的竞争程度 λ 提升，企业生产 的产品数量 $x_i(c,\lambda)$ 逐渐下降，在市场竞争达到一定程度之后，多产品企 业开发的新产品种类增加。[①] 因此，企业的生产率水平是影响竞争弱化效 应的重要因素。

命题 4：相同条件下，企业的生产率水平越高，竞争弱化效应越弱。

新兴产业的研发行为具有技术和市场风险，中国巨大的国内市场规模

---

① K Desmet，S L Parente. Bigger is Better：Market Size，Demand Elasticity，and Innovation [J]. International Economic Review，2010(2)：319-333.

提升了创新企业的预期利润，为战略性新兴产业提供了创新优势。战略性新兴产业的研发创新行为比较依赖于外部融资，但由于中国的金融制度和产权保护制度相对落后，政府对于战略性新兴产业的创新补贴可以缓解企业研发活动的融资压力，从而间接增加企业研发投入。当存在创新补贴时，战略性新兴产业的边际生产成本为：

$$c = (c_0 - \delta k)/\tau \tag{5-12}$$

其中，τ 为补贴强度，$\tau > 1$，且 τ 越大意味着政府的补贴强度越大。

由上述基准模型可得最优的 k_τ^* 为：

$$k_\tau^* = (\tau\alpha - c\lambda)/(2\beta\varphi\tau/\delta^2 L - \delta\lambda) \tag{5-13}$$

$\partial k_\tau^*/\partial L > 0$，且 $\partial k_\tau^*/\partial L > \partial k^*/\partial L$，创新补贴下市场扩张效应大于没有补贴条件下的市场扩张效应。因此，在其他条件不变的情况下，创新补贴减少了战略性新兴产业创新行为的风险，引致企业增加创新投入，补贴政策进一步放大市场扩张效应。$\partial^2 k_\tau^*/\partial L\partial c_0 < 0$，越接近技术前沿的企业，其凭借较强的创新优势，最优的 R&D 投入 k_τ^* 增幅越大；$\partial^2 k_\tau^*/\partial L\partial c_0 < 0$，越接近技术前沿，创新补贴的竞争弱化效应越弱。且 $\partial^2 k_\tau^*/\partial L\partial c_0 < 0$，创新补贴政策降低了企业研发创新的资金门槛，增加了行业中研发企业的数量，在放大市场扩张效应的同时也增强了竞争弱化效应。

命题 5：对战略性新兴产业的创新补贴同时放大了市场扩张效应和竞争弱化效应。

（三）大国市场诱致战略性新兴产业创新发展的机制

理论模型揭示了市场冲击的市场扩张效应和竞争弱化效应，市场扩张效应表现为战略性新兴产业市场规模扩大后，企业基于利润最大化而投入更多的研发资源以赚取短期的垄断利润。竞争弱化效应表现为战略性新兴产业市场规模扩大之后，产业进入门槛降低，新进入企业增加，战略性新兴产业企业之间竞争加剧，企业研发创新的风险增加，竞争弱化效应降低了企业的赢利水平和研发投入强度。对于接近技术前沿的企业,其市场份额比较大,而且具备较强的研发能力,市场冲击的市场扩张效应更强;技术前沿企业的市场竞争力较强,能够通过逃离竞争效应有效规避市场竞争,市场冲击的竞争弱化效应较弱——相对于远离技术前沿的企业来讲,接近技术前沿的企业总体的创新激励更大。

1. 市场扩张效应

新技术、新产品和新产业只有被消费者认可,企业前期的研发和生产投入才能得到补偿。因此,市场开拓是战略性新兴产业持续发展的关键拉力,战略性新兴产业的市场需求导向是影响产业技术创新方向和创新速度的重要因素。战略性新兴产业的研发创新行为具有风险大、周期长和回报高的特点,尤其是前沿技术的研发,其研发风险更大,研发周期更长。而相对于小国市场,大国市场下的战略性新兴产业市场规模相对较大,即使企业研发失败,仍然能够通过原有市场获取较高的利润来支撑企业进一步的研发创新,大国市场给予企业更多的研发试错机会。且当研发风险较大时,短期内政府产业政策的调节作用更为有效。[①] 因此,大国市场下的战略性新兴产业能够承受更大的研发风险,制定长期的研发投入计划,进而获得研发创新优势。中国巨大的市场规模诱致战略性新兴产业在国际市场中拥有更高比例的研发投入占比,研发创新优势与本国比较优势相结合,有利于中国战略性新兴产业的转型升级和国际市场竞争力提升。

图 5-4 表明战略性新兴产业的市场规模与研发投入呈现出正相关性,市场规模较大的企业能够将更大比例的利润投入前沿科技的研发中,进一步提升企业的盈利能力和技术水平,形成"规模大—研发强—规模大"的产业增长路径。图 5-4 的产业增长内涵和理论模型中的命题 1 相契合,战略

---

① 周开国,闫润宇,杨海生.供给侧结构性改革背景下企业的退出与进入:政府和市场的作用[J].经济研究,2018(11):81-98.

性新兴产业的市场规模越大,市场冲击的市场扩张效应越显著,企业研发
创新的动力越强。图 5-5 中战略性新兴产业的市场规模与专利数量同样
呈现正相关性,但是拟合线的斜率却比图 5-4 小,这表明战略性新兴产业
的市场规模扩大提升了企业的专利数量,但该提升作用比对研发投入的促
进作用小,原因在于中国战略性新兴产业存在创新补贴政策,部分企业为
了获得创新补贴而虚报信息,企业创新投入增幅较大但创新产出增幅较
小,战略性新兴产业整体的创新效率不高。

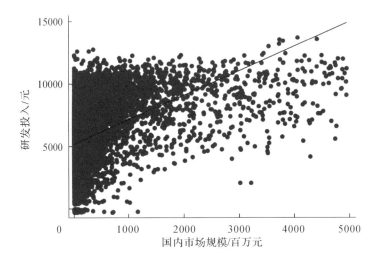

图 5-4 战略性新兴产业市场规模与研发投入

数据来源:中国工业企业数据库(1998—2007 年)。

大国市场为战略性新兴产业提供了巨大的生存发展空间,尤其是当国
际市场存在高度不确定性,比如经济危机或者金融危机,国际商品和服务
市场需求低迷,国内的巨大市场规模能够为战略性新兴产业提供更多的生
存空间,缓冲经济危机或者金融危机对战略性新兴产业发展的负面作用。
在贸易保护主义、单边主义抬头的新贸易环境下,正式和非正式的贸易壁
垒增加,大国市场优势保障了本国战略性新兴产业的生存发展空间,为其
参与国际竞争创造了规模优势。

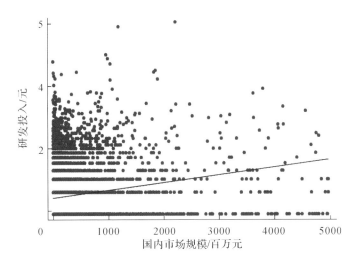

图 5-5　战略性新兴产业市场规模与专利数量

数据来源：中国专利数据库（1998—2007 年）。

2. 竞争弱化效应

　　大国市场的规模经济效应降低了战略性新兴产业的生产成本，使得中国战略性新兴产业在国际市场竞争中具有成本优势。由于规模经济效应和战略性新兴产业的创新补贴政策，中国战略性新兴产业的进入门槛降低，战略性新兴产业中的新进入者数量增多，企业之间的竞争加剧，研发风险增加。中国的大国市场在为战略性新兴产业提供生存和发展优势的同时，抑制了企业的研发创新行为。进一步分析发现，对于高生产率企业而言，企业的市场竞争力比低生产率企业更强，能够通过"逃避竞争效应"获得较弱的竞争弱化效应，如图 5-6 所示。图 5-7 和图 5-8 表明，战略性新兴产业中企业的生产率越高，其研发投入和专利数量越多，而且高生产率企业的研发投入和专利数量增长速度明显快于低生产率企业。初步研究发现，生产率越高的企业，越有动机进行研发投入，其专利数量也越多，且研发投入和专利增长的速率也越大，在图 5-7、图 5-8 中，这个速率主要通过低于生产率均值拟合线和高于生产率均值拟合线的斜率大小来体现。斜率越大,研发投入和专利增长的速率也越大。通过观察图5-7、图5-8可以发现,高于生产率均值拟合线的斜率明显大于低于生产率均值拟合线的斜率,所以高生产率企业的研发投入和专利增长速率较大。因此,培育和发展战略性新兴产业的一个关键因素是引导企业加快自主创新体系建设和先导科技布局,提升企业的生产率水平和创新效率,重点突破关键领域和技术瓶颈。

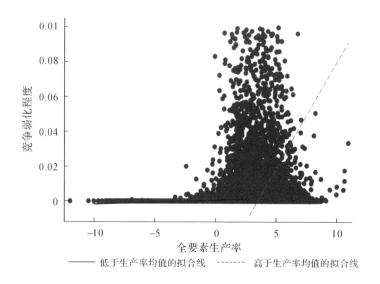

图5-6 战略性新兴产业生产率水平与竞争弱化程度

注:竞争弱化程度用赫芬达尔-赫希曼指数(HHI)表示。

中国巨大的国内市场放大了竞争弱化效应,国内市场规模越大,对国际战略性新兴产业的投资者的吸引力越强,国内外战略性新兴产业在本国市场上的竞争越激烈。激烈的市场竞争环境增加了企业研发风险,降低了单个企业的市场份额和赢利能力,企业出于利润最大化的目的会降低对于 R&D 的投入。部分战略性新兴产业的产业核心竞争力较弱,企业在全球新兴产业中仍处于产业链的低端位置,国际市场的份额占比不高。且目前国内的知识产权保护较弱,战略性新兴产业中新进入企业的模仿创新成本较低,企业的边际成本 $c' = c_0' - \delta' k$,且 $c' < c$(生产率较低的企业也进行模仿创新,但其边际成本始终要高于自主创新企业)。模仿创新成本的降低

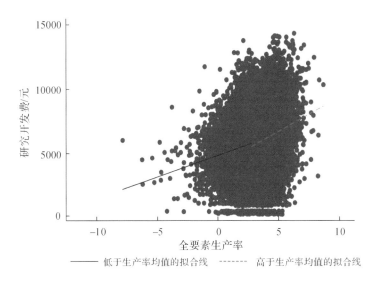

图 5-7 战略性新兴产业生产率水平与研发投入

数据来源:中国工业企业数据库(1998—2007 年)。

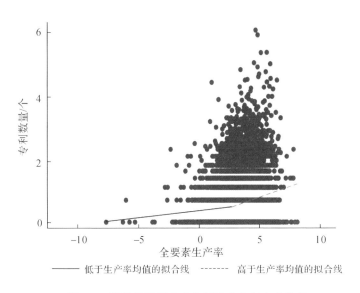

图 5-8 战略性新兴产业生产率水平与专利数量

数据来源:中国专利数据库(1998—2007 年)。

导致新进入企业更加愿意学习技术领先企业，企业自身自主创新的动力不足。模仿创新企业的增加降低了自主创新企业的垄断水平，减弱了自主创新企业的研发创新激励，导致自主创新企业数量减少。不断增加的模仿创新企业和逐渐减少的自主创新企业之间的竞争更加激烈，进一步强化了市场冲击的竞争弱化效应。

二、大国市场诱致战略性新兴产业发展：基于中国的经验研究

（一）数据来源和特征

由于《战略性新兴产业重点产品和服务指导目录（2016）》并没有详细指出行业和产品类别，且与《战略性新兴产业分类（2012）》（试行）相比并没有明显变动，本章使用《战略性新兴产业分类（2012）》（试行）的分类标准，将战略性新兴产业分为七大产业。在具体的数据匹配方面，本章通过产品层面的关键词建立行业和产品（服务）的匹配关系，然后与《国民经济行业分类》（GB/T 4754—2002）中的行业类别、《统计用产品分类目录》中的产品（服务）进行匹配，直接删去不属于上述四位码行业的企业，再用工业企业数据库中企业主要产品对以上初步匹配的企业产品进行匹配，最后对样本缺失值进行再匹配。本章认定企业在某一样本年份只要生产符合要求的样品或者提供相应的服务，即为战略性新兴产业样本企业。本章按照消费者价格指数（CPI）对工业总产值、销售收入、出口交货值等变量进行平减，按照固定资产投资价格指数对研发费用、固定资产和投资等变量进行平减，删除了企业从业人数过少、固定资产平均余额为零或者负值的样本。

初步分析发现，战略性新兴产业在国内市场需求和研发投入方面都要高于非战略性新兴产业，且保持着逐年上升的趋势，国家对于战略性新兴

产业的扶持已有成效。从全样本来看,研发企业的国内市场需求、工业总产值和出口交货值等指标也显著高于非研发企业,如表 5-1 所示。全样本研发企业的各项指标也显著高于非战略性新兴产业,这表明中国战略性新兴产业在工业部门中占据绝对优势。

表 5-1　战略性新兴产业的研发行为[①]

变量	战略性新兴产业		非战略性新兴产业		全样本	
	研发企业	非研发企业	研发企业	非研发企业	研发企业	非研发企业
国内市场需求/万元	10.4538	5.4074	7.0156	4.2992	7.5160	4.4503
工业总产值/万元	13.8362	6.5711	9.1244	5.3255	9.8102	5.4954
工业增加值/万元	4.2343	1.9908	2.8027	1.5625	3.0102	1.6213
企业年龄/年	13.9353	10.6777	13.7132	11.0529	13.7456	11.0018
出口交货值/万元	3.0728	1.0205	1.9342	0.9146	2.1000	0.9292
资本密集度/(千元/人)	10.1263	12.5033	6.2586	9.0737	6.8484	9.3847

资料来源:中国工业企业数据库(1998—2007 年)。

本章主要研究的是市场需求冲击对战略性新兴产业创新行为的影响。由于企业的市场需求和研发行为之间可能存在双向因果关系,本章引用 Mayer 等人的方法来构建外生于企业创新行为的市场冲击变量 DS_{ft},具体表达式如下:

$$DS_{ft} = (y_{ft}/Y_{fi}) \cdot Y_{fit+1} \tag{5-14}$$

其中,y_{ft} 为企业 f 在 t 时期的国内市场销量,具体由工业销售收入与出口交货值得到。Y_{fit} 为企业 f 所在行业 i 在 t 时期去除企业 f 后的工业总产值,数据来源于《中国统计年鉴》各年的分行业工业总产值,各个总产值均经过价格调整。考虑到单个企业的研发行为对所处行业产值的影响较弱,

---

[①]　为了比较研发企业和非研发企业的经营指标,以此来说明企业研发对于战略性新兴产业的长期可持续发展具有重要意义,本章在这里认定只要企业进行一次研发活动即为创新企业。

DS_{ft} 有效规避了市场冲击的内生性问题。

为了识别不同生产率企业的市场冲击效应，本章构建如下计量模型来探讨市场扩张效应和竞争弱化效应：

$$RD_{ft} = \alpha DS_{ft} + \beta DS_{ft} \times index_{ft} + \phi_{ft} + \chi + \varepsilon_{ft} \qquad (5\text{-}15)$$

其中：RD_{ft} 代表战略性新兴产业的研发行为，用企业的研发费用来衡量；$index_{ft}$ 表示两种排序方法，即 OP 法计算出的生产率排序[1]和市场规模排序，依次记为 $Tindex_{ft}$ 和 $Lind_{ft}$，按照大小设为 0—9。χ 表示固定效应，控制变量 ϕ_{ft} 包括 $export_{ft}$（出口交货值）、$cintensity_{ft}$（密集度）和 $subsidy_{ft}$（补贴收入）。

（二）基准回归

基准回归结果契合了理论模型的基本结论：变量的系数为正，正向的市场冲击引致显著的市场扩张效应，且市场扩张效应大于竞争弱化效应，促进了企业的研发创新。从生产率角度看，DS×Tindex 系数 β 为正，相比低生产率企业，高生产率企业面临的市场竞争强度相对较小，市场冲击的竞争弱化效应更小，高生产率企业在研发上的投入要多于低生产率企业。在加入控制变量之后，系数 α、β 的显著性和大小并没有明显的变化，实证检验的结果和理论分析提出的命题 2、命题 4 保持一致。生产率较高的企业不但能够通过占据较大的市场份额获得更强的市场扩张效应，而且也能获得较弱的竞争弱化效应。变量 export 的系数为正且显著，表明出口企业更倾向于进行研发，这也契合了理论模型的分析和已有研究[2]的推论，即出口企业的生产率水平更高，研发激励更强。企业的补贴收入与研发投入显著正相关，表明创新补贴调节的市场扩张效应大于竞争弱化效应，促

---

[1]　G S Olley，A Pakes. The Dynamics of Productivity in the Telecommunications Equipment Industry[J]. Econometrica，1996(6)：1263-1297.

[2]　M J Melitz. The Impact of Trade on Intra-Industry Reallocations and Aggregate Industry Productivity[J]. Econometrica，2003(6)：1695-1725.

进了中国战略性新兴产业的研发创新行为。进一步控制固定效应之后，实证结果基本保持平稳，如表 5-2、表 5-3 所示。

表 5-2　市场冲击的竞争弱化效应

变量	(1)	(2)	(3)	(4)	(5)	(6)
DS	7.0568***	3.9046***	2.3901***	2.3151***	2.3742***	2.3742***
	(61.5052)	(15.6628)	(7.3239)	(7.0853)	(7.2510)	(7.2509)
DS×Tindex		0.4050***	0.7860***	0.7845***	0.7806***	0.7806***
		(14.2377)	(20.7156)	(20.6781)	(20.5605)	(20.5602)
export			3.3052***	3.2748***	3.2750***	3.2749***
			(12.1536)	(12.0394)	(12.0383)	(12.0382)
cintensity			−1.0216***	−1.0282***	−1.0284***	−1.0284***
			(−4.2654)	(−4.2935)	(−4.2941)	(−4.2940)
subsidy			1.7938***	1.7899***	1.7889***	1.7889***
			(26.9851)	(26.9271)	(26.9098)	(26.9095)
常数项	−0.6570**	−0.1305	−2.2965***	−6.8732***	2.6735	2.3134
	(−2.1111)	(−0.4171)	(−5.4063)	(−4.6801)	(0.0836)	(0.0711)
个体固定效应	否	否	是	是	是	是
时间固定效应	否	否	否	是	是	是
行业固定效应	否	否	否	否	是	是
省份固定效应	否	否	否	否	否	是
观测值	130210	130210	90750	90750	90750	90750

注：** 和 *** 分别表示 5% 和 1% 的显著性水平。括号内为 t 统计量。

表 5-3　战略性新兴产业市场扩张效应

变量	系数
DS	7.3806***
	(39.8091)
tfp	1.1344
	(1.5992)
export	3.4510***
	(12.9053)
cintensity	−0.5938**
	(−2.1349)
subsidy	4.1232***
	(40.1100)
常数项	−8.0127
	(−0.2172)
个体固定效应	是
时间固定效应	是
行业固定效应	是
省份固定效应	是
观测值	81590

注：** 和 *** 分别表示 5% 和 1% 的显著性水平。括号内为 t 统计量。

从大国市场角度[①]看，在加入控制变量后，变量 DS 的系数 α 和 DS× Lindsx 的系数 β 均为正，表明具有较大市场规模的企业研发激励更强，这与理论分析部分的命题 1、命题 3 保持一致。正向的市场冲击诱致正向的市场扩张效应和负向的竞争弱化效应，且市场扩张效应大于竞争弱化效应。企业的市场规模大，一方面保证了企业在研发上的投入，另一方面也

[①] 大国市场角度由外生于企业的市场冲击变量 DS 以及其排序变量 Lindex 表示。

削弱了研发风险对企业正常经营造成的负面影响。所以,企业初始的市场规模越大,企业在研发上的投入越多,总体上企业的研发创新水平越高。实证模型在加入固定效应之后,系数 α、β 的大小、方向和显著性均没有明显变化,实证结果稳健,如表 5-4 所示。

表 5-4　市场冲击的市场扩张效应

变量	(1)	(2)	(3)	(4)	(5)	(6)
DS	7.0568***	−1.6088***	1.7696***	1.7768***	1.8277***	1.8277***
	(61.5052)	(−7.2066)	(6.1827)	(6.2052)	(6.3563)	(6.3563)
DS×Lindex		1.6298***	1.2530***	1.2454***	1.2396***	1.2396***
		(45.0505)	(27.1557)	(26.8296)	(26.6434)	(26.6431)
export			3.3458***	3.3349***	3.3349***	3.3349***
			(12.3393)	(12.2951)	(12.2931)	(12.2930)
cintensity			−0.8222***	−0.8246***	−0.8258***	−0.8258***
			(−3.4442)	(−3.4541)	(−3.4584)	(−3.4584)
subsidy			1.6682***	1.6658***	1.6657***	1.6657***
			(25.1749)	(25.1349)	(25.1310)	(25.1307)
常数项	−0.6570**	−0.0715	−3.0107***	−5.2583***	1.3120	1.0989
	(−2.1111)	(−0.2324)	(−7.1571)	(−3.5840)	(0.0412)	(0.0339)
个体固定效应	否	否	是	是	是	是
时间固定效应	否	否	否	是	是	是
行业固定效应	否	否	否	否	是	是
省份固定效应	否	否	否	否	否	是
观测值	130210	130210	90750	90750	90750	90750

注:** 和 *** 分别表示 5% 和 1% 的显著性水平。括号内为 t 统计量。

当前中国正处在产业结构转型的关键时期,部分地区或者部门在劳动力成本优势和适用性技术优势、资本密集型产业优势和高新技术产业优势方面存在差异,且不同所有制企业的研发补贴、所处地区的初始市场规模以及生产率有所不同,所以在基准分析的基础上,本章区分企业的所有制性质和所处区域进行异质性分析。表 5-5、表 5-6 中的异质性分析结果显示,DS×Tindex 和 DS×Lindex 的系数均显著为正,且主要自变量和其他控制变量的系数均没有显著的变化。分所有制类型看,国有企业在面临正向的市场冲击时,竞争弱化效应明显小于外资和民营企业,而外资和民营企业的市场扩张效应较大,这可能是由于国有企业存在行业进入壁垒,其面临的市场竞争程度受到限制且弱于民营企业和外资企业。补贴收入对国有企业的研发行为影响并不显著,但是对民营企业和外资企业进行补贴能够显著提升其研发水平,由于国有企业的融资约束较为宽松,而外资企业和民营企业的融资约束相对较紧,所以补贴收入对外资企业和民营企业的研发影响较为显著。分地区看,东部地区生产率因素对企业的研发影响最大,而西部地区的战略性新兴产业平均生产率水平较低,且只有其生产率达到一定水平之后才能显著增强其研发激励。中部地区相对于东部、西部地区而言,其出口行为的运输等成本较高,挤出了企业用于研发方面的投入。政府补贴有利于东部战略性新兴产业企业突破激烈的市场竞争,促进其进行研发投入。

表 5-5　战略性新兴产业市场冲击的市场扩张效应和竞争弱化效应(分所有制)

变量	市场扩张效应			竞争弱化效应		
	国有	外资	民营	国有	外资	民营
DS	2.9905***	2.6114	1.2048***	21.3062***	−30.9628***	−0.4072**
	(−2.4190)	(3.7335)	(0.8554)	(6.3674)	(27.9896)	(−18.6857)
DS×Tindex	1.8716***	1.2123***	0.1154***			
	(20.5874)	(3.4763)	(5.3168)			
DS×Lindex				−1.1755***	6.3168***	0.4934***
				(−7.9335)	(29.9772)	(17.2877)
export	−16.6947***	2.9205***	15.0855***	−15.4779***	2.4591***	13.5713***
	(−6.4957)	(5.9312)	(19.7463)	(−5.8337)	(5.2501)	(17.7210)
cintensity	1.3524***	−0.0467	−0.8762***	1.5569***	0.3503	−0.9638***
	(−5.5214)	(2.7717)	(−0.0328)	(−5.0030)	(3.1035)	(0.2587)
subsidy	0.0808	7.7136***	0.4602***	−0.0285	5.7919***	0.5415***
	(9.8781)	(0.5828)	(28.2493)	(8.3589)	(−0.2003)	(21.6538)
常数项	−1.2825	56.0578	8.7386	−1.0267	62.3840	9.2517
	(0.6276)	(−0.0114)	(0.4967)	(0.5906)	(−0.0088)	(0.5813)
个体固定效应	是	是	是	是	是	是
时间固定效应	是	是	是	是	是	是
行业固定效应	是	是	是	是	是	是
省份固定效应	是	是	是	是	是	是
观测值	11295	13800	65655	11295	13800	65655

注:** 和 *** 分别表示 5% 和 1% 的显著性水平。括号内为 t 统计量。

表 5-6　战略性新兴产业市场冲击的市场扩张效应和竞争弱化效应(分地区)

变量	市场扩张效应			竞争弱化效应		
	东部	中部	西部	东部	中部	西部
DS	6.5641***	4.0104***	−9.6524***	−23.5663***	2.1892***	16.1001***
	(27.3424)	(10.9277)	(10.3438)	(−13.0656)	(−35.1457)	(3.5660)
DS×Tindex	0.2868***	0.0367	2.6762***			
	(3.9736)	(0.8068)	(32.9057)			
DS×Lindex				4.2891***	0.4946***	−1.9337***
				(50.8094)	(3.6659)	(−8.9015)
export	3.2961***	−10.2629***	0.4539	3.1319***	−8.6352***	−13.4357***
	(−4.1706)	(11.7791)	(−4.3274)	(0.1499)	(11.6086)	(−3.6726)
cintensity	−3.0489***	0.1278	1.0394	−1.7957***	0.0739	0.4610
	(0.5326)	(−10.8231)	(0.2419)	(1.2861)	(−6.6183)	(0.1399)
subsidy	4.9994***	0.0657	4.8603***	3.7618***	0.0574	0.0327
	(0.0520)	(43.7168)	(1.0751)	(8.2106)	(33.8189)	(0.9428)
常数项	−26.3964	−1.0544	5.3683	−10.9017	−1.5332	20.2737
	(0.1967)	(−0.3177)	(−0.0346)	(0.0558)	(−0.1360)	(−0.0504)
个体固定效应	是	是	是	是	是	是
时间固定效应	是	是	是	是	是	是
行业固定效应	是	是	是	是	是	是
省份固定效应	是	是	是	是	是	是
观测值	58166	21238	11346	58166	21238	11346

注:*** 表示 1% 的显著性水平。括号内为 t 统计量。

（三）进一步的分析

中国工业企业数据库 1998—2007 年的数据质量较好，企业的研发数据相对完整，能够准确测度企业的生产率水平，但中国工业企业数据库 2009—2013 年的研究开发费数据缺失严重。为进一步探究战略性新兴产业市场冲击的市场扩张效应和竞争弱化效应，本章采用中国专利数据作为研究开发费的代理变量，数据来源于中国专利数据库，其他数据来源于中国工业企业数据库、中国专利数据库和《战略性新兴产业重点产品和服务指导目录（2012）》的匹配数据。

通过对竞争弱化效应的研究发现，当战略性新兴产业面临市场冲击时，并不是所有企业都会进行研发创新。只有当其生产率水平到达某一阶段后，企业才会进行研发创新，而且企业的生产率水平越高，企业进行研发创新的激励越大。这与基准分析结果的差别在于，部分战略性新兴产业的生产率水平和研发效率较低，正向的市场冲击增加了企业的研发投入，但是研发产出并没有得到相应的提升[1]，创新补贴的效用并不显著，如表 5-7 所示。

表 5-7　市场冲击的竞争弱化效应

变量	(1)	(2)	(3)	(4)	(5)	(6)
DS	0.0037	−0.0130	−0.1020 ***	−0.0931 **	−0.0880 **	−0.0880 **
	(0.6216)	(−0.4100)	(−2.8150)	(−2.5696)	(−2.4218)	(−2.4218)
DS×Tindex		0.0021	0.0149 ***	0.0137 ***	0.0132 ***	0.0132 ***
		(0.5376)	(3.1511)	(2.9081)	(2.7903)	(2.7903)
export			−12.4809 ***	−12.7505 ***	−12.7647 ***	−12.7647 ***
			(−9.9121)	(−10.1700)	(−10.1772)	(−10.1772)

---

[1]　朱有为，徐康宁. 中国高技术产业研发效率的实证研究[J]. 中国工业经济，2006(11)：38-45.

续　表

变量	(1)	(2)	(3)	(4)	(5)	(6)
cintensity			0.0118	0.0219	0.0307	0.0307
			(0.1110)	(0.2079)	(0.2911)	(0.2911)
subsidy			0.1153	0.0663	0.0542	0.0542
			(1.0926)	(0.6297)	(0.5134)	(0.5134)
常数项	0.0895	0.0896***	0.1013***	0.0623***	0.0741	0.074
	(39.9326)	(39.6365)	(37.1555)	(6.8897)	(−0.0157)	(−0.0157)
个体固定效应	否	否	是	是	是	是
时间固定效应	否	否	否	是	是	是
行业固定效应	否	否	否	否	是	是
省份固定效应	否	否	否	否	否	是
观测值	10931	10931	10051	10051	10051	10051

注:** 和 *** 分别表示 5% 和 1% 的显著性水平。括号内为 t 统计量。

对市场扩张效应的研究表明,当战略性新兴产业面临正向的市场冲击时,只有当企业的市场规模到达某一水平后,企业才会进行研发创新,如表5-8所示。这与基准分析的区别在于,一方面企业的研发效率偏低[1],另一方面市场规模较大的企业在研发创新上比市场规模较小企业更具有优势。无论从竞争弱化效应还是市场扩张效应看:战略性新兴产业的出口行为并不能显著提升其专利水平;补贴的效用为负,但不显著。表5-9进一步分所有制进行检验发现:民营企业的系数显著为正,但系数不显著;补贴对不同所有制企业的研发促进作用存在明显差异。分地区来看,各个地区的生产率因素和大国市场因素的影响都显著为正,但存在异质性:只有当企业

---

① 朱有为,徐康宁. 中国高技术产业研发效率的实证研究[J]. 中国工业经济,2006(11):38-45.

的生产率和市场规模到达某一水平之后，竞争弱化效应才小于市场扩张效应，企业授权专利数量增加（见表 5-10）。

表 5-8　市场冲击的市场扩张效应

变量	(1)	(2)	(3)	(4)	(5)	(6)
DS	0.0037	-2.4342^{**}	-3.4196^{**}	-3.4119^{**}	-3.2831^{**}	-3.2831^{**}
	(0.6216)	(−1.9991)	(−2.5531)	(−2.5451)	(−2.4189)	(−2.4189)
DS×Lindex		0.6488^{***}	0.7437^{***}	0.7147^{***}	0.7054^{***}	0.7054^{***}
		(3.1000)	(3.1395)	(3.0130)	(2.9505)	(2.9505)
export			2.9431	−26.5713	−25.4548	−25.4548
			(0.0200)	(−0.1806)	(−0.1726)	(−0.1726)
cintensity			−2.8467	−2.8303	−2.1586	−2.1586
			(−0.2262)	(−0.2252)	(−0.1713)	(−0.1713)
subsidy			−4.6741	−8.3336	−9.1803	−9.1803
			(−0.3720)	(−0.6624)	(−0.7265)	(−0.7265)
常数项	0.0895	18.3937^{***}	18.6674^{***}	14.9069^{***}	14.2217	14.2217
	(39.9326)	(68.7599)	(58.3034)	(13.7893)	(0.3784)	(0.3784)
个体固定效应	否	否	是	是	是	是
时间固定效应	否	否	否	是	是	是
行业固定效应	否	否	否	否	是	是
省份固定效应	否	否	否	否	否	是
观测值	10931	10931	10051	10051	10051	10051

注：** 和 *** 分别表示 5% 和 1% 的显著性水平。括号内为 t 统计量。

表 5-9 市场冲击的市场扩张效应和竞争弱化效应

(分所有制,2009—2013 年)

变量	市场扩张效应			竞争弱化效应		
	国有	外资	民营	国有	外资	民营
DS	−0.0063	0.0500	−0.0780**	−8.8954	−1.1762	−2.3123
	(−0.0145)	(0.6021)	(−2.0966)	(−0.5597)	(−0.4218)	(−1.5680)
DS×Tindex	0.0277	−0.0108	0.0095**			
	(0.4390)	(−0.9467)	(1.9864)			
DS×Lindex				3.0426	0.4315	0.3906
				(1.4015)	(0.8843)	(1.5046)
export	−55.1616*	−23.2022***	−2.1894	2200.9399	241.5926	−258.6463
	(−1.6640)	(−11.7126)	(−1.5478)	(0.6028)	(1.0999)	(−1.3856)
cintensity	1.0941	−0.0297	−0.5105*	−211.4131	−5.7636	148.3391***
	(0.3506)	(−0.2472)	(−1.7379)	(−0.6030)	(−0.4334)	(3.7238)
subsidy	−1.0838	1.0361***	−0.1191	2.6199	113.0235***	−33.2635**
	(−1.0143)	(3.0325)	(−1.2406)	(0.0216)	(2.9831)	(−2.5552)
常数项	0.3492*	0.3290	0.0638	23.8226	1.7981	16.0564
	(1.8566)	(0.7086)	(0.2593)	(1.1155)	(0.0347)	(0.4811)
个体固定效应	是	是	是	是	是	是
时间固定效应	是	是	是	是	是	是
行业固定效应	是	是	是	是	是	是
省份固定效应	是	是	是	是	是	是
观测值	332	2874	6845	332	2874	6845

注:*、** 和*** 分别表示10%、5%和1%的显著性水平。括号内为 t 统计量。

表 5-10　市场冲击的市场扩张效应和竞争弱化效应

（分地区，2009－2013 年）

变量	市场扩张效应			竞争弱化效应		
	东部	中部	西部	东部	中部	西部
DS	-0.0759^{*}	-0.1350^{*}	-0.8880^{**}	-4.1486^{***}	2.0773	-1.4707
	(-1.8107)	(-1.8726)	(-2.2694)	(-2.8314)	(0.5319)	(-0.0408)
DS×Tindex	0.0115^{**}	0.0253^{**}	0.1019^{*}			
	(2.1153)	(2.5100)	(1.9387)			
DS×Lindex				0.7974^{***}	1.6848	8.4801
				(3.1632)	(1.2317)	(0.2465)
export	-12.7847^{***}	-2.8821	-30.7689	-47.3273	2986.6662^{***}	-4290.3343
	(-9.7769)	(-0.3322)	(-1.3820)	(-0.3110)	(2.9245)	(-1.3328)
cintensity	0.0141	-0.3569	-0.4255	-6.9096	16.1232	9.9673
	(0.1216)	(-0.8688)	(-1.1349)	(-0.5003)	(0.4282)	(0.1569)
subsidy	0.0012	0.3770^{*}	2.0310^{*}	-7.6810	-10.0610	88.4114
	(0.0103)	(1.8333)	(1.9548)	(-0.5345)	(-0.4228)	(0.5406)
常数项	-0.0124	0.0342	0.1394^{**}	11.0908	17.6987	14.0764^{*}
	(-0.0381)	(0.2929)	(2.5214)	(0.2872)	(1.2968)	(1.7132)
个体固定效应	是	是	是	是	是	是
时间固定效应	是	是	是	是	是	是
行业固定效应	是	是	是	是	是	是
省份固定效应	是	是	是	是	是	是
观测值	8672	971	406	8672	971	406

注：*、** 和 *** 分别表示 10％、5％ 和 1％ 的显著性水平。括号内为 t 统计量。

三、内生性检验

（一）准自然实验方法的内生性检验

国务院办公厅最早于 2010 年 10 月 18 日印发了《国务院关于加快培育和发展战略性新兴产业的决定》（国发〔2010〕32 号），要求围绕经济社会发展重大需求，结合国家科技计划、知识创新工程和自然科学基金项目等的实施，集中力量突破一批支撑战略性新兴产业发展的关键共性技术。因此，本章选取 2010 年作为战略性新兴产业受到市场冲击的时间节点，构建时间虚拟变量：当企业处于 2010 年以后，设定为 1；当企业处于 2010 年以前，设定为 0。构建个体虚拟变量：选定战略性新兴产业为处理组，设定为 1；选定非战略性新兴产业为对照组，设定为 0。准自然实验的因变量选取中国专利数据库（1998—2013 年）中的专利授权量，那么战略性新兴产业个体虚拟变量和时间虚拟变量交互项即本章所要关注的核心自变量。

表 5-11 汇报了准自然实验的回归结果，第一列数据汇报了战略性新兴产业政策对三种专利授权的影响，回归结果表明产业政策虽然提升了企业的研发投入，但并没有同等促进企业的研发产出。从控制变量来看：ln subsidy 正向影响企业授权的专利数量，产业创新补贴的绩效为正，但是相关系数很小；整体上生产率变量 lnrjgdp（人均工业总产值）对企业授权的专利数量的作用显著。考虑到有比较优势的行业会有更多的人力资本和资金投入研发活动中，第二列数据的计量模型加入比较优势变量 Cadvantage，回归结果发现，整体上比较优势变量对授权专利的影响显著为正[1]，所以产业政策选择要因势利导，符合产业和技术的比较优势，进而逐渐将产业的比较

---

[1]　根据 Balassa 对于行业显性比较优势的定义，利用 WIOD 2016 年发布的投入产出表和社会经济账户（socio economic account），从价值链出口分解的视角剔除出口中包含的产业链上下游和国外的增加值，得到基于增加值前向关联的显性比较优势指数（B Balassa Trade Liberalisation and "Revealed" Comparative Advantage[J]. Manchester School，1965（2）：99-123）。

优势发展成为竞争优势,提升企业的创新能力和技术水平。从三种专利类型看,战略性新兴产业政策并没有促进企业实用新型和外观设计专利数量的增加,但提升了企业发明专利数量,且在发明专利的计量模型中,生产率变量 lnrjgdp 与发明专利正相关。为进一步分析战略性新兴产业的竞争弱化效应,最后一列中加入生产率变量 lnrjgdp 与 did 的交互项,回归结果发现交互项系数在5%的显著性水平下为正,且 ln rjgdp 与授权专利的相关系数显著为正,这进一步印证了理论模型中的市场扩张效应和竞争弱化效应。

表 5-11　准自然实验分析

变量	总的专利	比较优势	发明专利	实用新型专利	外观设计专利	三重交互项
did	0.7192	-1.0131^{***}	0.3036^{***}	-0.3916^{**}	-0.8135^{***}	-3.2002^{*}
	(0.8642)	(−3.5364)	(5.3852)	(−2.3105)	(−4.7427)	(−1.7788)
Cadvantage		1.0235^{***}	0.1319^{**}	0.5755^{***}	0.0253	0.3921
		(3.7056)	(2.4264)	(3.5219)	(0.1731)	(1.4523)
lnrjgdp×did						0.4887^{**}
						(1.9846)
lnsubsidy	0.6289^{***}	0.8810^{***}	0.2918^{***}	0.4386^{***}	0.0811^{**}	0.7462^{***}
	(11.2856)	(14.9902)	(25.2299)	(12.6152)	(2.5083)	(12.4552)
lnrjgdp	0.5629^{***}	0.7266^{***}	0.2578^{***}	0.5067^{***}	−0.0545	0.8065^{***}
	(5.0101)	(6.1392)	(11.0713)	(7.2370)	(−0.8094)	(5.4602)
时间固定效应	是	是	是	是	是	是
省份固定效应	是	是	是	是	是	是
其他控制变量	是	是	是	是	是	是
观测值	106672	69553	69553	69553	69553	69553

注:*、**和***分别表示10%、5%和1%的显著性水平。括号内为 t 统计量。

（二）共同趋势检验

本部分生成年份虚拟变量 time 与处理组虚拟变量 treated 的交互项 pre、current 和 post，此处选择政策前后各 3 年的数据进行对比：设定 pre3、pre2 和 pre1 均为虚拟变量，如果观测值是受到战略性新兴产业政策冲击前的第三年、第二年和第一年的数据，则该指标分别取 1，否则取 0；设 Cnrrent 为虚拟变量，如果观测值是受到战略性新兴产业政策冲击当年的数据，则 Cnrrent 取值为 1，否则取 0；设定 post3、post2 和 post1 均为后定虚拟变量，当观测值是受到政策冲击后的第一年、第二年、第三年的数据时，post3、post2 和 post1 分别取 1，否则取 0。表 5-12 的检验结果表明，pre3 的系数均不显著，其他专利类型中 Current、post1、post2 均有部分显著，说明双重差分模型满足平行趋势假定。

表 5-12　共同趋势检验

变量	总的专利	发明专利	实用新型专利	外观设计专利
pre3	0.0399	0.0721	0.3446	−0.3769
	(0.0736)	(0.7560)	(1.0683)	(−1.1021)
current	−1.6743***	−0.2078***	1.8226***	0.3561*
	(−5.1073)	(−3.5987)	(−9.3367)	(1.7207)
post1	−1.1044***	−0.3785***	−0.9264***	0.2006
	(−3.4218)	(−6.6592)	(−4.8206)	(0.9844)
post2	−0.2650	−0.2916***	−0.2918*	0.3184*
	(−0.8909)	(−5.5657)	(−1.6476)	(1.6956)
其他控制变量	是	是	是	是
观测值	69422	69422	69422	69422

注：* 和 *** 分别表示 10% 和 1% 的显著性水平。括号内为 t 统计量。

（三）政策干预时间的随机性检验

战略性新兴产业处于产业生命周期的导入期，存在较好的市场发展前景，自然状态下非战略性新兴产业也可能转变为战略性新兴产业，不一定是因为政策冲击的影响，所以需要针对准自然实验进行安慰剂检验。本章将战略性新兴产业政策实施时间往前推 1～2 年，作为虚拟的政策时点，如果该政策冲击对研发变量有显著效应，则可判定该政策是安慰剂。检验结果汇报如表 5-13 所示，对专利授权总数、发明专利授权数、实用新型专利授权数和外观设计专利授权数的检验结果显示，交互项系数均不显著，不存在明显的安慰剂效应。

表 5-13　政策干预时间的随机性检验

变量	总的专利		发明专利		实用新型专利		外观设计专利	
	1 年	2 年	1 年	2 年	1 年	2 年	1 年	2 年
did	0.0363	0.0363	0.1165	0.1165	−0.0327	−0.0327	−0.0475	−0.0475
	(0.0699)	(0.0699)	(1.1839)	(1.1839)	(−0.1048)	(−0.1048)	(−0.1597)	(−0.1597)
其他控制变量	是	是	是	是	是	是	是	是
时间固定效应	是	是	是	是	是	是	是	是
省份固定效应	是	是	是	是	是	是	是	是
观测值	69422	69422	69422	69422	69422	69422	69422	69422

注：*、**和***分别表示 10%、5% 和 1% 的显著性水平。括号内为 t 统计量。

（四）政策实施的唯一性检验

战略性新兴产业与高技术产业都具有技术密度高、创新驱动强的特点，彼此之间交叉重叠企业较多，部分战略性新兴产业可能会受到高技术产业政策的影响。无论是首次全国科技大会上部署实施的《国家中长期科学和技术发展规划纲要（2006—2020 年）》《中共中央、国务院　关于实施科技规划纲要　增强自主创新能力的决定》，还是科技部《关于印发关于进一步加强火炬工作　促进高新技术产业化的指导意见的通知》，都在税收、金融以及知识产权保护方面对企业的自主创新予以支持，鼓励高新技术产业研发新技术。因此，本章在战略性新兴产业分类的基础上，采用《高技术产业统计分类目录》和《国民经济行业分类》(GB/T 4754—2002)识别高新技术产业，对准自然实验中政策冲击效应进行唯一性检验(见表5-14)。研究结果发现，除外观设计的专利外，变量不显著，所以战略性新兴产业政策是主要的政策冲击，而且企业创新行为还受到其他产业政策影响。

表5-14 政策实施的唯一性检验

变量	总的专利	发明专利	实用新型专利	外观设计专利
did	−0.1580	0.0844	0.4131	−0.6554***
	(−0.3578)	(1.0083)	(1.5582)	(−2.5926)
其他控制变量	是	是	是	是
时间固定效应	是	是	是	是
省份固定效应	是	是	是	是
观测值	69422	69422	69422	69422

注：*** 表示 1% 的显著性水平。括号内为 t 统计量。

四、结论与政策建议

(一)研究结论

本章构建了大国市场诱致战略性新兴产业研发的理论模型，理论模型的分析结果表明，市场冲击通过市场扩张效应和竞争弱化效应影响企业的研发创新行为，且受到企业初始市场规模、企业生产率水平和创新补贴的调节作用。在实证检验中，本章运用战略性新兴产业微观企业数据探讨了市场冲击的市场扩张效应和竞争弱化效应。研究结果发现，当面临市场冲击时，企业研发创新的条件是企业拥有较大的市场规模以及较高的生产率水平。实证检验和理论分析的结论保持一致：大国市场增强了市场冲击的市场扩张效应，且市场扩张效应大于竞争弱化效应，显著促进了战略性新兴产业的研发创新活动；高生产率企业市场冲击的市场扩张效应比低生产率企业强，竞争弱化效应比低生产率企业弱。进一步的分析和内生性检验结果发现：作为市场冲击替代变量的战略性新兴产业政策虽然促进了企业的研发投入，但是并没有同等提升企业的研发产出；对于具有比较优势的行业和生产率较高的企业而言，市场冲击显著提升了企业的研发产出水平。

（二）政策建议

第一，打破国内市场分割，形成高度一体化大市场是大国市场诱致战略性新兴产业发展的基础性工程。本章研究发现打破区域市场壁垒，构建国内统一的要素市场和商品市场，实现资本、劳动力等生产要素在全国范围内自由流动，是走好"大国市场诱致"道路的题中应有之义。由于历史的原因和地方保护主义，区域之间的生产要素不能自由流动，区域市场分割导致要素价格非均等化，资源配置效率较低，区域产业结构转型升级缺乏内生动力。中国战略性新兴产业在导入期的商业模式创新中，要充分发挥大国大市场效应，建立一体化市场，大力培育新兴产业市场需求，以突破规模经济效应门槛值，同时要引导各地区形成特色优势产业集群，避免过度竞争。

第二，充分发挥大国市场的创新激励作用是大国市场诱致战略性新兴产业发展的强劲动能。本章研究发现，大国市场通过市场扩张效应和竞争弱化效应激励企业的研发行为。在战略性新兴产业发展初期，企业研发面临技术风险、市场风险和政策风险，创新激励不足。而大国市场的存在则显著降低了市场准入门槛，鼓励更多潜在企业进入市场并进行模仿创新和自主创新，促进新兴产业集群的形成和创新发展。大国市场降低了产业技术创新门槛，诱致企业研发创新，是战略性新兴产业创新发展的强劲动能。

第三，大国市场的竞争筛选机制是大国市场诱致战略性新兴产业发展的重要路径。根据产业周期理论：战略性新兴产业在成熟期的企业数量最多，企业之间竞争激烈，大国市场的竞争筛选机制倒逼低效率的企业退出市场；竞争优胜者能够获得更大的市场份额，诱致企业进行更高质量的研发创新，促进战略性新兴产业的整体技术水平进一步提升。竞争筛选机制和产业政策的结合能够精准识别出中国具有比较优势与将来具有新的比较优势的产业并重点扶持，加速比较优势转变成竞争优势的进程。大国市场的竞争筛选机制精细培育战略性新兴产业的创新发展环境，高效率配置研发创新资源，是提升战略性新兴产业研发创新水平的重要路径。

第六章　中国战略性新兴产业的发展路径：
知识产权倒逼

> 战略性新兴产业作为高知识技术密集的行业，其发展受科技创新的影响非常明显。知识产权保护体系是科技创新的重要激励机制，但也需要在专利保护带来的垄断优势与竞争激励之间找到均衡。本章表明法院的知识产权执法效率也即真实的知识产权保护水平对战略性新兴企业创新有着明显的影响，即执法效率越高，越能激励企业获取专利或增加研发投入。

知识产权保护一直面临一种两难选择：既要给予创新者一定的垄断权以期促进创新，又不能使得这种垄断权保留太久而妨碍创新并损害消费者利益（社会福利损失）。对此，人们经过长期的探索后做出一种折中性的安排，即设立知识产权保护制度。相对于社会最优情形，由于模仿行为的存在，创新者由于无法获取自己付出努力的全部回报而使得从事创新活动的激励往往不足，因而从制度上保障创新者能从其创新行为中获取部分垄断租金以增强创新激励就显得很有必要。[①] 然而知识产权保护制度建立后，能在多大程度上促进创新，是一个常论常新的课题。研究者们关注的一个热点是"最优专利保护期或最优知识产权保护强度"，即在专利保护期限和社会福利水平之间找到一个均衡点。

　　尽管理论或实践中可以找到所谓的"最优知识产权保护强度"，但人们在现实操作中发现，建立知识产权保护制度远不能一劳永逸地消除创新激励和社会福利之间的矛盾。一方面，随着社会发展和科技水平进步，知识

　　① K J Arrow. Economic Welfare and the Allocation of Resources for Invention[M]//National Bureau of Economic Research. The Rate and Direction of Tnventive Activity: Economic and Social Factors. New Jersey: Princeton University Press,1962:609-626.

产权保护制度本身需要不断调整优化；另一方面，如何实施知识产权保护制度也是一个非常复杂的问题——该制度的实施同设计都会影响到创新激励和社会福利之间的平衡。正如洛克所言："法律不能被执行，就等于没有法律。"而知识产权保护制度的实施，从实践角度来说就是知识产权法律的执行。知识产权法律的执行对创新的可能影响，可以从两个方面来体现：一是各国知识产权法律的差异很可能导致对创新行为产生不同的影响；二是即使在一国之内的同一个知识产权法律体系下，受现实中各种因素的影响，知识产权法律的执行在不同的地区也可能会有差异。针对知识产权保护法的执行差异是否会影响到对创新的激励，仅有零星的文献关注该问题。对知识产权保护的执法效率是否会以及如何影响企业的创新，则几乎没有文献论及。

战略性新兴产业作为高知识技术密集的行业，其发展受科技创新的影响非常明显。而知识产权保护体系则是推动科技创新的重要社会环境因素和激励机制。因而知识产权保护体系如何影响战略性产业的发展，特别是从企业角度来看，知识产权保护的执法效率是否会以及如何影响其创新，需要运用统计数据进行实证分析。

本章采用中国专利诉讼的法律文书数据库，从中提取不同法院审理知识产权诉讼案件的相关信息，构建知识产权保护执法效率指标，用以分析执法效率对战略性新兴产业企业创新的影响。

一、文献回顾

（一）知识产权保护与创新：最优保护强度

知识产权保护具有"双刃剑"效应：从动态角度看，更强的知识产权保护所提供的垄断利润的确能使创新者获取更高的创新激励；然而从短期来看,这种制度性的垄断会损害消费者的利益。[1] 这种两面性在专利制度中被称为"动态有效率"和"静态无效率"。[2] 而所谓的最优专利保护期或最优知识产权保护强度,则是在权衡两者利弊后的折中结果。正因如此,制定最优专利保护期限来平衡创新激励与垄断抑制,从而最大化社会总福利水平,是相关研究中的一个重要命题。已有研究主要从"专利长度"与"专利宽度"两方面展开。专利长度即专利保护期限,是指专利受法律保护的年限。有学者将研发行为引入新古典经济学中,并假定发明具有公共物品性质,专利保护制度可赋予发明者一定时间的垄断权,其模型分析表明专利长度的增加可能导致厂商创新激励的减弱并损害社会福利水平,因此最优的专利长度是有限的。[3] 也有论证指出,最优专利长度应该是无限的。[4] 还有许多研究认为最优专利长度应取决于特定条件,如研发市场竞争[5]、产品质量及消费者转换成本[6]、信息不对称[7]等。专利宽度则主要凸显专利权人的权益,可以是专利权人在专利保护期内凭专利获得的利润总额[8],也可以是专利产品和与之有竞争关系的非专利产品间的最小差异[9]。尽管有些学者对专利宽度的设定范围持不同观点,但多数学者注意到专利

① W D Nordhaus. Invention, Growth, and Welfare: A Theoretical Treatmentof Technological Change[M]. Cambridge: MIT Press,1969.

② J A Ordover. Patent System for Both Diffusion and Exclusion[J]. Journal of Economic Perspectives,1991(1):43-60.

③ W D Nordhaus. Invention, Growth, and Welfare: A Theoretical Treatmentof Technological Change[M]. Cambridge: MIT Press,1969;M I Kamien, N L Schwartz. Patent Life and R and D Rivalry[J]. The American Economic Review,1974(1):183-187.

④ P Tandon. Optimal Patents with Compulsory Licensing[J]. Journal of Political Economy,1982(3):470-486.

⑤ L M Debrock. Market Structure, Innovation, and Optimal Patent Life[J]. Journal of Law & Economics,1985(1):223-244.

⑥ P Klemperer. How Broad Should the Scope of Patent Protection Be[J]. The RAND Journal of Economics, 1990(1):113-130.

⑦ H A Hopenhayn, M F Mitchell. Innovation Variety and Patent Breadth[J]. The RAND Journal of Economics,2001(1):152-166.

⑧ R Gilbert, C Shapiro. Optimal Patent Length and Breadth[J]. The RAND Journal of Economics,1990(1):106-112.

⑨ P Klemperer. How Broad Should the Scope of Patent Protection Be[J]. The RAND Journal of Economics, 1990(1):113-130.

长度和宽度都具有两面性,因而主张两者相互配合[①],以尽可能减少市场扭曲并促进创新。

(二)知识产权保护与创新:跨国技术溢出

此类研究最具代表性的是以产品生命周期理论为基础、包含技术转移的南北贸易模型[②],即先进的北方国家的先进技术随着贸易流向后发的南方国家扩散[③],南方企业不断对北方先进技术的模仿,形成了"创新—模仿—再创新—再模仿"的循环,促进了南方在产品质量阶梯(quality ladder)中的不断攀升[④]。在此框架下,研究者关注作为模仿者的南方国家知识产权保护力度对双方创新的影响。有研究认为,知识产权保护程度的提高将使北方受益而南方福利受损[⑤],严格的知识产权保护会降低南北双方技术进步率[⑥]。也有一些研究表明,南方国家知识产权保护对创新的影响具有条件性,如转移产品和技术的途径[⑦]、北方国家的创新类型(质量改

---

① P Klemperer. How Broad Should the Scope of Patent Protection Be[J]. The RAND Journal of Economics,1990(1):113-130;V Denicolò. Patent Races and Optimal Patent Breadth and Length [J]. The Journal of Industrial Economics,1996(3):249-265;S M Maurer,S Scotchmer. The Independent Invention Defence in Intellectual Property[J]. Economica,2002(276):535-547;A T Goh, J Oliver. Optimal Patent Protection in a Two-Sector Economy[J]. International Economic Review, 2002(4):1191-1214;潘士远. 最优专利制度研究[J]. 经济研究,2005(12):113-118.

② E Helpman. Innovation,Imitation,and Intellectual Property Rights[J]. Econometrica,1993 (6):1247-1280;R J Barro,X Sala-i-Martin. Technological Diffusion,Convergence,and Growth[J]. Journal of Economic Growth,1997(1):1-27.

③ G Grossman,E Helpman. Quality Ladders and Product Cycles[J]. Quarterly Journal of Economics,1991a(2):557-586;G Grossman,E Helpman. Innovation and Growth in the Global Economy[M]. Cambridge:MIT Press,1991b.

④ G Grossman,E Helpman. Quality Ladders in the Theory of Growth[J]. Review of Economic Studies,1991c(l):43-61.

⑤ A V Deardorff. Welfare Effects of Global Patent Protection[J]. Economica,1992(233):35-51.

⑥ D Mondal,M R Gupta. Innovation,Imitation and Multinationalisation in a North-South Model:A Theoretical Note[J]. Journal of Economics,2008(1):31-62.

⑦ E L C Lai. International Intellectual Property Rights Protection and the Rate of Product lnnovation[J]. Journal of Development Economics,1998(1):133-153;A J Glass,K Saggi. Intellectual Property Rights and Foreign Direct Investment[J]. Journal of International Economics,2002(2):387-410.

进或种类扩张)[①]等。基于跨国公司视角的研究发现,后发东道国知识产权保护水平提升有利于先进的母国产业升级。[②] 基于熊彼特主义的技术差距增长模型分析显示,发展中国家知识产权保护水平与经济发展阶段之间具有相互依赖性。相关的模型及数值模拟表明,南方国家知识产权保护水平达到北方国家期望的水平时,双方都可能受益。[③]

一些实证研究印证了上述理论,如:加强知识产权保护有利于促进创新和提升产业技术水平,且在新兴市场国家表现得尤为明显[④];发展中国家的知识产权保护与创新及经济增长呈 U 形关系[⑤];增强知识产权保护对发展中国家企业的技术创新不存在显著影响[⑥];发达国家所适用的最优知识产权保护力度显著大于发展中国家,发达国家实施的国际统一知识产权保护制度不符合发展中国家实际利益,因而一国知识产权保护的国际化程度应和经济发展水平相互适应[⑦]。

---

① A J Glass,XD Wu. Intellectual Property Rights and Quality Improvement[J]. Journal of Development Economics,2007(2):393-415.

② L Branstetter, R Fisman, C F Foley,K Saggi. Does Intellectual Property Rights Reform Spur Industrial Development? [J]. Journal of International Economics,2011(1):27-36.

③ A Schäfer, M T Schneider. Endogenous Enforcement of Intellectual Property, North-South Trade, and Growth[J]. Macroeconomic Dynamics, 2015(5):1074-1115.

④ E Mansfield. Industrial R&D in Japan and the United States: A Comparative Study[J]. The American Economic Review, 1988(2):223-228;F M Scherer. Nordhaus' Theory of Optimal Patent Life: A Geometric Reinterpretation[J]. The American Economic Review, 1972(3): 422-427.

⑤ YM Chen, T Puttitanun. Intellectual Property Rights and Innovation in Developing Countries [J]. Journal of Development Economics,2005(2):474-493.

⑥ L Branstetter, R Fisman, C F Foley,et al. Does Intellectual Property Rights Reform Spur Industrial Development? [J]. Journal of International Economics,2011(1):27-36.

⑦ P H Schneider. International Trade, Economic Growth and Intellectual Property Rights: A Panel Data Study of Developed and Developing Countries[J]. Journal of Development Economics, 2005 (2):529-547;王华. 更严厉的知识产权保护制度有利于技术创新吗? [J]. 经济研究,2011(S2):124-135;L Pelegrinová, M Lacný. Protection of Intellectual Property and Its Economic Aspects. [J]. Journal of Economic Development, Environment and People, 2016(4):5-20.

（三）知识产权保护与创新：法律执行

已有研究对知识产权保护水平影响创新的探讨，多数通过构建综合指标体系来衡量一国知识产权保护水平的分值[①]，如一些学者运用 GP 指标对中国进行测度[②]，并进而分析其对创新及经济增长的影响。[③] 相对而言，已有研究对知识产权法律执行的探讨主要集中在法律专业领域，仅有零星可见的文献分析了其对企业的创新影响。[④]

已有研究多从保护强度（立法）的角度来分析其对创新的影响，而不大注重法律执行效果与效率（执法）所能产生的影响。尽管已有学者基于行政执法、司法保护与执法效果三个维度构建知识产权保护执法力度指数，分析了知识产权保护的执法力度对上市公司技术创新及企业绩效的影响机制与效果[⑤]，但仍缺乏法律执行效率角度的分析。因此，本章关注司法保护的执法效率是否会影响企业的创新行为。

---

① R T Rapp, R P Rozek. Benefits and Costs of Intellectual Property Protection in Developing Countries[J]. Journal of World Trade, 1990(5):45-64;J C Ginarte, W G Park. Determinants of Patent Rights: A Cross-national Study[J]. Research Policy, 1997(3): 283-301;W G Park. International Patent Protection: 1960—2005[J]. Research Policy,2008(4):761-766.

② 韩玉雄,李怀祖.关于中国知识产权保护水平的定量分析[J].科学学研究, 2005(3):377-382;沈国兵,刘佳. TRIPS 协定下中国知识产权保护水平和实际保护强度[J]. 财贸经济, 2009(11):60,66-71;姚利民,饶艳. 中国知识产权保护的水平测量和地区差异[J]. 国际贸易问题, 2009(1):114-120;詹映.我国知识产权保护水平的实证研究——国际比较与适度性评判[J]. 科学学研究, 2013(9):1347-1354.

③ 陈恒,侯建.知识产权保护与经济增长关系中"门限效应"的实证研究[J].统计与决策, 2016(24):96-99;冯湘.我国知识产权保护水平的测度及其对技术进步率的影响——一个基于 DEA 方法的实证检验[J]. 桂林航天工业学院学报,2014(4):375-380;毛锴苑. 开放经济条件下的知识产权保护、市场化水平与技术进步[D]. 杭州:浙江大学, 2015.

④ 吴超鹏,唐菂. 知识产权保护执法力度、技术创新与企业绩效——来自中国上市公司的证据[J]. 经济研究,2016(11):125-139;苗妙,魏建.知识产权行政执法偏好与企业创新激励——基于转型期"大调解"机制政策效果的分析[J]. 产业经济研究,2014(6):102-110;孙赫. 我国知识产权保护执法水平的度量及分析[J]. 科学学研究,2015(9):1372-1380;王利.知识产权执法强度、区域创新与经济集聚关系研究[D]. 杭州:浙江工商大学,2017.

⑤ 吴超鹏,唐菂. 知识产权保护执法力度、技术创新与企业绩效——来自中国上市公司的证据[J]. 经济研究,2016(11):125-139.

二、研究设计

（一）数据与样本

本章采用的数据主要来自中国专利数据库和中国工业企业数据库。专利数据库是由国家知识产权总局对 1985 年以来发明专利、实用新型专利和外观设计专利三种专利申请与授权的详细记录，其中包括了申请或授权时间、专利权人名称和地址、专利名称和国际专利分类号（international patent classification，IPC）[1]、专利之间的相互引证[2]、专利运营信息[3]。同时，该数据库还提供了专利的法律诉讼信息，即因专利合同纠纷和专利权权属、侵权纠纷而向法院提起诉讼后法院的审判文书，其中记载了受理法院、受理及审结时间、案情叙述与分析、判决结果等。总体上 1985—2016 年，共有 22903 件相关法律文书，其中发明专利 4459 件，实用新型专利 8706 件，外观设计专利 9738 件。本章使用的关键指标"执法效率"及部分其他指标即从该审判文书中提取而得。为保证获得信息的准确性，本章采用编程加人工核对的方法提取法律文书信息。编程提取信息时主要根据关键词进行判断，如专利案件审理时长，先查找"上诉""起诉""受理"等关键词后面出现的年月日，作为案件审理的起始时间（部分文书中不包含以上关键词，则用"开庭审理"日期代替），再查找法律文书末尾的落款年月日，两者之间的天数间隔即案件审理用时。为防止文书中存在多个日期信息导致程序识别到错误信息，本章将此类样本单独标出，并列出包含多个日期信息的语句，进行人工判断。其他指标信息的提取过程也做类似处

---

① 国际专利分类号（IPC）基于 1971 年的《国际专利分类斯特拉斯堡协定》编制，是目前国际通用的专利文献分类和检索依据。1997 年 6 月 19 日，中国成为该协定成员国。
② 仅限于发明专利和实用新型专利，外观设计专利无相互引证。
③ 主要是专利的转让、许可、质押等。

理。当然，由于部分文书信息不全，最终能满足使用需要的样本量为12534，占总样本量的54.7％。

第二个数据来源是国家统计局的中国工业企业数据库。该数据库是国家统计局对规模以上工业企业的年度调查，统计范围包括了全部国有以及规模以上非国有企业的三大会计报表（资产负债表、利润表和现金流量表）中的一百多个财务指标。尽管该数据库包含的信息非常丰富，但也有部分企业提供的信息可能不够准确。为此，本章采用文献中广为使用的方法[①]对以下企业样本进行剔除：流动资产超过固定资产，总固定资产超过总资产，固定资产净值超过总资产，企业总资产、固定资产净值、销售额和工业总产值等关键指标有遗漏，雇员人数在10人以下，没有识别编号，企业成立时间无效。在剔除不合格样本的基础上，本章筛选属于战略性新兴产业的企业开展相应的实证分析。具体选择方法是，将工业企业数据库中企业行业分类与国家统计局编制的《战略性新兴产业分类（2012）》（试行）[②]目录进行对照，找到节能环保产业、新一代信息技术产业、生物产业、高端装备制造业、新能源产业、新材料产业和新能源企业产业七大战略性新兴产业领域中的企业[③]。

此外，部分变量的度量需要结合专利数据和工业企业数据，因此将专利数据库和工业企业数据库进行匹配。但因为两个数据库公有的信息只有企业名称，因而只能按照企业名称进行精确匹配。这其中可能因为数据库中部分企业名称的填写不规范而导致不能匹配，为此，本章在匹配前将

---

① 谢千里，罗斯基，张轶凡. 中国工业生产率的增长与收敛[J]. 经济学（季刊），2008(3)：809-826；余淼杰. 加工贸易、企业生产率和关税减免——来自中国产品面的证据[J]. 经济学（季刊），2011(3)：1251-1280；R C Feenstra，Z Li，M Yu. Exports and Credit Const raints under Incomplete Information：Theory and Evidence from China[J]. The Review of Economics and Statistics，2014(4)：729-744.

② 尽管最新的《战略性新兴产业重点产品和服务指导目录（2016）》已颁布，但该目录并未详细列示具体行业及产品目录，且产业领域与最新目录及《战略性新兴产业分类（2012）》（试行）相比并无明显变动，因此本章沿用2012年的标准。由于服务业与工业生产存在较大差异，本章的研究仅限于工业战略性新兴产业企业。

③ 详细的匹配方法与过程见第三章。

数据进行了"清洗",如删去空格、统一符号格式等,以提高匹配率。

(二)变量构建

1.执法效率

中国的知识产权制度在建立之初采取了司法救济和行政执法"双轨制"的保护方式,以求达到"两条途径,协调运作"的效果。[1] 因此,衡量中国知识产权保护须从司法救济和行政执法两个角度来进行。

对于知识产权的司法保护程度,有学者用被侵权方司法判决胜诉率来衡量。[2] 尽管从专利拥有方的角度看,当专利权被侵犯从而诉诸法院时,胜诉率反映了法律对专利权的保护程度,但从公正性角度看,专利权方也极有可能滥用其权利,通过专利权诉讼来限制或排挤竞争对手。因此,胜诉率并不能很好地体现专利侵权诉讼审判的公正性和司法保护程度。同时,由于法律审判的公正性需要通过专业讨论才能明晰,因而难以准确量化。为此,本章转而从法院对专利侵权诉讼的审理效率角度来衡量司法保护程度。指标的具体构建方法:基于法院对发明专利、实用新型专利和外观设计专利三种专利被侵权的法律诉讼案审判文书,提取其中记载的案件受理日期和判决日期,计算从受理到判决所用的时间[3],以地级市(简称"地市")为基础计算平均值并取对数,将之作为衡量法院审理该案的专利执法效率指标(patent law enforcement efficiency,PLEE)[4]。该指标衡量知识产权纠纷的法律诉讼过程中法院的审理效率:审理时间越短,效率越

① 赫然.关于我国知识产权执法问题的调查与分析[J].当代法学,2011(5):155-160.

② 吴超鹏、唐菂.知识产权保护执法力度、技术创新与企业绩效——来自中国上市公司的证据[J].经济研究,2016(11):125-139.

③ 更为可取的处理方法是,用同一个主体就同一知识产权标的在不同地区法院开展诉讼的时间长度,来衡量该地区的法律执行效率。其逻辑在于,理论上同样的诉讼在不同地区的法院诉讼应该用同样或相近的审理时间。相反,如果不同地区间法院用时有明显的差异,则说明法律执行效率有差异。但该方法也有其不足,即要求能用来进行地区间对比的诉讼案例样本量足够多,这限制了其实际使用价值。

④ 高级人民法院计入省会城市,最高人民法院计入北京。

高。在法院执法公正性无法准确衡量的情况下，或者说在既有的法制条件下，可以认为执法公正性在各地市之间没有本质差异。执法效率对诉讼主体来说就意义重大，一件诉讼案久拖不决不但被侵权方利益持续被损害，而且双方都要付出时间、精力等成本，而相对快速结案则对双方都有益。

有学者用省委重视知识产权保护程度（每年省委机关报上宣传知识产权保护的文章数目除以总文章数目）和知识产权局对专利侵权案件的受理情况（"1－专利被侵权率"）来衡量行政执法。[①] 显然，省委重视知识产权保护程度和侵权案受理一定程度上互有重叠，而且宣传只有落到实处才能实际发挥作用，因而侵权案受理即可表达行政执法层面的保护程度（administration protection，AP）。用一省知识产权局当年受理的专利侵权纠纷案件数除以该省截至当年累计授权专利数计算被侵权率[②]，这显然是不合理的——专利权只能在有效期内受法律保护，因此应该用当年有效的总专利数而不是累计授权数作分母计算被侵权率[③]。当然，被侵权率既可能是专利权被侵犯程度的体现，也可能是专利权人保护意识的强弱或投诉渠道是否畅通的体现。为了和司法保护执法效率指标相一致，本章采用专利被侵权率作为衡量行政执法对专利权保护的指标。尽管该衡量方法具有明显的噪声，但限于数据可得性只能作为次优选择。

从司法保护执法效率指标的界定来看，其与行政执法保护之间一定程度上相互独立，因而在实证分析时可以将两个指标同时纳入估计方程。

2. 企业创新能力

借鉴已有的研究[④]，本章以专利强度（patent intensity，PI）衡量企业创

---

　　① 吴超鹏，唐菂. 知识产权保护执法力度、技术创新与企业绩效——来自中国上市公司的证据 [J]. 经济研究，2016(11)：125-139.
　　② 吴超鹏，唐菂. 知识产权保护执法力度、技术创新与企业绩效——来自中国上市公司的证据 [J]. 经济研究，2016(11)：125-139.
　　③ 根据《专利法》第四十二条，发明专利权的期限为20年，实用新型专利权和外观设计专利权的期限为10年，均自申请日起计算。
　　④ 吴超鹏，唐菂. 知识产权保护执法力度、技术创新与企业绩效——来自中国上市公司的证据 [J]. 经济研究，2016(11)：125-139.

新能力,即企业申请并获得授权的专利存量①除以企业当年从业人员平均数。其中,专利存量采用如下方法计算:

$$P_{i,t} = (1-\delta) P_{i,t-1} + I_{i,t}。$$

其中,$P_{i,t}$表示 t 年末的专利存量,$I_{i,t}$ 是 t 年的新增专利数,折旧率 δ 设定为 15%。下文研发费用存量也用类似方法处理得到。一般而言,除了专利产出外,还可以用研发投入来衡量企业的创新能力。而工业企业数据库包括企业的研发投入指标,因此用研发强度(R&D intensity),即企业的研发费用存量除以公司年末总资产,衡量企业创新能力。但有两个因素限制了研发强度的使用:其一,工业企业数据库中有研发投入记录的只有2001—2007 年(不包括 2004 年),与专利数据库 1985—2016 年的时间匹配度太低;其二,工业企业数据库中研发投入数据的填报质量堪忧,如1998—2013 年的 90.0 万个样本中,研发投入为 0 的就有 81.9 万个,占比为 91%。此外,也有部分企业的研发投入大于资产总计。尽管可以通过剔除这些样本的办法进行处理,但仍不能免除对剩余样本中研发投入数据质量的担忧。② 因此,本章仅将研发强度作为稳健性检验的备选方案。

3.控制变量

用诉讼时长来衡量知识产权保护的执法效率会面临两个问题:一是法院对一个案件的审理效率会受到同期受理案件数量多寡的影响。因此本章将法院同时在审理的知识产权案件总数(number of cases,NC)取对数后,以所在地市当年的平均值为控制变量纳入估计方程。二是部分知识产权诉讼案审理用时不同可能只是因为案情复杂程度不同。因此,本章将法院裁决文书(判决书)的文本长度(text length,TL)取对数后,以所在地市当年法院裁决文书文本长度的平均值为案情复杂程度的控制变量引入计

---

① 包括发明专利、实用新型专利和外观设计专利。
② 当然,数据质量的担忧也同样存在于本章选用的其他来自工业企业数据库的指标,但因没有其他更好的数据可供使用,只能尽可能根据会计准则剔除异常样本后使用。

量估计模型。尽管这可能引起衡量不够准确的担心，但在一定程度上，案件越是复杂，法院在判决书中越会用更多的笔墨来描述案情、展开法理论述，从而其裁决文书就会更长。

此外，法院执法是否公平、公正，也很可能影响企业创新激励。因此，本章用法院实际收取的受理费和应收额之间的差额除以应收额[①]，即受理费超收额与应收额之比，并取所在地市当年的平均值来控制法院执法的公正性（impartiality of court，IC）。其理由在于，法院收取的受理费应该根据原告的诉讼请求赔偿额来确定，如果没有恰当的理由而超额收费，显然是不合理的，因而一定程度上能体现法院是否严格执法及执法是否公正。数据处理过程中，本章删去了比值超过 20 的少数极端值样本。同时，对企业自身特征、所属行业特征，以及地市之间的差异等可能影响企业创新活动的因素加以控制[②]，详见表 6-1。

表 6-1　变量定义及预期符号

变量	释义	度量方法	预期符号
PI	专利强度（patent intensity）	以 15％折旧率盘存后授权专利存量（patent stock）除以企业当年从业人员平均数，并取对数	\
R&D	研发强度（R&D intensity）	以 15％折旧率盘存后的企业研发费用存量除以公司年末总资产	\
LEE	司法保护执法效率（law enforcement efficiency）	各地市法院当年审理专利纠纷案平均用时取对数	—

[①]　根据《人民法院诉讼收费办法》第五条第四款规定：财产案件，按争议的价额或金额，照下列比例交纳：1000 元及以下的，每件交 50 元；1000 元至 5 万元（含）的部分，按 4％交纳；5 万元至 10 万元（含）的部分，按 3％交纳；10 万元至 20 万元（含）的部分，按 2％交纳；20 万元至 50 万元（含）元的部分，按 1.5％交纳；50 万元至 100 万元（含）的部分，按 1％交纳；超过 100 万元的部分，按 1.5％交纳。第五款规定：侵害专利权、著作权、商标权的案件，每件交 50 元至 100 元；有争议金额的，按财产案件的收费标准交纳。应收额即按此法律规定标准计算。

[②]　周亚虹，贺小丹，沈瑶. 中国工业企业自主创新的影响因素和产出绩效研究[J]. 经济研究，2012(5)：107-119.

变量	释义	度量方法	预期符号
AP	行政执法保护力度 (administration protection)	即被侵权率,各省份知识产权局当年受理的专利侵权纠纷案件数除以当年有效的累计授权专利数	—
IC	法院执法的公正性 (impartiality of courts)	法院实收受理费与应收额之差除以与应收额之比的地市平均值,控制法院是否严格执法	—
NC	法院受理案件数 (number of cases)	法院同期审理的知识产权案件总数的地市平均值取对数,控制因案件数量多导致审理用时长	—
TL	判决书长度 (text length)	法院裁决文书的文本字符数的地市平均值取对数,控制案情复杂程度	—
L	企业员工数 (labor)	当年从业人员平均数,控制企业规模	+
K/L	劳均资本 (capital per labor)	总资产除以当年从业人员平均数,控制企业的要素密集度差异	+
SOE	国有企业 (state-owned enterprise)	国有企业取 1,其余取 0,控制企业性质差异	+
EXP	出口 (export)	企业有出口取 1,否则取 0,控制企业销售目标市场差异	+
IND	企业所属行业 (industry)	控制行业特征差异	\
REG	企业所在地区 (region)	控制专利的司法保护和行政保护之外的地区差异	\

三、实证及结果分析

(一)数据概况

表 6-2 为整理后的原始数据的描述性统计,从表中可以看出,在提取到案件审理用的 12433 个样本中,审理用时平均为 251 天,约为 8 个月,与

中国法律规定的一审 6 个月、二审 3 个月的审理期限[①]比较接近,而且是在最大值接近 10 年的异常值情况下。与此相对照的是,据 2014 年普华永道公布的研究报告,1995—2013 年美国金融庭审程序的专利诉讼审理周期在 2.0~2.5 年。[②]这在一定程度上说明,中国法院对知识产权案件的审理效率还是比较高的。同时,从图 6-1 可以看出,平均的案件审理用时随着时间波动下降,2003—2007 年波动上升,之后基本呈下降趋势,在 2012—2016 年出现了小波峰,但变动幅度不大。其上升和下降的时间与专利涉诉案件数变动在一定程度上相吻合,表明法院审理的案件总数和单个案件的审理用时有一定的相关性,从而应在回归分析中加以控制。此外,趋势相似,案件审理用时的变动趋势和专利涉诉数占总有效专利数之比例有一定的相似性,如果将后者看作司法层面的保护率,则意味着用审理时间来衡量执法效率和司法保护程度具有一定的合理性。

表 6-2 部分数据统计性描述

变量	均值	标准差	最小值	最大值	样本量
审理时长/天	251	236	10	3617	12433
受理案件数/件	542.1	636.4	1.0	1782.0	10137.0
文本长度/个	7333	3382	417	20144	10137
受理费/元	5615	30512	50	1814100	11896
超收额/应收额	13.035	29.260	1.000	196.700	9902.000

---

① 《民事诉讼法》(2012 年修正)第一百四十九条规定:人民法院适用普通程序审理的案件,应当在立案之日起 6 个月内审结。有特殊情况需要延长的,由本院院长批准,可以延长 6 个月;还需要再延长的,报请上级人民法院批准。第一百七十六条规定:人民法院审理对判决的上诉案件,应当在第二审立案之日起 3 个月内审结。有特殊情况需要延长的,由本院院长批准。人民法院审理,对裁定的上诉案件,应当在第二审立案之日起 30 日内作出终审裁定。

② 转引自国家知识产权局网站:http://www.sipo.gov.cn/zlssbgs/zlyj/201505/t20150525_1122370.html。

续　表

变量	均值	标准差	最小值	最大值	样本量
LEE	5.456	0.702	2.996	7.961	11120.000
AP	0.014	0.052	0.000	0.962	12219.000
专利数/总资产	0.000	0.000	0.000	0.027	38809.000
专利数/从业人员数	0.018	0.462	0.000	83.333	38595.000
Profit	0.044	1.626	−175.300	107.900	33359.000
RD	0.033	0.123	0.000	4.908	7039.000
K/L	5.886	1.100	1.040	15.630	38504.000
L	789.8	4353.0	5.0	188151.0	38595.0

注:最后 6 个变量是专利数据和工业企业数据匹配后的结果,其他指标从专利司法审判文书提取所得,因此两者样本量统计范围不同,不具有可比性。表格由作者根据中国专利数据库和中国工业企业数据库整理而成。

　　此外,对比图 6-1 和图 6-2 可发现,被侵权率也是经历了先升高后下降再略上升的过程,和专利的司法案件审理用时、专利涉诉数占总有效专利数比例的变动趋势比较相近。

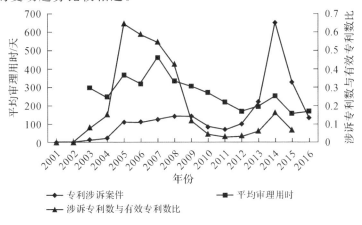

图 6-1　专利涉诉案件及审理用时

资料来源:作者根据中国专利数据库和中国工业企业数据库整理而成。

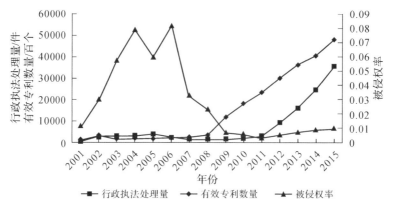

图 6-2 专利及行政执法案件情况

资料来源:作者根据中国专利数据库和中国工业企业数据库整理而成。

(二)计量结果

本章采用如下多元回归方程来检验知识产权保护的执法效率对战略性新兴企业创新的影响:

$$INN_{it} = \alpha + \beta_1 LEE_{jt} + \beta_2 AP_{jt} + \beta_3 LEE_{jt} \times Court_{jt} + \beta_4 Firm_{it} + \overline{\omega}_i + \eta_t + \varepsilon_{it}。$$

其中:i 代表企业;j 代表地市;t 代表年份;INN 代表企业的创新,以专利强度(PI)或研发强度(R&D)来衡量;LEE 和 AP 分别表示知识产权的司法保护执法效率和行政执法保护力度;LEE×Court 表示执法效率与法院或案件特征交叉项的控制变量,包括法院受理案件数(NC)、法院执法的公正性(IC)和法律文书长度(TL)。之所以用交叉项,是因为在地市的总体层面,法院或案件特征指标只能通过影响案件审理的效率而对企业创新产生影响;Firm 表示企业特征的控制变量,包括企业利润率(Profit)员工数目(L)、劳均资本(K/L)、国有企业(SOE)、出口(EXP);$\overline{\omega}_i$ 表示企业自身的固定效应,用以控制一些不随时间变化的因素,如企业所属行业、所在地等;η_t 是随年份变化的固定效应,用以控制一些不随企业变化的因素,如经济发展水平、科技水平的进步等,是特异性效应,服从正态分布,用以控制其他残余的因素。考虑到内生性问题,以及经济运行的时滞效应,本章将自变量的滞后一期作为实证分析和结果解释的主要依据。

从表6-3可知,面板数据固定效应的估计结果和前文的预期在一定程度上一致。LEE的系数显著为负,而且在加入更多控制变量后显著程度明显提升,系数值约为 -1.2,这意味着知识产权保护法律的执行效率越高,越有利于战略性新兴企业开展技术创新。与该结果一定程度上相印证的是,专利权的行政执法保护程度的提高,也能提升对企业创新的激励水平,AP的系数也大多显著为负,尽管系数值和显著性水平在加入控制变量后变化幅度较大。同时,在影响法院审理效率的控制变量中,只有法院同期审理案件数 NC 系数在较低的水平上显著,其余均不显著。这些结果表明,法院审理知识产权案件的效率,会在一定程度上影响企业创新的效果,而且法院同期审理的案件过多,也不利于执法效率提高和知识产权保护,从而不利于企业创新。因此,为战略性新兴产业企业创新提供一个良好的法律环境,特别是提高法律执行效率,降低企业开展知识产权诉讼的时间成本,也是推动其创新的一个重要途径。

表6-3 面板数据固定效应估计结果

变量	(1)	(2)	(3)	(4)	(5)
LEE	-1.242^{***}	-1.203^{***}	-1.213^{***}	-1.297^{***}	-1.276^{***}
	(0.343)	(0.343)	(0.370)	(0.377)	(0.378)
AP		-0.066^{**}	-0.085^{**}	-0.292^{**}	-0.213^{*}
		(0.033)	(0.035)	(0.113)	(0.124)
Profit			0.009	0.007	0.009
			(0.015)	(0.015)	(0.016)
L			-0.019	-0.014	-0.009
			(0.024)	(0.025)	(0.027)
K/L			0.106^{***}	0.103^{***}	0.105^{***}
			(0.023)	(0.024)	(0.026)
NC				-0.007^{*}	-0.010^{***}
				(0.004)	(0.004)

续 表

变量	(1)	(2)	(3)	(4)	(5)
TL				-0.026^{**}	-0.018
				(0.012)	(0.013)
IC				-0.013^{*}	-0.017^{**}
				(0.007)	(0.008)
SOE					-0.835^{***}
					(0.112)
EXP					-0.000^{**}
					(0.000)
Cons	-7.825^{***}	-7.755^{***}	-6.970^{***}	-7.041^{***}	-6.702^{***}
Year FE	否	否	否	否	否
Industry FE	是	是	是	是	是
City FE	否	否	否	否	否
N	4415	4415	3856	3716	3240
R^2	0.085	0.087	0.098	0.099	0.124

注:括号中是标准差。$*$ 表示 $p < 0.1$,$**$ 表示 $p < 0.05$,$***$ 表示 $p < 0.01$。

此外,值得注意的是,劳均资本 K/L 的系数都显著为正,意味着越是资本密集型的企业,其创新的产出越多。此外,劳动力投入量 L 的系数为负但不显著,表明规模大的企业并没有取得更多创新产出。这可能和战略性新兴产业多数属于资本密集型产业有关,这些企业对技术和资本的要求高,需要的劳动力也多属于技术型人才,因而以劳动力数量衡量的企业规模的估计结果不显著。此外,SOE 的系数显著为负,表明在战略性新兴产业领域,国有企业并没有取得更多的专利,因而如果以国有企业为重点来推进战略性新兴产业技术进步,可能不是一个好的选择。

(三)稳健性检验

以上实证结果,需进行进一步的实证检验,方能确定其可靠性。为此,本章分别进行了以下两个方面的检验:一是以研发投入强度代替专利数强度,进行回归估计,结果如表 6-4 所示。尽管前文提及研发投入数据的质量可能会产生干扰,但从结果来看,其与表 6-3 的结果有一定的相近性。二是截尾回归,即删去数据的前 5% 和后 95%,再进行估计。

表 6-4　面板数据固定效应稳健性检验

变量	(1)	(2)	(3)	(4)	(5)
LEE	-0.033^{***}	-0.027^{***}	-0.025^{***}	-0.025^{***}	-0.023^{***}
	(0.012)	(0.007)	(0.007)	(0.007)	(0.007)
AP		-0.020	-0.013	-0.019	-0.022
		(0.017)	(0.015)	(0.015)	(0.015)
Profit			0.001	0.001	0.001
			(0.001)	(0.001)	(0.001)
L			-0.008^{***}	-0.008^{***}	-0.010^{***}
			(0.001)	(0.001)	(0.002)
K/L			0.007^{***}	0.007^{***}	0.006^{***}
			(0.002)	(0.002)	(0.002)
NC				-0.001^{**}	-0.000^{**}
				(0.000)	(0.000)
TL				0.003^{***}	0.003^{***}
				(0.001)	(0.001)
IC				0.000	0.000
				(0.001)	(0.001)
SOE					0.026^{***}
					(0.005)
EXP					0.000
					(0.000)
Cons	0.046^{***}	0.048^{***}	0.049^{***}	0.043^{**}	0.050^{***}
N	5771	5771	5118	5114	5114
R^2	0.001	0.000	0.014	0.017	0.022

注:括号中是标准差。** 表示 $p < 0.05$,*** 表示 $p < 0.01$。

四、结论与政策含义

本章基于从专利的法律审判文书中提取的法院审理知识产权案件用时的独特数据，度量各地市知识产权司法保护的执法效率，并结合专利数据库和工业企业数据库，实证分析了知识产权司法保护的执法效率对企业创新的影响。结果表明，法院的执法效率对战略性新兴产业企业创新有着明显的影响，即执法效率越高，越能激励企业获取专利或增加研发投入，亦即实现技术创新。这一研究结论的含义在于，对于战略性新兴产业的发展，政策选择不仅仅包括强化研发补贴或生产补贴这一个途径，创新环境的改善也是非常重要的，特别是法律环境的改善和对知识产权的有效保护，也是促进企业创新的重要因素，因而值得各界关注。

当然，这只是对法律文书数据的初步应用尝试，数据提取的准确性，以及其他因素的干扰，可能会影响研究结论的稳健性。此外，在研究方法方面，后续研究也可以考虑采用倾向得分匹配（propensity score matching）法进行分析。

第七章　战略性新兴产业培育发展中的金融支持

战略性新兴产业具有高投入、高风险、高回报的"三高"特征，决定了企业前沿研发投入受到金融约束的抑制程度较高，进而使最优投入与社会最优投入存在偏离。本章从资本投入的角度研究了投融资体系发展对战略性新兴产业发展的影响机制，发现传统与现代的金融体系都能促进战略性新兴产业的发展，其中，风险投资以其独特的运作手法、灵活的投资手段和不同于传统金融中介的赢利模式令其日常经营与战略性新兴产业发展更为契合。

后金融危机时代,政治格局多极化、经济发展全球化和科学技术突飞猛进是全球发展的三大新趋势,发展战略性新兴产业对中国把握战略发展机遇期,抓住新兴产业发展的要点,缩小与经济领跑国的差距具有重要的战略意义。战略性新兴产业以重大技术突破和重大发展需求为基础,具有高投入、高风险、高回报的"三高"特征,对经济社会全局发展具有重要的引领带动作用。发展战略性新兴产业,需要不断完善投融资体系的建设,加强战略性新兴产业培育发展中的金融支持。

一、战略性新兴产业发展中金融支持的作用

(一)传统金融体系对战略性新兴产业的支持

1.传统金融体系的产业支持机制

社会发展到一定阶段,市场主体分化为两个群体:一个群体在生产消费过程中产生了资金盈余;另一个群体则产生了资金缺口,资金从前者流向后者的过程即金融。

　　早期，金融体系的功能可以理解为动员储蓄、配置资源和促进资本积累。随着金融学的发展和金融研究的深入，后来的学者发现，动员储蓄和配置资金只是金融体系最基本的功能。在将储蓄导向投资的过程中，金融体系的功能得到了更进一步的拓展。金融体系充当融资中介的过程中，还拥有管理风险、传递信息的功能。①

　　首先，金融体系有收集和提供信息的功能。金融体系一个非常重要的功能就是减少融资过程中的信息不对称。金融活动的顺利进行需要资金供求双方互相提供真实完整的信息，其中主要是资金需求者向资金提供者提供其融资的全部相关信息，包括资金的使用目的、投资项目的风险以及其本身的财务状况，资金提供者需要根据这些信息进行评估，以决定是否借贷资金给资金需求者。实际中，高风险项目的融资人倾向于隐藏其项目的风险来获得低于其应有融资成本的资金，低风险项目的融资人往往因为项目的风险状况不能完全被投资人了解，融资成本高于其应有的融资成本。逆向选择使得风险高的融资项目得到了融资，风险低的融资项目选择不融资。这导致了社会上的投资人总体承受了高于其收益的投资风险，社会金融资源产生了扭曲配置。

　　解决逆向选择问题的方法就是向资金供求双方提供对方完整、真实的信息，金融体系在这一过程中发挥了信息收集、处理的功能。金融中介以规模化、专业化经营，利用自己在信息收集、处理上的优势，为投资人提供有效且尽可能完整的信息，有效解决了信息不对称问题。对于高风险、高回报的项目，投资人在得到充足信息后，往往会提高要求的回报率；对于低风险、低回报的项目，投资人往往会降低要求的回报率以获得优质的投资项目。

　　其次，金融体系拥有"代理-监督"职能。金融活动进行过程中，信息不

　　① J E Stiglitz, A Weiss. Credit Rationing in Markets with Imperfect Information[J]. The American Economic Review, 1981(3): 393-410.

对称导致的后续问题之一就是道德风险问题。资金从投资人流到融资人之后，由于信息不对称，前者无法完全获得后者使用资金的信息，使得后者可能按最大化自身利益的方式行事，从而损害投资人的利益。例如，资金盈余的个体以一定利率将资金借贷给需求资金的个体后，后者可能将资金投资于风险更高的项目，原因在于不论后者投资回报的高低，前者都只能获得一定的投资收益（固定的利息），而后者有可能通过更高风险的投资项目获得高收益，且前者往往无法对后者进行有效的监督管理。

如果资金从投资人流向融资人的活动存在金融中介的监督，那么道德风险的问题可以得到很好的解决。金融机构例如商业银行、投资银行等能够利用其在社会上特殊的地位，帮助投资人监督融资人的投资行为，这一过程通过披露相关信息或者直接利用法律等强制手段，有效地减少了融资人损害投资人利益的行为。

最后，金融系统还提供了支付中介、融资中介和风险管理的功能。支付中介功能是金融系统最早具备的功能，它指的是通过一定的技术手段和流程设计，为交易双方提供货币收付和结清债权债务的服务。体现金融系统支付中介功能最典型的金融机构便是商业银行。现代商业银行拥有完备的软硬件设施，是现代社会金融系统支付中介最重要的一环。

融资中介功能体现在金融系统将不同期限的小资金聚集成大资金，或者通过专业化的运作将其转化为生产性资金。例如：商业银行将小额存款集中起来，借贷给需要资金的大融资项目；投资银行为上市公司发行股票，将一项大的资产分割成小额资产，为其提供资产的流动性，以优化社会资源的配置。

风险管理功能体现在金融系统通过各种技术、业务来分散、转移、控制各种经济金融活动中的风险。金融系统提供风险管理的功能主要通过两种途径来实现：一是通过资产的多样化配置来分散风险，例如基金公司集合投资者的资金进行多样化分散投资，以降低市场的非系统性风险；二是金融系统提供各种金融衍生产品，帮助投资者规避系统性风险，例如购买各类期货产品来规避基础资产价格的大起大落。

2. 传统金融体系对新兴产业的支持

战略性新兴产业有"战略性"和"新兴"两个特性，但也有与广大普通产业的共性。传统金融系统对其的支持作用主要体现在以下三个方面。

第一，新兴产业可以从传统金融系统中获得生产经营用的短期资金。进入新兴产业主要途径有两种：一种是企业在原有传统产业转型成为新兴产业；另一种是企业通过技术创新直接进入一个新兴产业。例如：目前涉足新能源汽车的不少企业是传统汽车制造业中的一员，这属于前一种进入新兴产业的方式；而后一种包括不少企业与高校研究机构合作，在生物医药等领域直接投资生产进入新兴产业。传统的投融资体系推动战略性新兴产业发展的机制主要针对前一种企业。商业银行提供融资服务囿于风险往往需要借款人提供担保或者抵押，从传统产业转型的企业可以借助以往经营积累的资产和企业资信从商业银行获得抵押贷款，这样既能保证银行贷款的安全性，同时又可以为企业发展新兴产业相关的技术提供重要的资金支持。

第二，新兴产业能够从传统金融系统中的资本市场获得长期融资。对于新兴产业中部分成熟的企业，投资银行能够帮助其规范财务，根据自身长期积累的商业经验为企业提供公司治理方面的意见，在企业规划和公司战略方面帮助后者明确发展战略，在资本市场上为新兴产业企业融得可供长期使用的股权资金。与银行贷款不同的是，这笔资金的使用无须还本，对于研发支出巨大的战略性新兴产业发展具有极为关键的作用。

第三，传统金融市场的保险公司能够为新兴产业提供间接金融支持。保险公司向客户收取保费，然后将保费投资分配到股票、银行等金融投资市场，通过传统的金融投资渠道为社会提供金融资源，最后，通过这些投资的本息来偿付经营过程中客户的理赔、养老金等。保险市场通过其特有的风险保障制度吸引储蓄者将自己的资金交给保险公司，保险公司将这些储蓄借贷给经济体中需要资金支持的新兴产业的过程，本质上，属于不同于银行、股市对金融资源的配置作用。

3. 传统金融体系支持新兴产业的局限

战略性新兴产业的特征主要表现在两个方面：一是战略性新兴产业具有全新的经济形态。与传统产业相比，战略性新兴产业不是在传统产业的经济形态下新出现的若干产业，而是指一批具有全新经济形态的产业群，是以新能源为动力、以新材料为原料、使用智能技术或生物技术的一批产业。二是战略性新兴产业大多数处于新兴或成长初期。处于该阶段产业的显著特征是风险或不确定性大，只有特别的金融支持才能助其跨越"死亡之谷"。

从经济形态来看，战略性新兴产业有着不同于传统产业的特点和成长规律，其发展高度依赖于创新，普遍采用先进的生产技术，是科技创新最为集中的生产领域，以技术、专利为代表的无形资产占比较大，属于技术密集型产业，对技术和智力要素的依赖大大超过以劳动密集型产业与资本密集型产业为代表的传统产业。而且产业创新的广泛性、综合性和动态性特征比较明显，产品升级换代快，技术发展趋势不易把握。与传统产业特征的差异决定了战略性新兴产业金融需求的差异性。

欧盟指出，战略性新兴产业共有七种主要风险：企业采用的技术应用失败（技术风险）；市场太小或者竞争太激烈导致企业的产品或服务无法产生足够的收入（市场风险）；企业内部管理不足以使得企业实现盈利增长（管理风险）；企业的价格高估或者负债低估（定价风险）；企业的收入和利润不足以满足投资回报预期或者偿还本息（财务风险）；投资者无法找到企业买家或者上市退出（流动性风险/退出风险）；政策的不确定和法律制度的不完善（政策风险）（见表7-1）。

表 7-1 战略性新兴产业投资风险

风险类型	内/外部风险	风险特征
技术风险	外部风险	采用的新技术及其应用失败(技术不能投入生产领域或者产品不能提供足够的利益给潜在客户)
市场风险	外部风险	产品或服务不足够吸引市场以产生必要的销售收入,目标市场太小或者竞争对手的竞争削减本企业潜在的销售收入和利润
管理风险	内部风险	企业家和管理团体不具备足够技能以使得企业的管理有效率以及实现盈利增长
定价风险	内、外部风险	投资者高估了企业的终值(资产),低估了企业的成本(负债)
财务风险	内、外部风险	企业产生的收入和利润不能满足投资者的投资回报预期或者偿还债务利息
流动性风险/退出风险	外部风险	投资者无法找到公司的买家或者进行上市,从而不能获得足够的收益
政策风险	外部风险	政策的不确定性、短期性政策行为、法律等制度环境的不完善

新的经济形态和不同的风险特征使得战略性新兴产业具有与传统产业不同的融资需求,表 7-2 列出了战略性新兴产业与传统产业金融需求的差异。可以看到:传统产业主要依赖资本和劳动力要素,战略性新兴产业则依赖技术和智力要素;战略性新兴产业同时具有劳动密集型企业的技术和市场风险,以及资本密集型企业的管理风险;战略性新兴产业对资金的需求特征亦有别于传统产业,其所需的资金需要有效分散风险;与传统产业相匹配的金融体系主要是银行和股票的主板市场,战略性新兴产业所需的金融体系主要是风险投资和科技金融机构;战略性新兴产业主要集中于新一代信息技术、生物、高端装备制造、新材料、节能环保、新能源、新能源汽车七大产业。

表 7-2　战略性新兴产业与传统产业的金融需求差异[①]

特征要素	劳动密集型	资本密集型	技术密集型 (战略性新兴产业)
产业依赖要素	劳动力要素	资本和劳动力要素	技术和智力要素
企业规模	一般较小	一般较大	以科技型中小企业为主
企业风险	技术和市场风险	管理风险	技术、市场和管理风险
资金需求特征	相对较小	相对较大	有效分散风险的资金供给主体
匹配的金融体系	区域性中小银行	大银行、主板市场和债券市场	以风险投资和低标准的股票市场为主体，大量科技金融机构
代表性产业	农业、林业及纺织、服装、玩具、皮革、家具等制造业	钢铁业、一般电子与通信设备制造业、运输设备制造业、石油化工、重型机械工业	新一代信息技术、生物、高端装备制造、新材料、节能环保、新能源、新能源汽车

　　因此,战略性新兴产业的异质性急需区别于传统产业的、与新兴产业特征相适应的新型金融支持体系,提供系统性、针对性的服务,满足战略性新兴产业特殊的、灵活的、不断变化的金融需求和服务。

(二)现代金融体系对战略性新兴产业支持的特殊性

1.现代投融资体系的发展特点

　　一个产业的培育和发展离不开技术创新与金融支持,技术创新是产业升级的内生变量,其促进了产业形成规模经济效应,推动产业结构演变升级。但一项技术若要取得突破性进展,则需要大量的金融资源的支持。金融市场的发展可以积累大量的资本资源,形成高度流动性,以为产业发展奠定金融基础。技术创新和金融支持螺旋式升级,推动技术创新的技术含

　　① 林毅夫,孙希芳,姜烨. 经济发展中的最优金融结构理论初探[J]. 经济研究,2009(8):4-17;马军伟.战略性新兴产业发展的金融支持研究[D]. 武汉:武汉大学,2012.

量提高。在金融支持下，技术创新转化为现实生产力，走向产业化阶段，实现产业优化升级。

现代金融体系促进技术创新转化为现实生产力的关键一环就是现代风险投资体系的发展。美国风险投资协会(NVCA)认为，风险投资是由金融投资家投入新兴的、高速成长的、具有巨大发展潜力的企业中的一种权益资本。

风险投资的定义为：把资本投入具有较大不确定性的高科技技术行业，以期企业发展壮大后获得高回报的一种商业投资行为。其本质是通过将资本投入不确定性大、收益高的一组企业，通过后者的上市或者股权的转让，实现资本投入的变现增值，一方面弥补部分企业失败的损失，另一方面则获得高额的投资回报。

2. 现代投融资体系的作用

帕特里克从经济发展和金融发展关系的角度，提出了"供给引导"和"需求跟随"的现代金融发展理论。[①]

"供给引导"理论指出，金融先发展，从而引导经济增长。"供给引导"是指，在经济增长没有对金融支持提出需求之前，金融机构、金融资产和金融服务就已经开始推动经济实现快速增长。"供给引导"属于主动型方式，促进金融资源迅速从低效率部门流向高效率部门，提升资源配置效率，盘活产业投资项目。"供给引导"理论分析金融发展引导经济增长的作用机制主要包括以下三个方面：第一，将储蓄转化为投资是金融的重要功能之一，金融发展将推动更多的储蓄向投资转化，投资的增长进而推动经济快速增长。例如，金融中介通过吸收社会金融资源，然后贷款给资金需求方，需求方融资成功后将资源投资于产业项目发展，最终达到推动经济增长的

---

① H T Patrick. Financial Development and Economic Growth in Undeveloped Countries[J]. Economic Development and Culture Change，1996(1)：74-189.

目标。第二,金融可以通过投资项目合理评估、引导闲散资金流向、利用风险分担机制和推动技术创新等方式提高资本配置效率,即金融通过提高资源配置效率来引导经济增长。第三,金融发展通过影响储蓄率来影响经济增长。在金融市场发展的过程中,消费信贷的门槛降低,保险的保障能力提高,家庭的金融风险得到分散,金融发展通过提高储蓄率来促进经济增长。

"需求跟随"理论认为,实体经济部门有融资需求,继而产生了金融服务,诞生金融体系,即经济增长推动了金融发展。随着企业生产规模的扩大和市场需求的提升,企业对于成本控制和资金风险控制的需求促进了提供金融服务的金融机构的形成。金融可以实现优质资源从低效率部门流向高效率部门,因此,不同经济部门的增长速度决定了金融需求的不同。"需求跟随"理论分析了经济增长推动金融发展的作用机制:经济发展初期,由于大多数人财富收入较少,利用金融市场的动力不足,市场对金融服务需求水平低,金融市场发展停滞。随着经济发展到一定水平,财富收入增加,富余资产增加,从而对金融服务的需求不断增加,推动了金融市场和金融机构的发展。

表 7-3 是现代新型金融体系中的风险投资与传统金融体系的银行贷款的比较。相比传统金融体系投资于大中型企业和成熟传统产业,现代新型金融体系主要投资于高技术产业、新兴产业和中小型企业;传统金融体系主要通过担保和抵押控制风险,现代新型金融体系则通过组合投资规避风险;传统金融体系投资方式为贷款,关心企业短期的安全性,现代新型金融体系采用股权投资,着眼企业长期发展前景和长期经营利润;传统金融体系不介入企业经营,而现代新型金融体系往往参与企业经营管理与决策,管理团队由具有创业成功经验和复合型背景的人才组成;传统金融体系主要通过收回本息来蜕资,而现代新型金融体系蜕资渠道多元;现代新型金融体系具备产业筛选、风险分散、要素集成和激励

创新的功能,传统金融体系这些相关功能则较弱。

表 7-3　现代新型金融体系与传统金融体系的比较[①]

特征	现代新型金融体系 (以风险投资为代表)	传统金融体系 (以银行贷款为代表)
服务对象	以高技术产业、新兴产业、中小型企业为主	以成熟传统产业、大中型企业为主
运行方式	通过组合投资规避投资风险	通过担保和抵押控制风险
目标模式	采用股权投资,着眼企业的发展前景和长期经营的利润	采用贷款方式,关心企业短期的安全性
管理方法	参与企业经营管理与决策;管理者是复合型人才,有创业成功经验	不介入企业经营
蜕资渠道	多元化的蜕资渠道	收回本息
制度功能	产业筛选功能、风险分散功能、要素集成功能、激励创新功能	产业筛选、风险分散和激励创新等功能不强

3. 现代投融资体系的支持机制

现代金融体系从"供给引导"和"需求跟随"两个渠道支持战略性新兴产业的发展。

一方面,战略性新兴产业的出现往往在经济发展中后期。此时,经济体中已存在大量金融资本,这些金融资本的积累促进了金融机构的设立和金融服务的创新,金融资本的大量积累在资本逐利性的驱动下,催生了对高投资回报率项目的需求。而高收益是战略性新兴产业的突出特征,金融资本的积累引导了战略性新兴产业的出现,从而令金融资源从传统产业流向战略性新兴产业,提升了资源配置效率,盘活了战略性新兴产业的投资项目。

另一方面,战略性新兴产业具有高风险的特征,其在发展壮大的过程中产生了对金融体系金融支持的需求。技术创新是战略性新兴产业发展

① 辜胜阻,洪群联,张翔. 论构建支持自主创新的多层次资本市场[J]. 中国软科学,2007(8):7-13.

的动力源泉,产业化是战略性新兴产业发展的天然归宿。不同于传统产业,战略性新兴产业技术创新与成果产业化需要大量的长期资金投入,而这与传统的金融体系所提供的金融服务矛盾,后者往往难以提供大量且周期较长的资金。战略性新兴产业的出现和发展对以风险投资为代表的新型金融体系的发展提出了需求,前者的不断发展推动了后者的发展。这也就是现代金融体系对战略性新兴产业的"需求跟随"。战略性新兴产业的需求催生了以风险投资为代表的现代金融体系。

现代金融支持体系中风险投资支持战略性新兴产业,具体体现在以下几点。

首先,风险投资能为战略性新兴产业提供资本支持和增值服务。相比银行贷款和股票集资,风险投资的着眼点不在项目的当前赢亏,而在项目未来的成长性,大多数风险投资项目的投资期限在5~7年,这意味着从初始资金的投入开始,风险投资企业需要至少5年的时间才能收回投入的资本,而大部分银行贷款针对的都是1年以内的融资项目,主要为企业生产经营过程中运营资金的短缺提供帮助,往往企业将产品或者货物售出收回账款后就需将资金还给银行。与银行对新兴产业的支持相比,风险投资长时间的投入更适合处于初创期、急需大量研发资金且短时间内无法立即获得回报的新兴产业。此外,风险投资还能为企业提供多轮投资,企业在取得第一轮投资并发展到一定规模后,若遇到新一阶段的资金瓶颈,风险投资企业可以为其提供第二轮等更多轮次的融资。在企业不断发展壮大的过程中,只要企业未来发展向好,风险投资就能一路伴随企业,直至企业发展到成熟稳定的赢利阶段。

其次,风险投资是一种集知识与金融于一体的专业化投资。许多风险投资企业的管理人员往往是一个或几个产业的专业人才,风险投资家做出投资决定,并与风险投资企业结合成利益共同体的同时,也会就其在产业技术领域的专业知识、经验与风险企业交流,帮助后者在技术研发创新过程中更有效地展开工作。另外，风险投资家往往拥有广阔的人脉，能利用其一直以来积累的社会关系为企业提供帮助，包括处理与政府的关系、规避一些法律问题、与其他企业合作交流，等等。

最后，风险投资家都是金融财务领域出身的专家，许多初创企业由于规模小、创立时间短，其企业经营管理和财务方面往往存在较多制度上的漏洞与缺点，风险投资家可以利用其长期从事投资行业积累的财务和企业管理经验，帮助企业完善公司治理的结构，规范财务，确定有效的发展规划和营销计划，帮助其进行后续进一步的资本运营，不断解决新兴产业企业经营中的问题，使得后者在向成熟企业发展的过程中更进一步。

二、金融支持战略性新兴产业的现状

（一）中国战略性新兴产业的金融支持现状

2003—2013年，投融资体系对中国的产业发展产生了巨大的影响，股票市场、信贷市场，特别是风险投资市场对战略性新兴产业的发展起到了重大的作用。

1. 股票融资

图7-1是2003—2013年各地区股票市场融资额的情况，融资包括首发融资和再融资。可以看到，股票市场在此期间有了长足的发展进步。2003年，北京市发生了184.4亿元的股票融资，华北地区为172.3亿元，东北地区为43.8亿元，上海和华东地区分别为64.6亿元和379.4亿元，中南地区与西部地区则为595.6亿元和368.6亿元，2003年和总计发生1808.7亿元的股票融资。2013年，北京地区发生了股票融资220.5亿元，华北地区为527.6亿元，东北地区为243.8亿元，上海和华东地区分别为132.1亿元和871.8亿元，中南地区与西部地区发生了1180.9亿元和

756.6亿元,全国总计发生了股票融资3933.3亿元,涨幅超过1倍。2003—2013,北京共计进行了11145.0亿元的股票融资,华北地区发生了5047.7亿元的股票融资,东北地区为2673.1亿元,上海和华东地区则为5274.8亿元和11498.8亿元,中南地区与西部地区为12876亿元和6378.9亿元,其间全国总计发生股票融资54894.4亿元。

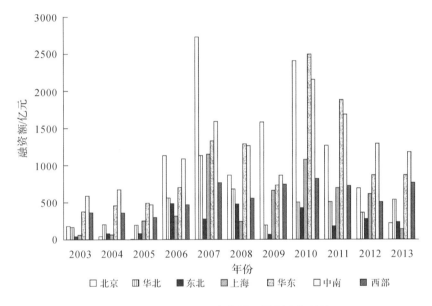

图7-1　2003—2013年各地区股票市场融资

数据来源:国家统计局。

2. 间接融资

从图7-2可以看到,信贷融资方面,2003年,北京产生了2354亿元贷款增量,华北地区与东北地区为2824亿元和1654亿元,上海与华东地区为2617亿元和10964亿元,中南地区与西部地区为8697亿元和3917亿元,总计33027亿元贷款增量。2013年,北京贷款增量为4691亿元,华北地区为9045亿元,东北地区为6474亿元,上海与华东地区分别为3785亿元和29262亿元,中南地区与西部地区为22752亿元和17983亿元,全国

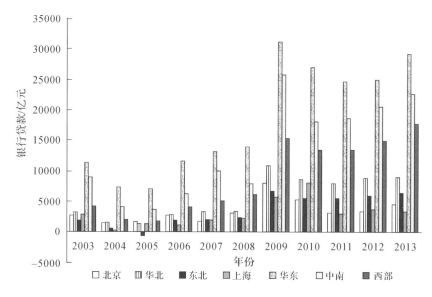

图 7-2　2003—2013 年各地区信贷融资

数据来源：国家统计局。

贷款增量 93992 亿元，相比 2003 年，增加将近 2 倍。2003—2013 年，全国共产生贷款增量 620000 万亿元，其中北京 38177 亿元，华北地区 61021 亿元，东北地区 38830 亿元，上海与华东地区分别为 33807 亿元和 201876 亿元，中南地区与西部地区分别为 99073 亿元和 619608 亿元。

3. 风险投资

我们把视线转到风险投资，可以看到一个非常明显的发展趋势。如图7-3 所示，2003 年，全国发生风险投资共 35.48 亿元，其中北京 3.24 亿元，上海 4.55 亿元，中南地区 18.29 亿元，东北地区 0.82 亿元，华北地区与华东地区分别为 1.57 亿元和 3.60 亿元，西部地区 3.41 亿元。2013 年，全国风险投资增长到了 1416.70 亿元，其中北京达到 524.50 亿元，华北地区为 200.52亿元，东北地区与上海为 247.00 亿元和 25.00 亿元，华东地区与中南地区为99.90 亿元和 154.30 亿元。

从图 7-4 中可以看到，2003—2013 年，北京的风险投资占全国比例最

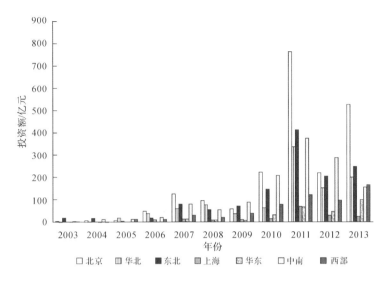

图 7-3　2003—2013 年各地区风险投资

数据来源:《中国风险投资年鉴》。

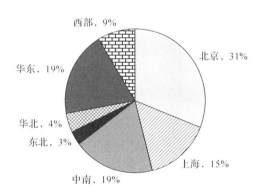

图 7-4　2003—2013 年风险投资额各地区占比

大,其中,全国风险投资额中的 31% 投向北京,接下来是华东地区和中南地区,两者占到了全国的 19%,上海占到了全国投资额的 15%,最后是西部地区、华北地区和东北地区,分别占到了全国风险投资额的 9%、4% 和3%。可以看到,北京受到的金融支持最大,其次是中南地区和华东地区,上海亦受到了较大的金融支持。

（二）主要发达国家与地区战略性新兴产业的金融支持现状

1. 美国

从 20 世纪 50 年代开始，美国政府的相关机构就开始直接向高技术中小企业发放贷款为其提供融资，1954—1980 年，总共提供了 162 亿美元的特殊信贷支持。1953 年，中小企业管理局（Small Business Administration，SBA）成立，其设立目的是贷款给高技术中小企业。具体标准为：担保 15.5 万美元以下的 90%，担保 15.5 万～25.0 万美元的 85%。获得 SBA 担保的贷款期限最高可达 25 年，利率低于 11.7%（商业贷款的利率最高可达 18%）。截至 1997 年，SBA 担保的贷款总额达到 270 亿美元，总共为 185 万家小企业提供了优惠服务。

美国市场中还存在着一套高效的风险投资体系。美国拥有全球最完善、发达的风险投资市场，1946 年，美国哈佛大学经济学教授劳瑞尔特建立了"美国研究发展"（American Research and Development）公司，其被称为世界上第一家现代风险投资公司。美国的风险投资公司主要以民营企业为主体，斯坦福大学的一项研究报告显示，1992—1996 年，美国高科技企业获得的风险投资额每年平均增长速度为 30%，比前五年高出 50%。1996 年，美国共产生了 100 亿美元风险投资额，其中，种子期占到所投资金的 1%，创建期占到 25%，扩充期占了 17%，成就期占了 41%，剩余的 16% 投入重整期的企业。1997 年，美国成立了将近 3600 家新创企业，吸收了将近 40 亿美元的风险投资。美国政府为了进一步鼓励风险投资，支持高技术企业发展，于 20 世纪 80 年代开始改革税收制度，主要免征 60% 风险投资额的税，剩余 40% 只征收一般的税，将税率从 49% 降至 20%。1958 年，美国推出"小企业投资公司（SBIC）计划"，帮助小型企业从 SBA 处获得 3 倍于自身资产的融资，并且享受优惠的税收和低廉的资金成本。美国的风险投资企业主要投资信息技术产业、医药保健产业、生物技术产业,在美国高科技企业产业化技术的过程中起到了重要的作用。

2. 欧洲

欧洲于 20 世纪 80 年代引入风险投资,并成立了欧洲风险投资事业协会。截至 1992 年,欧洲风险投资企业筹措了 380 亿美元风险投资资金。相比美国,欧洲风险投资资金中的 46% 投资于成长期的企业,40% 投资于并购期的企业,5% 投资于初创期的企业。从运作目的上看,欧洲的风险投资主要通过公共部门的投资来弥补私营部门投资的不足。

英国作为风险投资的重要发源地,20 世纪 70 年代,一家剑桥地区的交换银行发展了高技术风险企业的贷款业务,并将其作为主要业务经营。80 年代,英国推行了一些政策使得个人在进行风险投资时所得税获得减免,免交税额可以达到 33%。1981 年,英国设立英国技术集团,其通过低息贷款帮助企业获得专利跟产品许可证,最长可以提供 20 年期的贷款,最终通过分享专利和产品许可证的部分收益来获得回报。此外,其也资助大学的科研项目。英国政府担保高科技中小企业从私人金融机构贷款的 80%。

法国于 1967 年设立了国家技术交流转让中心(ANVAR)以服务支持中小企业,为中小企业提供信贷担保,直接贷款给企业或者帮助企业上市。法国政府从很多政策方面促进风险投资的发展,为企业提供与国家研究机构顺畅交流的途径,全面创新支持体制,为社会提供一个良好的风险投资环境,引导社会公众资本流向风险投资,用优惠的税收制度支持风险投资的发展。

德国许多巨头企业纷纷进入高技术风险投资领域,包括西门子、德国电信等公司在内的一系列科技巨头相继设立公司内部的风险投资部门或者拨出巨资设立风险投资运营基金。

意大利设立了国家应用研究基金,由科研部负责运营,由动产银行运作,支持应用项目研究,同时设立技术创新基金,以贴息的形式发放,支持研究成果商品化。

3. 日本

日本国内的金融机构和基金会从两个方面为高技术项目提供资金,日本政府特别设立的低成本资金制度帮助地方科学技术的发展。日本的开发银行可以提供最长达 25 年的贷款支持,其中一半的贷款额可以获得利息优惠。1995 年,日本开发银行提供了 5.6 亿美元贷款,北海道东北开发金融公库提供了 7.0% 特别利率的 1.7 亿美元贷款(普通利率 8.0%～8.5%)。熊本县为企业提供融通资金以购买间断技术装备生产新产品,单个企业最高可获得 1 亿日元的资金支持,资金成本低于 5.7%,时间最长为 7 年。

日本作为亚洲地区发展风险投资最早的国家,20 世纪 60 年代便设立了 3 家风险投资企业,以银团和大型公司的方式运营,以薪资作为回报,高风险、低收益的模式使得非政府投资缺乏,企业界和银团成了科技投资的主要投资人。日本通过支持"官、学、民"的总体体制,为高技术企业提供大量的低成本资金。日本通过设立新技术开发事业团为高新技术企业提供长达 5 年的低息、无息资金,若企业最后破产,贷款可以不收回。日本政府的这种制度分担了一部分风险投资者的风险,也为民间投资提供了更多的投资方向。

三、金融支持战略性新兴产业的理论与实证

(一)文献梳理

金融发展在经济进步中的重要性,许多文献已做了广泛的探讨。金融发展在动员储蓄、管理风险、方便交易等方面的积极作用有助于经济增长。结构主义者认为,金融发展以金融资产的形式直接增加储蓄,从而促进了

资本形成与经济增长。

在国外已有的理论研究基础上，国内学者对投融资体系的发展与经济发展之间的相关性做了大量的研究，包括：从实证的角度研究了中国金融发展与经济增长的关系，发现中国金融中介体系的不断完善与经济发展之间存在明显较强的正向相关关系，但股权融资体系的完善发展和经济发展之间的联系不明显；从实证的角度检验了我国金融发展对经济增长的作用，发现我国信贷市场对经济增长的作用比较显著，而股票市场的作用并不明显；基于"拉姆齐-卡斯-库普曼斯"模型，利用中国 29 个省份 1978—2004 年的面板数据研究发现，FDI 在一定水平下，对东道国资本积累和产出增长的促进效应逐渐减弱，在 FDI 总量不变的条件下，金融体系的不断完善发展对本国资本的增长和产出的增加具有重要的作用，投融资体系的完善发展通过不断吸引 FDI、服务于 FDI，将可能的溢出转为实际的生产力，从而明显地提高了经济发展水平[①]；基于中国省级层面的数据，检验并发现 1987—2001 年以来，金融发展对生产效率具有明显的正向的增益作用，中国地区差距的扩大趋势原因在于金融深化模式的差异导致的生产率差异[②]；经济增长模式在由投资导向向生产率导向的转变过程中具有门槛效应，而金融体系发展水平的提高通过不断降低转型的最低值来促进 GDP 的集约式增长[③]。

目前针对战略性新兴产业的研究主要停留在对其概念的理解和理论层面的发展指导，缺乏对相应发展机制的深入探索，更加缺少针对投融资体系与战略性新兴产业发展两者内在联系的理论研究和实证证据。

国外的金融学家、产业经济学家和发展经济学家关于金融发展与经济发展的研究主要从以下两个方面阐述金融发展促进经济增长的机制：一是

---

① 孙立军.金融发展、FDI 与经济增长[J].数量经济技术经济研究,2008(1):3-14.
② 张军,金煜.中国的金融深化和生产率关系的再检测:1987—2001[J].世界经济,2005(11):34-44.
③ 赵勇,雷达.金融发展与经济增长:生产率促进抑或资本形成[J].世界经济,2010(2):27-50.

金融发展通过提高全要素生产率(TFP)来促进经济发展,二是金融发展通过促进资本的形成达到促进经济发展的目的。国内研究更多是在国外这两个理论的基础上,使用中国的数据进行实证分析,且主要的实证分析多集中在贷款和股票市场对经济发展的促进作用领域。

当今中国经济面临着迫切的转型升级需要,林毅夫提出,后发的发展中国家需要根据其自身的比较优势现状和比较优势的发展变化来发展该国经济产业。改革开放初期至 21 世纪前几年,中国劳动力的充足供应与总体较低的通货膨胀水平使得劳动力资源一直是中国发展的比较优势,但金融危机之后,伴随着人民币的升值和劳动力供给增长速度的放慢,中国的比较优势逐渐发生了变化,发展未来几年主导中国产业结构转型、引领中国经济高速运行的新兴产业的需求变得较为迫切。由于新兴产业的特殊性,本章试图在已有贷款和股票市场研究的基础上,加入战略性新兴产业所独有的风险投资这一关键变量,试图对投融资体系促进战略性新兴产业发展机制的研究有所突破,在实践上为政府和相关企业发展战略性新兴产业提供相应的政策建议与政策依据。

(二)模型设定

1928 年,美国数学家柯布和经济学家保罗·道格拉斯在对一个经济体的"投入 - 产出"进行研究时,得到了经典的柯布-道格拉斯生产函数(Cobb-Douglas production function)。

$$Y = A(t)K^{\alpha}L^{\beta} \tag{7-1}$$

其中,Y 为经济体的产出,$A(t)$、K、L 分别代表该经济体综合技术水平以及投入的资本量和劳动量,α、β 分别代表资本和劳动力的产出弹性系数。该模型表明一个经济体的产出主要由三个要素决定,即综合技术水平、投入的资本量和劳动量。这个函数形式在经济学界得到了广泛的认可和应用,同时也得到了不少学者的实证支持。由于综合技术水平 $A(t)$ 的改变受制于整个经济体知识水平、生产工具和劳动者素质的改变,而在一个经济体内,这三者在一段不长的时期内不会发生较大的改变。因此,在后续的研究中,我们认为综合技术水平 $A(t)$ 是一个不随时间改变而变化的量。

在以上假定下,根据柯布-道格拉斯生产函数,一个经济体在一段不长的时间内,其产出变化取决于资本的投入量和劳动力投入量。然而,资本投入量的变化本质上是金融要素的改变,而金融要素的流动会促使储蓄端资产重新配置,使其流向投资端,从而使经济体的产出发生相应的变化。目前的金融市场中,体现资本投资量 K 变化的金融要素流动主要通过以银行信贷为主的间接金融市场实现,以股票和债券为主的直接金融市场以及新兴的保险市场得以实现。在此基础上,有学者将经济增长与金融支持间的关系描述为:

$$Y = f(X_B, X_C, X_I, L) \tag{7-2}$$

其中,Y 表示经济产出水平,X_B、X_C 和 X_I 分别表示直接融资规模、间接融资规模和保险市场规模,L 代表劳动力投入规模。

在研究金融发展与战略性新兴产业发展时,我们在(7-1)式的基础上,将 Y 设为战略性新兴产业产出水平。同时,由于战略性新兴产业的进步发展与经济体总体进步发展不同,战略性新兴产业的发展以高新技术为导向,主要发展科学技术密集型产业而非传统的劳动力密集型产业,劳动力的投入对以新技术、新模式为主导的战略性新兴产业发展影响较小,因此我们将(7-1)式中的 L 设定为1,即我们认为在战略性新兴产业发展的过程中,劳动力的投入可以视为一个不变的较小常量,从而精简了柯布-道格拉斯生产函数。这样,结合(7-1)式的假设,我们得出如下方程:

$$Y = AK^\alpha \tag{7-3}$$

其中,A 为一段时期内反映经济体知识水平、生产工具和劳动者素质的一个常量,因为战略性新兴产业作为新出现的特殊产业,其发展时间较短,我们认为受制于整个经济体知识水平、生产工具和劳动者素质的综合技术水平，$A(t)$ 为一个不随时间改变而改变的常量。K 为战略性新兴产业的资本投入量。由于现实中，保险市场融得的保费资金主要投资于以银行为主的间接金融市场和以股票市场为主的直接金融市场，其对实体经济的直接投资几乎为零，结合(7-2)式，我们得到以下模型反映金融发展对战略性新兴产业发展的影响：

$$Y = AV^a K^{\beta}(B,E) \tag{7-4}$$

其中，Y 为战略性新兴产业的产出水平，V 为风险投资对战略性新兴产业的投入水平。经过以上的分析，我们认为风险投资对战略性新兴产业是一个非常重要的支持因素，所以，我们在模型中将其独立出来作为一个变量列入模型中。$K(B,E)$ 反映传统金融体系对战略性新兴产业的资本投入，在经典柯布-道格拉斯生产函数中，K 包含了所有影响经济体产出的资本因素，这里，我们将分离出的风险投资产业的资本投入量列入了模型中，将传统的资本投入量 K 细化。括号中的 B 是反映以银行为主的间接金融市场对新兴产业投入水平的变量，E 是反映以股票市场为主的直接金融市场对新兴产业投入水平的变量。

(三)数据说明

经过理论推导，我们得到了(7-4)式，对方程两边取自然对数，得：

$$\ln Y = \ln A + \alpha \ln V + \beta \ln K(B,E) \tag{7-5}$$

我们假定传统金融体系对新兴产业的支持 $K(B,E)$ 分成两个部分，分别对应以银行为主的间接融资市场和以股票市场为主的直接融资市场，根据柯布-道格拉斯生产函数的形式，我们假定

$$K(B,E) = B^a E^b \tag{7-6}$$

这样，我们得到如下方程：

$$\ln Y = \ln A + \alpha \ln V + \beta_1 \ln B + \beta_2 \ln E \tag{7-7}$$

其中，Y 为战略性新兴产业的产出，A 代表整个经济体知识水平、生产工具和

劳动者素质的综合技术水平，V 是风险投资对战略性新兴产业的投入，B、E 分别代表间接融资体系和直接融资体系对战略性新兴产业的投入，α 代表风险投资对战略性新兴产业的产出弹性，β_1、β_2 分别代表 B 和 E 的产出弹性。

　　为了获得战略性新兴产业的产出水平，我们根据国家统计局发布的《战略性新兴产业分类（2012）》（试行），从《中国高新技术统计年鉴》中挑选出了几个产业在全国各省份当年价总产值进行加总，作为战略性新兴产业产值的参量表征。我们选取了航空航天装备制造业、医疗设备制造业、仪器仪表制造业与电子及通信设备制造业这几个产业[①]的 2003—2013 年当年价总产值代表战略性新兴产业的产出水平。

　　针对风险投资数据，我们查询了 2003—2013 年的《中国风险投资年鉴》[②]，获得中国 7 个地区[③]的风险投资总额。

　　反映直接融资和间接融资对战略性新兴产业投入的数据实际中较难获得，我们采用各地银行贷款增量与各地 GDP 的比值，以及各地股票融资额与 GDP 比值来代表直接和间接融资体系的发展深度，分别作为直接融资体系和间接融资体系对战略性新兴产业支持作用的参量表征。其中，各地 2003—2008 年股票融资额数据来自《新中国六十年统计资料汇编》，部分省份几个年份股票融资额数据缺失，我们使用了插值法[④]补充完整，2009 年各地股票市场融资额根据 Wind 数据进行整理得到，贷款数据根据各年《中国金融年鉴》整理得到。

　　最后，我们得到了一个包含中国 7 个地区 11 个年份的面板模型。

---

　　① 航空航天设备制造业对应分类目录中的 4.1 航空装备制造业和 4.2 卫星及应用产业，电子及通信设备制造业对应 2.2 电子核心基础产业和 2.2.1 通信设备制造，医疗设备制造业对应目录中的 3.2.1 生物医疗设备制造，仪器仪表制造业对应 4.5.1 智能测控装备制造业。

　　② 截至 2020 年，《中国风险投资年鉴》中关于各地区风险投资数据仅统计至 2011 年，所以本章实证仅能计算至 2011 年。

　　③ 为北京、华北（天津、河北、山西、内蒙古）、东北（黑龙江、吉林、辽宁）、上海、华东（山东、江苏、浙江、福建、安徽、江西）、中南（湖南、湖北、广东、广西、海南、河南）、西部（重庆、四川、云南、贵州、陕西、宁夏、西藏、新疆、甘肃、青海）。

　　④ 具体方法是从《中国统计年鉴》中得到全国融资额，用缺失省份的 GDP 对全国 GDP 的权重计算得到该省份的股票融资额。

(四)计量检验

本章在 EViews 6.0 中分别对模型中四个变量进行了单位根检验,检验结果见表 7-4。

表 7-4 模型各变量单位根检验结果

变量		统计量	p 值
ln Y	Levin，Lin&. Chut	10.6813	1.000
	Breitung t-stat	−2.01686	0.0219
	Im. Pesaran and Shin W-stat	−0.34684	0.3644
	ADF-Fisher Chi-square	17.2798	0.2416
	PP-Fisher Chi-square	123.6555	0.0000
ln V	Levin，Lin&. Chut	−7.61753	0.000
	Breitung t-stat	−2.05111	0.0201
	Im. Pesaran and Shin W-stat	−1.63779	0.0507
	ADF-Fisher Chi-square	32.2995	0.0036
	PP-Fisher Chi-square	25.3720	0.0311
Δdebt/GDP	Levin，Lin&. Chut	−2.875	0.002
	Breitung t-stat	—	—
	Im. Pesaran and Shin W-stat	—	—
	ADF-Fisher Chi-square	18.924	0.168
	PP-Fisher Chi-square	24.435	0.041
stock/GDP	Levin，Lin&. Chut	−2.63954	0.0042
	Breitung t-stat	—	—
	Im. Pesaran and Shin W-stat	—	—
	ADF-Fisher Chi-square	17.8062	0.2158
	PP-Fisher Chi-square	24.9143	0.0354

从表 7-4 中可以看出，模型中四个变量的 LLC 和 PP-Fisher 统计量在 0.05 的水平上都拒绝了变量存在单位根的假设。我们认为这四个变量都通过了平稳性检验，即这四个变量都是平稳的。模型变量之间的协整检验结果见表 7-5。

表 7-5　协整检验结果

检验方法	统计量	p 值	加权统计量	p 值
Panel v-Statistic	0.089	0.465	0.121	0.452
Panel rho-Statistic	0.146	0.558	0.039	0.516
Panel PP-Statistic	−6.807	0.000	−6.737	0.000
Panel ADF-Statistic	0.305	0.620	0.478	0.684

根据表 7-5，Panel PP-Statistic 的 p 值在 0.01 的显著性水平下拒绝了不存在协整关系的假设，我们认为模型中解释变量和被解释变量存在较为明显的协整关系。

（五）参数估计

我们选取混合模型作为我们最终选用的模型形式，即

$$\ln Y_{it} = \ln A + \alpha \ln V_{it} + \beta_1 (B/GDP)_{it} + \beta_2 (E/GDP)_{it} \tag{7-8}$$

其中，$\ln Y_{it}$ 为各年各地区战略性新兴产业产值（我们这里从高新技术中选取了三个与战略性新兴产业内涵相同的产业产值，前文已有解释），$\ln A$ 为常数项，$\ln Y_{it}$ 为各年各地区风险投资额，$(B/GDP)_{it}$ 为各年各地区银行贷款余额与地区 GDP 比值，$(E/GDP)_{it}$ 为各年各地区股票融资额与地区 GDP 比值。表 7-6 为我们的估计结果。

表 7-6　基准模型估计结果

变量	系数	标准差	t 值	p 值
$\ln A$	8.011	0.362	22.119	0.000
$\ln V$	0.319	0.063	5.032	0.000
E/GDP	3.010	3.380	0.891	0.376
C/GDP	−1.039	0.258	−4.023	0.000
F 值	16.832			
p 值	0.000			

观察表 7-6 的结果,我们可以发现我国银行贷款增量与战略性新兴产业产值呈现出一个负的相关关系,且在 0.01 的水平下拒绝了零假设,说明这种负相关关系较为显著,显然,这种相关关系与我们的前述理论不符。

但做深入分析,这种结果又不难得到解释(见表 7-7、表 7-8)。C/GDP 值是货币当局逆周期操作的结果。货币当局进行逆周期操作的目的是平抑经济波动。当经济增长速度较快时,即经济周期中的繁荣期,货币当局为了抑制经济体中的通货膨胀,常常通过各种货币政策来减少货币供应量,加之此时 GDP 较高,所以 C/GDP 较小。而往往经济增长较快的周期中,新兴产业亦会受到大环境的影响而有较大的产出,所以从货币政策时滞这一角度看,这种现象亦比较合理。

表 7-7　固定效应模型估计结果

变量	系数	标准差	t 值	p 值
C	7.976	0.553	14.422	0.000
$\ln V$	0.253	0.069	3.652	0.001
E/GDP	4.250	3.080	1.380	0.172
C/GDP	−0.848	0.368	−2.305	0.024
F 值	10.599			
p 值	0.000			

表 7-8　随机效应模型估计结果

变量	系数	标准差	t 值	p 值
C	8.051	0.479	16.805	0.000
$\ln V$	0.264	0.063	4.164	0.000
E/GDP	3.913	3.049	1.283	0.203
C/GDP	-0.937	0.301	-3.114	0.003
F 统计量	13.817			
p 值	0.000			

从模型中另一个变量 E/GDP,即股市融资额与 GDP 的比值,可以看到,其与新兴产业的产值有不显著的负相关关系,学者们已有的文献也有这方面相似的实证结果。对中国投融资体系发展与经济发展之间关系的深入研究发现,中国股票市场的完善对经济增长的作用极其有限,即使存在那么一点作用,也是不利。这里,我们得到的结论与其较为相似,股票市场的发展对战略性新兴产业的发展影响极其有限。即使存在影响关系,我们的实证结果也显示这种关系是不利的。

股票市场发展与战略性新兴产业发展关系的特殊性是有深刻原因的。我国股票市场的发行是非市场的,实行的是审批制,而国外发达国家如美国,实行的是核准制,即公司上市只要财务、规模、公司治理和信息公开达到一个标准,即可向交易所提出申请,注册备案就可发行股票。而在我国,公司上市则需要经过证券监管机构的审核,与其他公司竞争一段时间内有限的上市名额,即政府在股票发行上市过程中发挥了主要的作用。

此外,公司上市融资还受到股市的影响。2007 年和 2009 年由于股市走势较好,监管机构审批通过公司的上市申请概率较大。但是,2012 年下半年由于市场环境不好,证券监管机构直接暂停了公司首次公开发行股票(IPO),然而股票发行申请队伍中,必定存在优质且急需资金的公司,这样直接行政性地暂停企业 IPO,必然导致金融资源配置的扭曲,令本章的实证结果有所偏差。

分析实证结果中与风险投资相关的内容,可以看到风险投资与战略性新兴产业的发展两者之间存在非常明显的正相关关系,其 p 值在 0.001 的水平上拒绝了两者不存在关系的原假设。这与我们理论分析中的结果非常符合,即风险投资的发展对战略性新兴产业的发展有着非常重要的促进作用,其作用远远超过了贷款和股票对战略性新兴产业的作用。

四、结论与政策建议

(一)结论

本章详细讨论了金融发展对战略性新兴产业的支持作用,从传统的投融资体系到以风险投资为核心的现代投融资体系。同时,本章介绍了世界上几个主要发达国家对战略性新兴产业金融支持上的特别扶持政策以及中国战略性新兴产业金融支持的现状。

此外,本章构建了一个理论和实证框架,在柯布-道格拉斯生产函数的基础上改进提出了一个战略性新兴产业的生产函数,从资本投入的角度研究了投融资体系发展对战略性新兴产业发展的影响机制。本章认为,传统与现代的金融体系都能促进战略性新兴产业的发展,但现代金融体系中风险投资对战略性新兴产业发展的促进作用较为突出。风险投资由于其独特的运作手法、灵活的投资手段和不同于传统金融中介的赢利模式,其日常经营与战略性新兴产业发展更为契合。同时,本章利用中国 7 个地区的相关数据,构建了 2003—2013 年的面板模型,实证检验了金融发展与战略性新兴产业发展的内在联系。结果显示,风险投资对战略性新兴产业的发展有一个较为明显的促进作用,银行贷款和股票市场的数据没有很好地符合预期,本章认为这与中国股市独特的环境和政府金融调控有关。

（二）政策建议

本章针对战略性新兴产业的金融支持提出以下建议。

第一，设立更多的风险投资引导基金，通过杠杆效应，吸引更多的社会资本投入风险投资这个领域，实现财政资金的放大效应，最终达到社会资源的优化配置。政府可以在税收方面制定有利于风险投资机构运作的政策，例如设立低税区、允许企业加速折旧来间接降低企业税负等。

第二，完善传统的信贷和股票市场。新兴产业发展初期，风险投资发挥着主要的作用，但到了后期，企业的融资途径变得较为多样，以银行为主的信贷市场和股票发行为成熟的战略性新兴产业提供越来越多的支持。战略性新兴产业将主导中国未来的产业升级和经济转型升级，其成熟期也需要完善的金融支持。

第三，设立特别金融机构为战略性新兴产业企业提供特别融资。为拥有专利和产品许可证的战略性新兴产业企业提供低息贷款，为大学的科研项目提供初始资金。政府为高技术中小企业从私人金融机构获得贷款提供部分担保，部分资金支持市场技术发展，另一部分支持高技术产业发展。

第八章　战略性新兴产业培育发展中的
最优组织结构

　　除了市场需求、知识产权保护、金融政策等外部变量，产业组织也即市场竞争情景是影响企业行为决策更为深刻的变量。本章运用中国工业企业数据库数据的实证研究表明，不论是全行业还是战略性新兴产业，市场竞争与企业创新的倒 U 形关系都成立。不同的是，战略性新兴产业的倒 U 形曲线比传统产业的倒 U 形曲线更加扁平，说明市场竞争对战略性新兴产业创新的促进作用相对较小，意味着适度的集聚规模更能促进创新。

所有产业的发展都面临一个市场结构的问题，不同的市场结构对于产业内企业的影响有着显著的不同，即存在所谓的"马歇尔冲突"：市场竞争会促使某些企业的生产规模扩大，以达到规模经济，形成相对集中的市场结构，造成市场垄断，而垄断会阻止竞争，阻止新企业的进入，扼杀市场活力。因此社会需要权衡，即如何在实现市场竞争和企业规模经营之间找到平衡，从而使整个社会的生产效率最优。对战略性新兴产业的发展尤其如此，战略性新兴产业处于产业发展的初期，具有很大的成长性，但同时产业的发展具有脆弱性。如果不能构建一个良好的促进战略性新兴产业成长的市场结构环境，可能对战略性新兴产业发展产生很强的阻碍效应。

一、我国战略性新兴产业组织结构现状

分析我国战略性新兴产业的最优产业组织结构，需要对当前我国战略性新兴产业的产业组织结构现状有一个准确的认识。本部分将从海量的微观数据入手，分析我国战略性新兴产业的产业组织现状，主要包括企业的规模、市场的竞争程度及企业的性质。本章使用的数据依然来自

1998—2013 年中国工业企业数据库，其中对属于战略性新兴产业的企业识别参照第四章的做法。

(一)企业规模

我们要关注的战略性新兴产业的产业组织结构是企业规模，毫无疑问，企业规模对产业的发展有着十分重要的影响，这也是产业组织理论争论的核心问题，对于大企业和小企业谁更能促进战略性新兴产业发展，谁更有效率的争论一直没有停息。国外研究看的观点包括：由于大企业规模经济明显，融资渠道更广，更能承担风险，大企业比小企业更能创新，也更有利于产业发展[1]；企业规模越大，企业的 R&D 投入越多[2]；大企业有利于发挥创新活动的规模优势[3]。同时很多研究也支持创新活动与企业规模没有正向关系的观点，比如：除了少数行业外，大多数行业的企业 R&D 投入并没有随着企业规模扩大而增加[4]；企业规模与 R&D 活动呈现一种 U 形关系，而不是简单的正向关系[5]。国内研究也没有得出一致的结论：企业规模与企业创新活动之间存在动态倒 U 形关系[6]；企业 R&D 产出弹性与企业规模存在负向关系，即企业规模越大，创新的效率越低[7]；研发行为与企业规模之间存在显著正向关系[8]；我国企业规模与技术创新主要有三

① J A Schumpeter. Capitalism,Socialism and Democracy[M]. London：Unwin,1942.

② W M Cohen，S Klepper. Firm Size and the Nature of Innovation within Industries：The Case of Process and Product R&D [J]. Review of Economics & Statistics,1996(2)：232-243.

③ H Mintzberg. Structure in Fives：Designing Effective Organization[M]. London：Pearson,1992.

④ Z Griliches. Returns to Research and Development Expenditures in the Private Sector [M]//R&D and Productivity：The Econometric Evidence. Chicago：University of Chicago,1998：49-81.

⑤ K H Tsai, J C Wang. Does R&D Performance Decline with Firm Size？ A Re-examination in Terms of Elasticity [J]. Research Policy，2005(6)：966-976.

⑥ 高良谋,李宇. 企业规模与技术创新倒 U 关系的形成机制与动态拓展[J]. 管理世界，2009(8)：113-123.

⑦ 赵彦云,刘思明. 企业规模、R&D 与生产率——基于 2009 年海淀区 R&D 资源清查数据的实证研究[J]. 统计与信息论坛，2012(1)：95-100.

⑧ 刘笑霞,李明辉. 企业研发投入的影响因素——基于我国制造企业调查数据的研究[J]. 科学学与科学技术管理，2009(3)：17-23.

个特点——一是高技术企业的规模偏小，以中小企业为主；二是大企业比中小企业研发支出更多；三是成果上，大企业的贡献较大[①]。

本章用企业固定资产投入的对数值衡量企业规模，具体结果如图8-1所示。从企业的平均规模可以看出：一是在1998—2002年这段时期，战略性新兴产业的企业平均规模与传统产业基本上没有差异，二是从2003年开始，我国战略性新兴产业的企业平均规模开始比传统产业的企业平均规模大，特别是2010年之后，我国战略性新兴产业的企业规模明显大于传统产业。

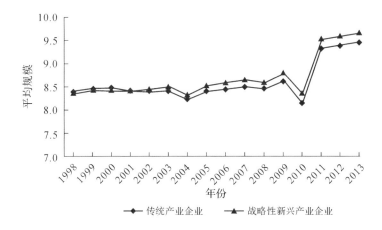

图 8-1　传统产业与战略性新兴产业企业平均规模

数据来源：根据中国工业企业数据库计算得到。

（二）市场结构

战略性新兴产业市场竞争程度问题也值得关注。这个问题是上一个争论的延续，主要关注的是市场竞争与垄断的效率问题，垄断和自由竞争两种市场结构，到底哪一种市场结构更有利于企业创新一直是产业组织理

---

① 肖兴志，邓菁.战略性新兴产业组织的政策评价与取向[J].重庆社会科学，2011(4):55-62.

论争论的核心。根据大企业更有利于创新的观点[①]，无疑垄断更有利于创新；然而，有学者却认为竞争比垄断更能激发企业创新[②]，实证分析验证了这一观点[③]，有发现也支持竞争程度和企业创新的正向关系；还有学者认为，企业创新活动和市场竞争之间并不是简单的线性关系，而是倒 U 形关系[④]。随着研究的不断深入，更多的学者支持最后一种观点：在垄断市场的条件下，企业缺乏竞争压力，不容易产生技术创新；在完全竞争的条件下，企业规模小，创新条件差，也不利于创新。国内已有研究发现企业创新与市场竞争存在倒 U 形关系。[⑤]

目前市场竞争程度的衡量方法主要有市场份额和赫芬达尔-赫希曼指数（HHI）[⑥]，相对来讲，HHI 的应用更广一些，本章同样采用 HHI 来分析战略性新兴产业与传统产业的市场竞争程度差异。从图 8-2 可以看出：总体上看，不论是传统产业还是战略性新兴产业，HHI 都呈下降趋势，说明我国的市场正在不断成熟，市场竞争程度正在逐步提升；从战略性新兴产业来看，战略性新兴产业的 HHI 一直大于传统产业，说明战略性新兴产业的市场集中度较传统产业高，市场竞争程度较传统产业低；比较战略性新兴产业与传统产业的 HHI 差距可以发现，战略性新兴产业与传统产业的 HHI 差距越来越小，到 2013 年的时候，两者几乎已经相等，说明战略性新兴产业的市场竞争程度正在快速提升，基本与传统产业的市场竞争程度一致。

---

① J A Schumpeter. Capitalism, Socialism and Democracy[M]. London: Unwin, 1942.

② K J Arrow. Economic Welfare and the Allocation of Resources for Invention[M]//National Bureau of Economic Research. The Rate and Direction of Inventive Activity: Economic and Social Factors. New Jersey: Princeton University Press, 1962: 609-626.

③ F M Scherer. Firm Size, Market Structure, Opportunity, and the Output of Patented Inventions[J]. American Economic Review, 1965(5): 1097-1125.

④ P Aghion, N Bloom, R Blundell, et al. Competition and Innovation: An Inverted-U Relationship[J]. Quarterly Journal of Economics, 2005(2): 701-728.

⑤ 聂辉华, 谭松涛, 王宇锋. 创新、企业规模和市场竞争：基于中国企业层面的面板数据分析[J]. 世界经济, 2008(7): 57-66; 朱恒鹏. 企业规模、市场力量与民营企业创新行为[J]. 世界经济, 2006(12): 41-52.

⑥ HHI 值越大，说明市场相对越集中，市场竞争程度越低；HHI 值越小，则市场竞争程度越高。

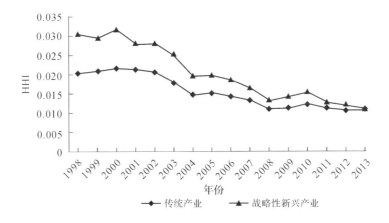

图 8-2　传统产业与战略性新兴产业市场竞争程度

数据来源：根据中国工业企业数据库计算得到。

(三)企业性质

我们还要关注的是战略性新兴产业中的企业性质。在我国的国民经济中，国有企业一直扮演着十分重要的角色，关于国有企业的效率问题也一直争论不休。这个争论主要是针对国有企业在战略性新兴产业中的定位问题，到底该由国有企业还是民营企业承担战略性新兴产业发展的主力军重任。在发展战略性新兴产业的过程中，我国很多地方政府让国有企业主导战略性新兴产业发展。支持者认为，从产业特点看，战略性新兴产业需要的资金较多，国有企业由于资本雄厚，在发展战略性新兴产业上应该承担更多的责任。反对者则认为，国有企业行为不是企业针对市场环境做出的最佳选择，因此如果让国有企业主导战略性新兴产业发展，一个不可避免的问题就是各地方政府一拥而上，继而出现发展质量不高、产能过剩、低水平重复建设、市场化程度降低等一系列问题。相反，民营企业的公司治理能力优于国有企业，比国有企业灵活，因此应当鼓励民间资本积极进入战略性新兴产业。实证研究方面，早期研究比较支持国有企业比民营企

业更有创新意愿的观点[①];后期研究转而认为民企创新能力更强[②]。我国
战略性新兴产业的国有企业占比与传统产业有什么不同呢? 了解我国战
略性新兴产业的企业性质现状有利于我们正确地看待当前对我国战略性
新兴产业中国有企业定位的争论。

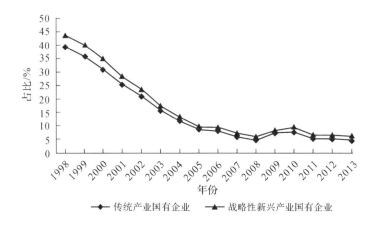

图 8-3 传统产业与战略性新兴产业国有企业占比

数据来源:根据 1998—2013 年中国工业企业数据库计算得到。

从图 8-3 可以看出:1998—2013 年,我国战略性新兴产业的国有企业
占比确实高于传统产业的国有企业占比,但是两者的差距比较小,说明总
体上,我国战略性新兴产业的国有企业比重并没有高到离谱;在这段时期
内,随着我国国有企业改制,不论是传统产业还是战略性新兴产业,国有企
业的比重一直呈现下降趋势。

对我国战略性新兴产业的产业组织结构的三方面现状进行分析可以
发现:就企业规模而言,我国战略性新兴产业的平均企业规模呈上升趋势,

① 聂辉华,谭松涛,王宇锋.创新、企业规模和市场竞争:基于中国企业层面的面板数据分析
[J].世界经济,2008(7):57-66;李春涛,宋敏.中国制造业企业的创新活动:所有制和 CEO 激励的作用
[J].经济研究,2010(5):135-137.
② 唐跃军,左晶晶.所有权性质、大股东治理与公司创新[J].金融研究,2014(6):177-192;何玉
润,林慧婷,王茂林.产品市场竞争、高管激励与企业创新——基于中国上市公司的经验证据[J]. 财贸
经济,2015(2):125-135;徐晓萍,张顺晨,许庆.市场竞争下国有企业与民营企业的创新性差异研究
[J]. 财贸经济,2017(2):141-155.

并且与传统产业企业的平均规模差距越来越大；就市场竞争程度而言，战略性新兴产业的市场竞争程度低于传统产业，但是其上升趋势也十分明显，当前整个战略性新兴产业的市场竞争程度基本与传统产业相当；就企业性质而言，我国战略性新兴产业的国有企业比重略高于传统产业，但是国有企业比重一直呈现下降趋势。总体而言，战略性新兴产业与传统产业在市场竞争程度和企业性质构成上的差异在减小，而企业规模的差异在扩大。

二、战略性新兴产业的最优产业组织结构：理论模型

本部分将通过模型分析不同产业组织结构对战略性新兴产业发展的影响。对于一个产业而言，到底是哪方面影响更能实质性地影响产业的发展呢？本章选择不同产业组织结构对企业创新行为的影响，这是因为战略性新兴产业作为一个技术密集型行业，对于企业创新的要求很高。根据2010年国务院颁布的《关于加快培育和发展战略性新兴产业的决定》，增强自主创新能力是培育和发展战略性新兴产业的中心环节。2016年出台的《"十三五"国家战略性新兴产业发展规划》再一次强调，创新是战略性新兴产业发展的核心，最优的产业组织结构应当是促进产业创新的，只有产业内部不断创新，才能促进战略性新兴产业不断发展，引领和带动产业发展。因此，本章将构建一个理论模型，分析不同竞争程度下，企业如何进行创新选择，从而为我国战略性新兴产业构建最优的产业组织提供政策思路。

本章的理论模型在阿吉翁模型[①]的基础上拓展而成。主要区别是：原模型只讨论市场竞争程度与企业创新的关系，忽视了行业异质性，没有讨

---

① P Aghion，N Bloom，R Blundell，et al. Competition and Innovation：An Inverted-U Relationship［J］. Quarterly Journal of Economics，2005(2)：701-728.

论不同行业特征下市场竞争与企业创新关系的差异性。显然，不同行业存在很大差异，最优的产业组织政策应当充分考虑行业的特征。本章将不同行业的异质性考虑进模型内，将行业技术溢出的难易程度作为衡量行业异质性的主要指标，分析不同行业中市场竞争与企业创新的关系，进而探讨战略性新兴产业最优的产业组织结构。

（一）消费者行为

代表性消费者的效用函数为 $U(y_t) = \ln y_t$，效用的跨期贴现率为 r，每个代表性消费者的劳动力禀赋为 1，最终产品生产由中间投入品所得，最终产品的生产函数为：

$$\ln y_t = \int_0^1 \ln x_j \, \mathrm{d}j \tag{8-1}$$

其中，每个中间部门 j 都由两个寡头垄断企业 A 和 B 组成，所以每种中间品的总消耗可以表示为：

$$x_j = x_{Aj} + x_{Bj} \tag{8-2}$$

从最终产品的生产函数(8-1)式可以看出，最终产品生产最优时，对每一种中间产品 x_j 的需求相等，将消费者的收入标准化为 1，在中间产品价格 p_{Aj} 和 p_{Bj} 给定情况下，最大化 $x_{Aj} + x_{Bj}$，其预算约束为：$p_{Aj} x_{Aj} + p_{Bj} x_{Bj} = 1$。

（二）生产者行为

每个寡头厂商在生产中间品的过程中只需要劳动，且规模报酬不变，每雇用 1 单位劳动力，生产的中间产品为：

$$A_t = \gamma^{k}, i = A, B \tag{8-3}$$

其中，k_i 为双寡头中企业的技术水平，$\gamma > 1$，用来表示企业前沿创新程度。每个中间产品行业的状态可以用 $(1, m)$ 表示，其中，1 是领先企业的技术水平，m 是追随者与领先者的技术差距。为了简化分析，假设知识的外溢在领先者与追随者间始终存在,则最大的技术差距 $m=1$,其含义是如果一个企业已经领先一步创新,追随企业将会自动地学习并模仿领先企业先前的技术,因此只存在 1 步技术水平落后。因此在任何给定时期 t,行业内的两个企业只存在两种技术结构:一种是所有厂商的技术水平相同,即 $m=0$;另一种是领先企业领先追随企业 1 步,即 $m=1$。

企业通过研发投入来实现技术创新,假设领先企业为了实现 n 的技术进步需要支付 $\varphi(n)=\dfrac{n^2}{2}$ 的研发成本。行业内的两个企业间存在技术溢出,h 为落后企业不进行研发可以通过行业内技术溢出实现技术进步的概率,不同行业的技术溢出程度拥有异质性,即不同行业的 $h(j)$ 不同。因此,落后企业花费 $\dfrac{n^2}{2}$ 的研发投入可以实现的技术进步概率为 $n+h(j)$。假定 n_0 为行业内企业没有技术差距情况下企业进行研发的概率,n_{-1} 为行业内企业有技术差距情况下落后企业进行研发的概率,n_1 为领先企业进行研发的概率。

由于行业内企业存在技术溢出,落后企业可以借助行业的技术溢出,自动掌握领先企业的新技术,因此在有技术差距的行业中领先者不能通过主动创新获得额外收益,所以领先者不会主动进行创新,即 $n_1=0$。因此只需要求解 n_0 和 n_{-1},在没有技术差距行业内的企业,存在着串谋行为,假设产品市场竞争程度与企业间串谋行为成反比。而有技术差距的企业之间不会形成串谋,因此落后者的利润 $\pi_{-1}=0$,而领先者的利润为 $\pi_1=1-\gamma^{-1}$;而在没有技术差距的行业中如果企业之间不能形成串谋则大家的利润都为 0(伯川德竞争),如果企业间完全串谋则两家企业平分市场利润竞争 $\dfrac{\pi_1}{2}$。定义利润 $\pi_0=\varepsilon\pi_1$,(其中 $0<\varepsilon<0.5$),当 ε 越接近 0.5 时,说明企业间的串谋程度越高,因此可以定义 $\Delta=1-\varepsilon$ 为市场竞争程度。

企业均衡的创新概率 n_0 和 n_{-1} 是由对称的马尔科夫稳态均衡

(Markov-stationary Equilibrium)构成，用 V 表示代表性企业在稳态下的收益贴现，每个企业都寻求贴现收益最大，市场贴现率为 n，可以得到均衡条件下的贝尔曼方程(Bellman Equation)：

$$rV_1 = \pi_1 + (n_{-1} + h)(V_0 - V_1) \tag{8-4}$$

求解可得到在没有技术差距情况下，代表企业的均衡创新率为：

$$n_0 = \sqrt{h^2 + 2\Delta\pi_1} - h \tag{8-5}$$

由(8-5)式可以得到，在没有技术差距的情况下，代表企业的均衡创新概率会随着市场竞争程度 Δ 的提升而增大，我们把这种效应称为"逃离竞争效应"。对于有技术差距的落后企业，均衡创新率为：

$$n_{-1} = \sqrt{h^2 + {n_0}^2 + 2\pi_1} - h - n_0 \tag{8-6}$$

由(8-6)式可以得到，在有技术差距的情况下，落后企业的均衡创新率随着市场竞争程度的提升而降低，我们将这种效应称为"熊彼特效应"。由于市场竞争对企业创新同时存在着正向和负向两种效应，因此市场竞争对创新的影响并不是简单的线性关系。

为了求得市场竞争对创新总的影响，记 μ_1 为稳态下有技术差距行业的比率，μ_0 为没有技术差距行业的比率，在任何时刻有技术差距行业转变成没有技术差距行业的概率可以表示为 $\mu_1(n_{-1} + h)$，而没有技术差距行业转化为有技术差距行业的概率可以表示为 $2\mu_0 n_0$，均衡时，两者相等 $[2\mu_0 n_0 = \mu_1(n_{-1} + h)]$，并且概率相加为1，可以求得行业总体创新率为：

$$I = 2\mu_0 n_0 + \mu_1(n_{-1} + h) = \frac{4n_0(n_{-1} + h)}{2n_0 + n_{-1} + h} \tag{8-7}$$

为了使等式简化，定义 $B = h^2 + 2\pi_1$，可以得到行业总体创新水平：

$$V(n_0) = \frac{4n_0 \sqrt{{n_0}^2 + B} - n_0}{\sqrt{{n_0}^2 + B} + n_0} \tag{8-8}$$

(三)市场竞争对企业创新的影响

市场竞争对企业创新的影响，可以通过对 Δ 求导得到。根据链式法

则,有:

$$\frac{\partial V(n_0)}{\partial n_0} \cdot \frac{\partial n_0}{\partial \Delta} 4B \left[\frac{1}{\sqrt{N_0{}^2 + B} + n_0}\right]^2 \left[1 - \frac{2n_0}{\sqrt{n_0{}^2 + B}}\right] \frac{\pi_1}{\sqrt{h^2 + 2\Delta\pi_2}} \quad (8-9)$$

可以得到,当 $n_0{}^* = \sqrt{(h^2 + 2\pi_1)/3}$ $\left[$此时 $\Delta^* = \dfrac{(n_0{}^* + h)^2 - h^2}{2\Delta\pi_1}\right]$,$V(n_0)$ 取得最大值;当 $n_0 < n_0{}^*$(即 $\Delta < \Delta^*$)时,$V(n_0)$ 随着 n_0(或 Δ)的增大而增大,而当 $n_0 > n_0{}^*$(即 $\Delta > \Delta^*$)时,$V(n_0)$ 随着 n_0(或 Δ)的增大而减小。市场竞争程度与企业创新之间呈现倒 U 形关系,适度的市场竞争会促进企业创新活动,而过度的市场竞争会抑制企业创新活动。

命题 1:市场竞争程度与企业创新之间呈现倒 U 形关系。当市场竞争程度较低时,提升市场竞争程度能够促进企业创新活动;当市场竞争程度较高时,提升市场竞争程度会抑制企业创新活动。

(四)不同行业的异质性

前人的很多理论和实证研究都没有考虑行业异质性[①],因此所有产业得出相同的结论,显然忽视行业的异质性是不利于最优产业组织政策的制定的。不同行业由于行业特征不同,其技术溢出程度 $h(j)$ 具有明显的差异。行业的技术溢出程度受到各方面因素的影响,但是最重要的影响因素还是行业本身的技术水平。技术水平越高的行业,对于追赶者而言,要想完全掌握领先企业的技术也就更难,因此其技术溢出水平应当越低,这对于领先者的创新意愿会产生不同的影响:自身的技术难以被落后企业模

　　① P Aghion,N Bloom,R Blundell,et al. Competition and Innovation:An Inverted-U Relationship [J]. Quarterly Journal of Economics,2005(2):701-728;聂辉华,谭松涛,王宇锋. 创新、企业规模和市场竞争:基于中国企业层面的面板数据分析[J]. 世界经济,2008(7):57-66;李春涛,宋敏. 中国制造业企业的创新活动:所有制和 CEO 激励的作用[J]. 经济研究,2010(5):135-137;唐跃军,左晶晶. 所有权性质、大股东治理与公司创新[J]. 金融研究,2014(6):177-192;何玉润,林慧婷,王茂林. 产品市场竞争、高管激励与企业创新——基于中国上市公司的经验证据[J]. 财贸经济,2015(2):125-135;徐晓萍,张顺晨,许庆. 市场竞争下国有企业与民营企业的创新性差异研究[J]. 财贸经济,2017(2):141-155.

仿,那么创新带来的收益会比完全技术溢出情形大,因此创新激励也就更高。

如何衡量企业的技术水平高低? 本章认为企业的"资本-劳动比"是一个衡量企业技术水平的较好的代理变量:企业的"资本-劳动比"越高,说明企业对资本的需求更大,其技术水平也越高;"资本-劳动比"越低,说明企业对劳动力的需求更大,其技术水平相对较低。[①] 行业的技术溢出程度与行业的"资本-劳动比"存在方向关系,技术水平越高的行业,企业间的技术溢出程度越低:

$$h(j) = f_j\left(\frac{K}{L}\right),并且\frac{\partial h(j)}{\partial\left(\frac{K}{L}\right)} < 0 \qquad (8\text{-}10)$$

考虑行业异质性,对行业的技术溢出程度 $h(j)$ 求导可得:

$$\frac{\partial V(n_0)}{\partial B} \cdot \frac{\partial B}{\partial h} = 8n_0^2 \frac{(n_0^2 + B) - \dfrac{1}{2}}{\left(\sqrt{n_0^2 + B} + n_0\right)^2} h > 0 \qquad (8\text{-}11)$$

由(8-11)式可得,企业创新 $V(n_0)$ 随着行业技术溢出程度 $h(j)$ 的提升而增加:当 $h(j)$ 较高时,行业技术溢出大,市场竞争能够有效地促进企业创新,即竞争对创新的促进效果明显;对于技术溢出小的行业,竞争促进企业创新的效率较低。所以不同技术溢出程度的行业,市场竞争对企业创新的影响存在明显差异,反映在图上为:技术溢出程度高的行业,市场竞争与企业创新的倒 U 形曲线的顶部越高,开口更小,倒 U 形曲线越为高耸;而低技术溢出程度的行业,市场竞争与企业创新的倒 U 形曲线顶部更低,开口更大,倒 U 形曲线更为扁平(见图 8-4)。[②]

命题 2:考虑行业异质性下市场竞争对企业创新行为的影响,市场竞

---

① 中国工业企业数据库的企业"资本-劳动比"的统计数据证明了这一观点,战略性新兴产业的平均"资本-劳动比"为151,高于传统产业的101。

②根据抛物线的性质:二次项系数的绝对值越大,开口越小,抛物线越高耸;而绝对值越小,开口越大,抛物线越扁平。

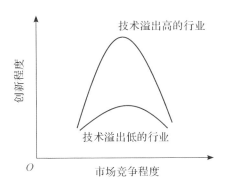

图 8-4　不同技术溢出程度下竞争与创新的关系

争程度对企业创新影响存在明显差异。行业技术溢出程度高的行业,市场竞争对企业创新的促进作用较明显;而技术溢出程度低的行业,市场竞争对企业创新的促进作用较小。

三、战略性新兴产业的最优产业组织结构:实证检验

本部分将运用中国工业企业数据库的数据检验前文的相关结论,对战略性新兴产业的企业识别仍然采用第四章中的方法。

(一)倒 U 形关系检验

根据命题 1,需要检验市场竞争程度与企业创新是否存在倒 U 形关系,其中一个重要的问题就是如何衡量企业创新,就目前对工业企业数据库的研究文献看,对于企业创新的衡量主要有三种方法:一是用企业的新产品产值衡量企业创新,新产品产值主要由企业根据自身需要汇报,因此这个数据准确性不是很好;二是用企业的研发投入衡量企业创新,这个数据在工业企业数据库中不是很全,很多年份企业没有研发投入;三是与专利数据库匹配,用企业的专利授权量来衡量企业创新,但是由于两个数据库没有统一的编码,只能根据企业名称对两个数据库进行匹配,在匹配过

程中会造成大量的样本损失。综合比较,本章选择用企业的研发投入衡量企业的创新,主要是基于以下两点原因:一是专利数据用企业的专利授权量衡量企业创新,准确地说衡量的是创新的结果,包含企业创新效率,因此对于创新活动参与的衡量并不十分准确;二是专利数据库由于衡量的是企业的创新结果,因此不可避免地存在时间滞后,当期的专利授权量其实是前期研发行为的成果,不能准确反映当期企业的创新行为。当然,为了使得本章分析结论更稳健,本章将使用企业专利数据库的数据进行稳健性检验。

工业企业数据由于本身存在很多统计错误,因此要对相关指标有异常值的样本进行剔除,我们对数据采取如下处理方式:一是对工业增加值、固定资产总值、职工人数、工业总产值、研究开发费等有缺失值、异常值的样本进行删除;二是删除统计有误以及不符合会计原则的样本;三是删除固定资产在 2000 万元以下或者职工人数少于 30 人的样本。根据命题 1,市场竞争程度与企业创新活动之间存在倒 U 形关系,这种关系在战略性新兴产业中仍然成立,构建出如下回归方程:

$$\text{rd\_duma 或 lnrd} = \alpha + \beta_1 \text{HHI} + \beta x + \mu_i + \gamma_i + \varepsilon \qquad (8\text{-}12)$$

企业创新活动主要有两方面:一方面是企业是否有创新行为,本章采用虚拟变量衡量企业是否有创新行为,有研发创新的为 1,没有的为 0;另一方面是企业的创新密度,即企业创新投入的多少,本章用企业研发投入的对数值衡量。

主要的被解释变量为行业的市场竞争程度,目前大多数文献使用的方法是市场份额或者赫芬达尔-赫希曼指数(HHI),本章采用 HHI 来衡量市场竞争程度。为了考察市场竞争程度与企业创新之间是否存在倒 U 形关系,本章加入 HHI 的二次项,如果存在倒 U 形关系,则 HHI 的二次项应当显著为负。

控制变量还包括企业的生产率 lntfp,表示企业进行研发的生产率基础。一般来讲,企业的生产率越高,企业进行创新的基础越好,企业越容易选择创新。本章采用 OLS 法估计企业 TFP(全要素生产率)的同时性偏差和样本选择性偏差,本章的其他数据采用 OP 法计算得到。一般来讲,企业的研发创新活动也具有规模经济优势,企业规模越大,其承受研发成本的能力越强,对研发的需求也更高,因此创新更多。本章选取企业固定资产合计的对数值衡量企业生产规模,选取企业的中间投入合计对数值来反映企业的中间产品投入。其他控制变量包括:企业获得的补贴收入;企业性质,是否为国有企业,是国有企业为 1,不是为 0。主要变量的描述统计见表 8-1。

表 8-1　主要变量的描述统计

变量	Obs	Mean	Std. Dev.	Min	Max
RD_dum	886440	0.101	0.302	0.000	1.000
lnrd	886382	0.569	1.835	0.000	15.782
HHI	886440	0.015	0.027	0.001	1.000
HHI^2	886440	0.001	0.009	$9.89e-07$	1.000
lntfp	883807	3.889	0.976	-7.247	11.428
ln$k$	884435	8.486	1.711	0.693	18.865
ln$m$	885750	9.897	1.337	0.000	18.969
lnsubsidy	886248	0.689	1.960	0.000	14.141
soe	886440	0.071	0.256	0.000	1.000

本章将企业创新行为细分为研发参与行为和研发密度,分析市场竞争程度对企业创新参与行为的影响。采用模型的回归结果见表 8-2。

表 8-2　市场竞争程度对企业创新参与行为的影响

变量	全行业回归结果			战略性新兴产业回归结果		
	M1	M2	M3	M4	M5	M6
HHI	7.580***	6.982***	3.113***	5.302***	3.985***	1.271***
	(73.59)	(66.51)	(25.90)	(21.64)	(15.83)	(3.90)
HHI²	−14.757***	−13.635***	−5.993***	−12.269***	−10.115***	−2.030**
	(−43.62)	(−40.16)	(−16.98)	(−14.80)	(−11.90)	(−2.20)
ln$k$	0.194***	0.070***	0.113***	0.210***	0.112***	0.129***
	(179.24)	(46.18)	(64.93)	(84.76)	(32.95)	(33.39)
lntfp		0.009***	0.062***		0.021***	0.071***
		(3.62)	(22.48)		(3.93)	(11.89)
ln$m$		0.165***	0.128***		0.106***	0.099***
		(72.65)	(48.76)		(21.57)	(17.44)
lnsubsidy		0.069***	0.060***		0.080***	0.071***
		(84.94)	(68.06)		(44.76)	(36.79)
soe		0.271***	0.438***		0.406***	0.464***
		(40.30)	(57.44)		(27.81)	(28.67)
时间效应	N	N	Y	N	N	Y
地区效应	N	N	Y	N	N	Y
行业效应	N	N	Y	N	N	Y
N	884534	883371	883371	130194	130009	130009

注：**、*** 分别表示 5%、1% 的显著性水平。括号内为 t 统计量。

从表 8-2 的回归结果看，不管是否控制其他变量和行业、地区、年份的固定效应，市场竞争程度的二次项都显著为负，说明市场竞争与企业创新呈现倒 U 形关系，即适度竞争会促进企业创新，而过多竞争会抑制企业创新。只对战略性新兴产业进行回归的结果同样存在倒 U 形关系，证明在战略性新兴产业中，也是适度竞争才能促进企业创新，而过度竞争会抑制企业创新。从其他控制变量看：企业规模的回归系数显著为正，说明企业研发的规模经济优势十分明显，企业规模越大，企业参与研发的概率越大；国有企业参与研发的概率也显著地大于非国有企业；当前的生产率水平越高，企业参与研发的概率也越大。此外，中间产品投入、获得补贴收入的多少都会显著影响企业的创新行为。

接下来继续分析市场竞争程度与企业研发强度是否存在倒 U 形关系。由于工业企业数据库中很多企业没有研发投入，所以采用 OLS 估计会存在严重的样本选择偏误，导致结果不可信。本章采用两阶段分析法①处理样本选择偏误问题，对企业 R&D 投入选择和 R&D 投入程度两个问题分别加以实证研究。

第一阶段相对样本选择进行分析，分析企业 R&D 的参与行为，对是否有 R&D 投入采用二值变量的模型来分析。

$$prob(rd\_dum_i) = \alpha + \beta r_i + \mu_i + \varepsilon \qquad (8\text{-}13)$$

企业是否有 R&D 投入由可观察的主要相关解释变量和控制变量共同决定，μ_i 是不可观测的个体效应，ε 是误差项。如果企业有 R&D 投入，$rd\_dum_i = 1$；反之，$rd\_dum_i = 0$。根据（8-13）式而得到估计值 δ，然后对每个 i 计算逆米尔斯比率：

$$\lambda_i = \frac{\varphi(X_i\hat{\delta})}{\phi(X_i\hat{\delta})} \qquad (8\text{-}14)$$

其中，$\varphi(X_i\hat{\delta})$、$\phi(X_i\hat{\delta})$ 分别表示以 $x_i\hat{\delta}$ 为变量的标准正态分布的密度函数和累计密度函数。X_i 是第一阶段模型中的解释变量集，与普通最小二乘法的不同之处在于，加入了逆米尔斯比率 λ_i，可以克服样本的选择性偏差，若 λ_i 显著不为零，则表明存在明显的样本选择性，也说明采取两阶段分析法是否合适。

第二阶段利用选择样本，即 $rd\_dum_i = 1$ 的观测数据，做如下回归：

$$lnrd = \beta X_i + \lambda_i + \varepsilon \qquad (8\text{-}15)$$

其中，lnrd 为企业 R&D 投入程度，λ_i 是第一阶段算出的逆米尔斯比率，ε 为

---

① J J Heckman. Sample Selection Bias as a Specification Error [J]. Econometrica，1979(1)：153-161.

误差项。根据(8-15)式,对企业研发密度的回归结果见表8-3。

表 8-3 市场竞争程度对企业研发密度的影响

变量	全行业回归结果			战略性新兴产业回归结果		
	M1	M2	M3	M4	M5	M6
HHI	7.580***	6.982***	3.113***	5.302***	3.985***	1.271***
	(73.59)	(66.51)	(25.90)	(21.64)	(15.83)	(3.90)
CHHI	81.157***	13.153***	6.249***	55.114***	8.066***	4.017***
	(11.11)	(13.88)	(13.94)	(6.64)	(8.22)	(4.80)
HHI²	−159.757***	−23.496***	−11.062***	−125.490***	−16.297***	−5.402**
	(−10.63)	(−11.64)	(−10.07)	(−6.09)	(−5.73)	(−2.27)
ln$k$	2.335***	0.182***	0.373***	2.233***	0.115***	0.340***
	(12.58)	(17.34)	(29.77)	(6.95)	(4.94)	(15.57)
lntfp		0.260***	0.380***		0.301***	0.402***
		(30.90)	(35.43)		(18.67)	(21.30)
ln$m$		0.558***	0.551***		0.386***	0.444***
		(25.08)	(37.84)		(16.83)	(22.06)
lnsubsidy		0.121***	0.133***		0.058***	0.124***
		(13.74)	(22.70)		(3.97)	(11.98)
soe		0.434***	0.733***		0.193**	0.558***
		(11.78)	(16.62)		(2.52)	(7.76)
时间效应	N	N	Y	N	N	Y
地区效应	N	N	Y	N	N	Y
行业效应	N	N	Y	N	N	Y
N	884534	883371	883371	130194	130009	130009

注:其中**、***分别表示5%、1%的显著性水平。括号内为t统计量。

从表8-3回归结果看,所有模型的市场竞争程度二次项系数都显著为负,依然支持市场竞争与企业创新之间存在倒U形关系,说明适度竞争会促进企业提高研发密度，而过多竞争会降低企业研发密度。同时对比全行业和战略性新兴产业的回归系数可以发现，相同的回归模型下，战略性新兴产业的回归系数的绝对值都小于全行业的回归系数。根据抛物线的性质，可以得出，战略性新兴产业条件下，市场竞争与企业创新的倒 U 形曲线更扁平，说明市场竞争对企业创新的促进作用更小。当然这只是一个初步的结论，为了进一步验证理论模型的命题 2，我们需要做更多的实证。

（二）行业异质性的检验

根据模型命题 2，由于存在着行业异质性，市场竞争对企业创新的影响程度不同，技术溢出小的行业，倒 U 形曲线更扁平。为此，我们已经推出，企业的"资本-劳动比"可以作为技术溢出程度的一个反向指标，"资本-劳动比"越高，技术溢出程度越低。我们将企业的"资本-劳动比"引入计量模型，重新构建如下回归方程：

$$\text{rd\_dum 或 lnrd} = \alpha + \beta_1 HHI + \beta_2 HHI^2 + \beta_4 KL_{HHI} +$$
$$\beta_5 KL_{HHI^2} + \beta X + \mu_i + \gamma_t + \varepsilon \tag{8-16}$$

其中，KL 为企业的"资本-劳动比"，KL_{HHI} 为"资本-劳动比"与市场集中度的交互项，KL_{HHI^2} 为"资本-劳动比"与市场集中度二次项的交互项。根据抛物线开口大小性质，如果市场竞争对企业创新的影响程度随着技术溢出程度的降低而降低，则 KL_{HHI} 的系数应当为正。考虑企业的创新参与行为，回归结果见表 8-4。

表 8-4　行业异质性对企业创新参与行为的影响

变量	M1	M2	M3
HHI	7.664*** (73.39)	7.063*** (66.48)	3.155*** (26.02)
HHI²	−15.182*** (−43.84)	−14.004*** (−40.40)	−6.190*** (−17.25)

续　表

变量	M1	M2	M3
ln$k$	0.204***	0.079***	0.116***
	(182.52)	(50.25)	(65.88)
KL	−0.000***	−0.000***	−0.000***
	(−32.35)	(−19.41)	(−8.36)
KL$_{HHI}$	−0.000	−0.000***	−0.000**
	(−0.66)	(−2.98)	(−2.46)
KL$_{HHI^2}$	0.001***	0.002***	0.001***
	(4.46)	(5.20)	(3.47)
lntfp		0.016***	0.065***
		(6.36)	(23.42)
ln$m$		0.159***	0.126***
		(69.52)	(47.62)
ln$s$		0.069***	0.059***
		(84.35)	(67.82)
soe		0.276***	0.438***
		(41.16)	(57.40)
时间效应	N	N	Y
地区效应	N	N	Y
行业效应	N	N	Y
N	884517	883371	883371

注：其中**、***分别表示5%、1%的显著性水平。括号内为t统计量。

从表8-4的回归结果可以看出，在所有回归模型中，"资本-劳动比"与市场竞争程度二次项交互项的系数都显著为正，说明随着行业"资本-劳动比"上升，技术溢出程度降低，市场竞争程度二次项的系数绝对值变小，倒U形曲线变得更加扁平，市场竞争对企业创新的促进作用减小，证明了理论模型命题2的结论。为了进一步检验不同技术溢出程度下市场竞争程度对企业创新的影响，本章按中位数将样本分为高技术溢出组和低技术溢出组，回归结果见表8-5。

表 8-5 行业异质性对企业创新参与行为影响的进一步检验

变量	高技术溢出组			低技术溢出组		
	M1	M2	M3	M4	M5	M6
HHI	7.580***	6.982***	3.113***	5.302***	3.985***	1.271***
	(73.59)	(66.51)	(25.90)	(21.64)	(15.83)	(3.90)
HHI	9.135***	8.250***	3.256***	6.259***	5.997***	2.918***
	(57.21)	(50.91)	(17.52)	(45.69)	(43.03)	(18.31)
HHI^2	−19.171***	−17.158***	−6.659***	−11.695***	−11.322***	−5.420***
	(−33.38)	(−30.18)	(−11.56)	(−27.32)	(−26.27)	(−12.01)
lnscale	0.170***	0.077***	0.118***	0.252***	0.093***	0.158***
	(77.72)	(27.72)	(38.44)	(151.29)	(35.90)	(52.44)
lntfp		0.059***	0.103***		−0.019***	0.047***
		(14.32)	(22.91)		(−6.02)	(13.11)
ln$m$		0.137***	0.103***		0.171***	0.116***
		(35.77)	(24.07)		(56.84)	(32.17)
lnsubsidy		0.079***	0.071***		0.064***	0.053***
		(53.67)	(45.34)		(65.39)	(49.57)
soe		0.395***	0.394***		0.202***	0.430***
		(32.28)	(29.33)		(24.68)	(45.56)
时间效应	N	N	Y	N	N	Y
地区效应	N	N	Y	N	N	Y
行业效应	N	N	Y	N	N	Y
N	441308	440769	440769	443092	442468	442468

注：*** 表示 1% 的显著性水平。括号内为 t 统计量。

表 8-5 的回归结果支持前面的分析结论：不同技术溢出程度下，市场竞争对企业创新的促进作用有比较明显的差异，高技术溢出组（"资本-劳动比"较低的行业）的市场竞争程度二次项系数绝对值在各类模型中都显著地大于低技术溢出行业（"资本-劳动比"较高的行业），所以高技术溢出

行业的倒 U 形曲线更高耸,市场竞争对企业创新参与率的边际影响更大,而低技术溢出组的倒 U 形曲线更扁平,市场竞争对企业创新的创新参与率边际影响更小。本章用同样的方法分析市场竞争对企业创新密度的影响,回归结果见表 8-6。

表 8-6 行业异质性对企业创新密度的影响

变量	M1	M2	M3
HHI	93.075***	14.890***	6.477***
	(11.58)	(15.31)	(14.21)
HHI^2	−187.220***	−27.486***	−11.799***
	(−11.11)	(−13.05)	(−10.41)
lnscale	2.747***	0.212***	0.385***
	(12.86)	(18.00)	(29.79)
KL	−0.001***	−0.000***	−0.000***
	(−10.20)	(−7.59)	(−7.03)
KL_{HHI}	−0.001	−0.001***	−0.001**
	(−0.57)	(−3.38)	(−2.39)
KL_{HHI^2}	0.017***	0.005***	0.003***
	(3.72)	(4.06)	(2.86)
lntfp		0.275***	0.389***
		(31.38)	(35.53)
ln$m$		0.581***	0.547***
		(26.82)	(38.05)
lnsubsidy		0.135***	0.135***
		(15.15)	(22.90)
soe		0.495***	0.743***
		(13.02)	(16.82)
时间效应	N	N	Y
地区效应	N	N	Y
行业效应	N	N	Y
N	884517	883371	883371

注:**、*** 分别表示 5%、1% 的显著性水平。括号内为 t 统计量。

从表 8-6 的回归结果可以看出,与企业的创新参与行为类似,市场竞争对企业创新密度的影响也有显著的行业差异，与理论模型的预测一致：随着行业技术溢出程度的降低，市场竞争对企业创新密度的促进作用减弱。更加集中的市场对创新的激励副作用更小，而创新的规模效应可以得到充分体现［企业规模(ln$k$)对创新的影响显著为正］。对不同技术溢出程度行业的分组检验也进一步证明了我们的结论(见表 8-7)。

表 8-7　行业异质性对企业创新密度行为影响的进一步检验

变量	高技术溢出组			低技术溢出组		
	M1	M2	M3	M4	M5	M6
HHI	153.140***	20.181***	5.752***	18.339***	9.808***	5.869***
	(3.99)	(5.58)	(5.75)	(9.72)	(10.07)	(11.08)
HHI²	−327.713***	−40.213***	−11.940***	−32.644***	−16.330***	−9.408***
	(−3.91)	(−5.11)	(−5.11)	(−8.64)	(−7.93)	(−7.21)
lnscale	2.984***	0.147***	0.343***	1.109***	0.268***	0.522***
	(4.19)	(4.22)	(10.31)	(15.09)	(16.93)	(26.63)
lntfp		0.386***	0.457***		0.195***	0.342***
		(13.09)	(14.69)		(17.87)	(27.81)
ln$m$		0.597***	0.454***		0.516***	0.507***
		(9.90)	(15.19)		(18.59)	(30.83)
lnsubsidy		0.188***	0.155***		0.098***	0.114***
		(5.62)	(8.26)		(10.15)	(19.29)
soe		0.933***	0.606***		0.206***	0.678***
		(5.51)	(5.63)		(5.71)	(13.91)
时间效应	N	N	Y	N	N	Y
地区效应	N	N	Y	N	N	Y
行业效应	N	N	Y	N	N	Y
N	441308	440769	440769	443092	442468	442468

注：*** 表示 1% 的显著性水平。括号内为 t 统计量。

从表 8-7 回归结果看，高技术组的市场竞争程度二次项系数绝对值明显小于低技术组市场竞争程度二次项系数的绝对值，说明随着高技术组的行业内技术溢出程度降低，市场竞争与企业创新的倒 U 形曲线更加扁平。

(三)战略性新兴产业与传统产业的差异

根据上面的实证研究可以得出:随着行业技术溢出程度的降低,市场竞争对企业创新的促进作用变小,战略性新兴产业属于高技术行业。因此根据我们的分析,技术溢出程度应当较低,因此,市场竞争对企业创新的促进作用应当小于传统产业。为此,本章构建如下回归模型,进一步验证市场竞争对战略性新兴产业与传统行业企业创新的不同影响。

$$\text{rd\_dum 或 lnrd} = \alpha + \beta_1 \text{HHI} + \beta_2 \text{HHI} \times \text{ZLXX} +$$

$$\beta_3 \text{ZLXX} + \beta X + \mu_i + \gamma_t + \varepsilon \qquad (8\text{-}17)$$

其中,ZLXX 为企业是否为战略性新兴产业的虚拟变量:如果企业属于战略新兴产业,则为 1,否则为 0。参照前文的分析,我们得出战略性新兴产业由于技术水平高,所以行业的技术溢出水平低,因此市场竞争对企业创新的促进作用较小,如果假设正确,那么 β_2 应当小于 0。具体的回归结果见表 8-8。

表 8-8　战略性新兴产业与传统产业的最优产业组织结构差异

变量	研发参与行为回归结果			研发密度行为回归结果		
	M1	M2	M3	M4	M5	M6
HHI	3.383***	1.431***	1.483***	6.865***	4.511***	3.927***
	(52.88)	(19.85)	(20.37)	(12.50)	(14.09)	(13.57)
HHI×ZLXX	−1.894***	−0.835***	−0.862***	−1.573***	−2.929***	−2.305***
	(−12.85)	(−5.03)	(−5.16)	(−2.78)	(−4.94)	(−4.30)
ZLXX	0.360***	0.177***	0.170***	0.703***	0.623***	0.488***
	(64.53)	(25.18)	(24.04)	(11.64)	(18.21)	(16.30)
lnscale	0.142***	0.164***	0.171***	0.449***	0.743***	0.704***
	(120.22)	(129.77)	(133.86)	(19.80)	(34.20)	(36.04)

变量	研发参与行为回归结果			研发密度行为回归结果		
	M1	M2	M3	M4	M5	M6
lntfp	0.117***	0.142***	0.149***	0.624***	0.856***	0.797***
	(58.65)	(68.00)	(70.08)	(32.33)	(43.67)	(44.95)
lnsubsidy	0.073***	0.068***	0.063***	0.129***	0.199***	0.163***
	(90.76)	(80.65)	(72.57)	(11.50)	(22.97)	(23.46)
soe	0.224***	0.437***	0.447***	0.376***	1.127***	0.933***
	(34.11)	(59.83)	(59.10)	(10.10)	(19.82)	(18.52)
时间效应	N	N	Y	N	N	Y
地区效应	N	N	Y	N	N	Y
行业效应	N	N	Y	N	N	Y
N	883615	883615	883615	883615	883615	883615

注：*** 表示 1% 的显著性水平。括号内为 t 统计量。

从表 8-8 的回归结果看：市场竞争程度的回归系数显著为正，说明竞争有利于促进企业的创新行为；战略性新兴产业的回归系数显著为正，说明战略性新兴产业本身的研发行为就要强于传统产业；而市场竞争程度与战略性新兴产业的交互项显著为负，验证了前文的分析，在战略性新兴产业中，市场竞争对于企业的研发行为虽然有促进作用，但是这种促进作用会显著变小，其中对研发参与行为的促进作用变小了 50% 以上[①]，而对研发密度行为的提升作用变小更多，说明市场竞争对战略性新兴产业的创新促进作用与传统产业相比有较大差距，因此适度集中的产业组织结构对战略性新兴产业的创新抑制作用较小。

[①]根据回归系数计算，可以得到，战略性新兴产业中市场竞争对研发的参与行为的促进作用只有传统产业的 0.42 倍，对研发密度的提升作用只有传统产业的 0.41 倍。

（四）稳健性检验

本部分将使用中国企业专利数据库与中国工业企业数据的匹配数据，对实证结论做进一步稳健性检验，构建如下的回归模型：

$$\text{lnpatent} = \alpha + \beta_1\text{HHI} + \beta_2\text{HHI}^2 + \beta X + \mu_i + \gamma_t + \varepsilon \qquad (8\text{-}18)$$

其中，被解释变量为企业的专利数量[①]对数值，主要的解释变量为市场竞争程度，其他变量与前文一致。本章根据企业名称对中国工业企业数据库与中国企业专利数据库进行匹配，主要变量的描述统计见表8-9。

表 8-9　主要变量的描述统计

变量	Obs	Mean	Std. Dev.	Min	Max
lnpatent	191984	1.03	1.04	0	7.23
HHI	191984	0.019	0.032	0.001	0.948
HHI^2	191984	0.001	0.009	2.76e−07	0.899
lntfp	174799	5.07	1.03	−4.39	13.70
ln$k$	190056	9.98	1.92	0	19.33
lnsubsidy	886248	0.689	1.960	0	14.141
soe	191984	0.109	0.312	0	1.000

经过 F 检验和 Hausman 检验，本章确定应当采用个体固定效应模型，回归结果见表8-10。

表 8-10　稳健性检验的回归结果

变量	全行业回归结果		战略性新兴产业回归结果	
	M1	M2	M3	M4
HHI	0.640***	0.548***	−0.531*	−0.591*
	(4.69)	(3.83)	(−1.76)	(−1.92)

---

①企业专利包括发明授权专利、实用新型授权专利和外观授权专利，这里为三者之和。

续　表

变量	全行业回归结果		战略性新兴产业回归结果	
	M1	M2	M3	M4
HHI²	−1.696***	−1.532***	0.467	0.716
	(−3.95)	(−3.34)	(0.51)	(0.77)
ln$k$	0.075***	0.067***	0.071***	0.063***
	(52.89)	(41.55)	(26.91)	(21.04)
soe		−0.026***		0.020
		(−2.80)		(1.26)
lntfp		0.063***		0.054***
		(22.75)		(10.50)
时间效应	Y	Y	Y	Y
地区效应	Y	Y	Y	Y
行业效应	Y	Y	Y	Y
R^2	0.0990	0.1057	0.1091	0.1158
N	190056	174799	43659	40201

注：*、*** 分别表示 10%、1% 的显著性水平。括号内为 t 统计量。

模型 1 和模型 2 是对全行业的回归结果，其中，HHI 二次项的系数都显著为负，证明市场竞争与企业创新活动之间存在倒 U 形关系，即适度竞争会促进企业创新，而过多竞争会抑制企业创新。市场竞争加剧，有利于激发企业的创新，但是竞争的进一步加剧并不能促进企业创新，反而会抑制企业的创新行为。模型 3 和模型 4 是对战略性新兴产业的回归结果，可以看出，其与全行业的回归结果有着显著差异，其中 HHI 的二次项不再显著，说明战略性新兴产业中，市场竞争程度与企业创新行为之间的倒 U 形关系不再显著。这与我们模型的预测似乎有出入，其实不然。由于战略性新兴产业的技术溢出较小，所以会使得倒 U 形曲线变得扁平，当倒 U 形曲线扁平到了一定程度之后，就不再呈现倒 U 形关系。通过更进一步观察我们发现,HHI 的系数为负,说明随着市场集中度提高,企业的创新减弱了,说明就战略性新兴产业而言,充分竞争更有利于企业的创新。从其他变量的回归结果看:衡量企业规模的变量系数显著为正,说明企业的创新活动具有规模效应,企业规模的扩大有利于企业创新活动的展开;企业的生产率系数显著为正,说明企业的当前生产率越高,企业的创新活动也越多。

(五)主要结论

本部分运用中国工业企业数据库的数据验证了理论模型的相关结论:一是不论是全行业还是战略性新兴产业,市场竞争与企业创新的倒 U 形关系都成立,说明适度的竞争最有利于企业创新,过度的竞争会抑制企业创新;二是战略性新兴产业的倒 U 形曲线比传统产业的倒 U 形曲线更加扁平,说明由于战略性新兴产业的技术溢出程度低,市场竞争对企业创新的促进作用较小。这表明,在确定我国战略性新兴产业的最优产业组织结构时,适度的集中并不会过分地削弱企业的创新积极性,而创新的规模优势则可以充分发挥。

四、我国战略性新兴产业的产业组织政策的选择:政策与建议

前文通过理论模型和实证检验,分析了战略性新兴产业最优的产业组织结构,得出:一是总体而言,市场竞争和企业创新之间存在倒 U 形关系,即适度的竞争会促进企业创新,过度的市场竞争会抑制企业的创新;二是传统产业技术水平较低,因此技术溢出程度高,竞争对创新的影响更显著,而战略性新兴产业的技术溢出程度低,竞争促进社会创新的效率低,因此适度的集中并不会过分地削弱企业的创新积极性。综合对我国战略性新兴产业的产业组织结构现状、理论模型的推导和实证分析的结果,本书认

为未来我国战略性新兴产业的产业组织政策应当遵循"初始期充分竞争—成长期适度垄断—成熟期鼓励竞争"的路径。在战略性新兴产业发展的初始期,要鼓励市场竞争,允许民营企业充分进入,让战略性新兴产业发展充满活力;在战略性新兴产业发展的成长期,要鼓励企业做大做强,形成规模,发挥企业规模经济优势,通过龙头企业带动产业发展;在战略性新兴产业发展的成熟期,要继续鼓励市场竞争,通过竞争促进产业升级。

(一)规范市场主体,充分发挥民营资本带动作用

在战略性新兴产业发展的初始期,要鼓励市场竞争,允许更多民营资本进入战略性新兴产业。我国在发展战略性新兴产业的过程中,存在的一个重要问题就是各地方政府让国有企业主导战略性新兴产业发展,一拥而上,造成战略性新兴产业的产能过剩。这种发展模式造成我国战略性新兴产业的生产集中度低,挤占了大量的社会资源,却没有实现规模经济,生产效率低下与产能过剩同时存在。相对而言,民营资本对市场的反应更加灵敏,创新的动力更足,也更能把握战略性新兴产业的发展方向。因此,我国战略性新兴产业的产业组织政策要规范市场进入主体,要严格把控政府主导的市场进入,关系到国家重大民生的行业由政府主导,而其他行业应当充分向民间资本放开。建立稳定有序的竞争关系等,构建战略性新兴产业民间资本的负面管理清单,对于不在清单上的行业,要完全允许民间资本进入,让战略性新兴产业发展充满活力,通过民间资本带动战略性新兴产业发展。

(二)发挥创新规模优势,允许适度集中的市场结构

在战略性新兴产业发展的成长期,要鼓励企业做大做强,形成适度垄断的市场结构,发挥企业创新的规模经济优势。从本章的模型和实证可以看出,由于战略性新兴产业与传统产业存在较大的差异,行业的技术水平

更高，技术溢出更小，更容易实现相对集中的市场结构，而在技术溢出小的行业市场，竞争对企业创新的促进作用相对传统产业是较小的。这启示我们，在战略性新兴产业发展的成长期，我们应当允许适度集中的市场结构存在，让资源相对集中，这样更有利于企业发挥创新的规模优势，促进产业发展。在具体实施的模式上，过度集中的市场结构必须是市场自身的选择，企业通过自身创新达到对市场的控制，鼓励企业做大做强，而不是政府主动扶持建立大企业。从理论上讲，大企业、大集团是"扶"不起来的，通过政府扶持建立的大企业并不能经受市场的"洗礼"，不能引领产业未来的发展。

（三）关注产业发展阶段，动态调整产业组织政策

在战略性新兴产业发展的成熟期，要鼓励更多市场竞争，用竞争促进产业继续升级。产业的发展是一个动态的过程，战略性新兴产业也一样。对于处于成长期的产业，我们应当放松对企业的管制，允许企业通过创新达到规模经济，并形成相对集中的产业组织结构。但是，并不是允许企业长久地垄断下去，针对产业的发展阶段和主导企业的行为，政府要积极调整产业组织政策。一方面，鼓励通过技术创新实现自然集中，限制大企业通过排挤其他中小企业而形成市场集中。如果主导企业追求通过排挤其他企业形成相对集中的产业结构并攫取超额利润，而不是积极主动创新，政府就应当主动调整产业组织政策，限制垄断发生。另一方面，对于通过前期发展已经进入成熟期的战略性新兴产业，这时产业发展相对成熟，行业的技术溢出增大，政府也应当更加鼓励自由竞争，从而通过市场竞争鼓励企业创新，促进产业持续健康发展。

第九章　战略性新兴产业的发展评价体系及其动态调整

> 如何事后观察和评价政策介入对战略性新兴产业的影响效应，是针对性提高事前政策拟定科学性、精准性的关键。本章将DSGE方法应用于Melitz模型，使用企业异质性来描述我国战略性新兴产业的发展，发现完善知识产权政策、降低市场准入门槛、普惠金融、事后离散型补贴等竞争友好型的政策行为对政策绩效具有正面效应。

基于战略性新兴产业的特征以及构建战略性新兴产业发展评价体系的建模要求，本章选择以企业异质性为主要特点的 Melitz 模型[①]和具有较强模型解释能力、预测能力的动态随机一般均衡（DSGE）的建模方法进行结合运用。Melitz 模型是以企业异质性为基础，以企业是否选择进入国际贸易市场为观察角度构建的。这与本章观察各个企业是否选择进入战略性新兴产业，以及随着宏观环境的变化和政府政策的调整，战略性新兴产业如何发展的目的具有相似性和相通性。这正是本章选择以 Melitz 模型为理论模型基本构架的主要原因。作为目前研究货币政策和金融冲击最为主流的建模方法，DSGE 方法主要应用于 RBC 模型（真实周期模型）和 OLG 模型（世代交叠模型），这两个模型都是以 RCK 模型（拉塞姆模型）为基础的。就目前而言，DSGE 模型的应用尚未拓展至其他经典的宏观经济模型中。本章将 DSGE 方法应用于 Melitz 模型，使用企业异质性来描述我国战略性新兴产业的发展，这是一个重要创新点。

　　Melitz 模型作为一个经典的宏观静态模型，在调整为动态模型时需要

---

　　① Marc J. Melitz The Impact of Trade on Intra-Industry Reallocations and Aggregate Industry Productivity [J]. Econometrica，2003(6)：1695-1725.

进行必要的推导和修改，这是本章构建理论模型的难点和关键内容。本章还将在模型中着重强调战略性新兴产业的科研创新活动，以及其科研对社会福利及技术进步造成的影响。本章还将用1998—2013年工业企业数据库的数据对模型进行拟合，并对不同的政策措施进行模拟，给出对发展战略性新兴产业的政策建议。

一、DSGE 方法

DSGE方法是一种研究货币政策决策与经济运行模拟的建模策略，具有宏观与微观、长期与短期、稳态与偏离有机结合的显著特征，日益受到中央银行和其他大型金融机构的肯定，其模型目前已成为英格兰银行与加拿大中央银行定量分析的一个基准模型。[1] DSGE方法及模型已有长久的运用与发展历史，已有国外学者：构建了一个包含名义刚性特征——名义工资黏性与价格黏性——的DSGE模型以观测美国经济受货币政策冲击的影响，模型侦测了投资、消费、就业、利润和生产力，并发现相比于价格黏性，名义工资黏性的影响程度较大[2]；描述了含有两种技术冲击（中性冲击与投资性冲击）的短期新古典增长模型，并指出以往模型仅考虑中性冲击，可能低估了技术变革的影响[3]；模拟了一个带有消费者对总体生产力预期的RBC模型，模拟受到公众需求冲击下生产者行为的偏离影响，模型结果显示，这种冲击在短期内会提高生产、就业和通货膨胀水平，但从长远来看没有任何影响[4]；构建了包含不确定性事件冲击的DSGE模型以观察事件

---

① 刘斌. 我国DSGE模型的开发及在货币政策分析中的应用[J]. 金融研究，2008(10)：1-21.

② L J Christiano，M Eichenbaum，C L Evans. Nominal Rigidities and the Dynamic Effects of a Shock to Monetary Policy[J]. Journal of Political Economy，2005(1)：1-45.

③ D M Jonas Fisher. The Dynamic Effects of Neutral and Investment-Specific Technology Shocks[J]. Journal of Political Economy，2006(3)：413-451.

④ G A Lorenzoni. Theory of Demand Shocks[J]. American Economic Review，2009(5)：2050-2084.

前后就业率的下降与反弹以及投资的暂停等这一系列"波动过度"行为，并对其中期调整与长期回归的趋势进行了分析[①]；使用含有金融市场的DSGE模型模拟了1990—2000年美国经济的繁荣与萧条，并发现新的名义摩擦对应这样一个事实，即贷款合同通常以名义价值计值，这种名义刚度的分布后果在冲击的传播中起着重要的作用[②]。

　　近年来，我国学术界也涌现出了许多以DSGE方法为研究方法，探讨货币政策与宏观问题的文献：使用开放宏观经济多国模型，讨论了国际贸易过程中的汇率传递机制，并据此得到了进出口价格传递快于生产者价格和消费者价格的特征[③]；建立了包括家庭、企业、政府的三部门DSGE模型，探讨了房价上涨给宏观经济带来的负面影响[④]；使用四部门DSGE模型研究了我国的二元金融体系问题，并分析了短期和长期下正规金融与非正规金融部门之间的相互关系、作用机制[⑤]；使用DSGE模型讨论了房地产价格波动的影响因素，并认为房地产价格主要受到为货币政策以及与房地产相关的一系列外生变量的影响[⑥]；考虑金融摩擦因素的影响，讨论了稳健货币政策的必要性[⑦]；运用DSGE方法构建了包含银行的两部门开放经济模型，研究了金融摩擦下，外生金融冲击对实体经济的影响[⑧]；以一个小国开放经济模型探讨了"资本账户开放"与"利率市场化"这两个政策措施实施的先后次序对宏观经济冲击的影响，并依其结果，主张先进行内部

[①]　Nicholas. The Impact of Uncertainty Shocks[J]. Econometrica，2009(3)：623-685.

[②]　R Motto，M Rostagno，L J Christiano. Financial Factors in Economic Fluctuations[C]// Meeting Papers. Society for Economic Dynamics，2010.

[③]　黄志刚.加工贸易经济中的汇率传递：一个DSGE模型分析[J].金融研究，2009(11)：32-48.

[④]　骆永民，伍文中.房产税改革与房价变动的宏观经济效应——基于DSGE模型的数值模拟分析[J].金融研究，2012(5)：1-14.

[⑤]　崔百胜.非正规金融与正规金融：互补还是替代？——基于DSGE模型的相互作用机制研究[J].财经研究，2012(7)：122-133.

[⑥]　王云清，朱启贵，谈正达.中国房地产市场波动研究——基于贝叶斯估计的两部门DSGE模型[J].金融研究，2013(3)：101-113.

[⑦]　马勇.植入金融因素的DSGE模型与宏观审慎货币政策规则[J].世界经济，2013(7)：68-92.

[⑧]　康立，龚六堂.金融摩擦、银行净资产与国际经济危机传导——基于多部门DSGE模型分析[J].经济研究，2014(5)：147-159.

改革有助于保持宏观经济稳定的结论①。

目前,我国学术界对 DSGE 方法及模型的使用始终局限于以货币政策分析为主的建模思路,尚未拓展至产业升级领域,这正是本章重点研究的问题。

二、战略性新兴产业发展模型

本模型以 Melitz 模型中封闭市场部分为理论基础,延续 Melitz 模型中的一系列有关企业异质性的假设。

第一,企业间劳动的边际产出以及其所导致的生产率彼此不同。

第二,每个企业的生产率是离散的、随机分布的,在进行生产之前,企业不能预先观测到自己未来的生产率。

第三,企业在生产过程中能够观测到自己的生产率状况,并依此做出进一步的决策。在 Melitz 模型中,企业依据自己所观测到的生产率决定是否进入国际市场;在本模型中,企业依此决定是否进入战略性新兴产业市场。②

在 Melitz 模型中,虽然企业生产异质性的产品,但是其生产模式都是一致的,可以认为,在 Melitz 模型中,所有的企业都是处于同一产业模式下的。本模型为了突出战略性新兴产业的一系列特征以及其对于我国产业升级的重要性,对 Melitz 模型中企业的生产模式进行了分类,并将其对应到不同的产业中。以下为本模型所拓展的一系列假设以及其对应的解释。

假设 1:在市场上存在两种产业,战略性新兴产业和基础产业,不同产

---

① 黄志刚,郭桂霞.资本账户开放与利率市场化次序对宏观经济稳定性的影响[J].世界经济,2016(9):3-27.

② 赵伟.高级国际贸易学十讲[M].北京:北京大学出版社,2014.

业的企业所生产的异质性产品在市场上面临相同的替代率。

假设 2：战略性新兴产业与基础产业的生产模式不同。基础产业以当前企业的生产率为依据进行最优生产，战略性新兴产业在生产产品时还需要进行科研创新。在每一期期初，战略性新兴产业的企业需要消耗一定量的生产率投入科研，并于当期获得科研收益。

假设 3：战略性新兴产业的科研具有显著的正外部性，其当期的科研行为会转变为下一期全社会企业共同的生产力进步。

假设 4：在生产过程中，产业内部的企业彼此是独立的，不同产业间的企业彼此也是独立的。

有关上述假设的解释如下。

假设 1 保证了在描述消费者行为时，产品市场依然被视为一个整体，而非两个独立的割裂产品市场，产品在市场上的替代率表现为消费者对产品的偏好。虽然在对生产者行为进行描述时，企业因生产模式的不同被归类为战略性新兴产业和基础产业，但这并不会影响在市场上消费者对产品的一视同仁。

假设 2 描述了战略性新兴产业区别于基础产业的主要特征，即战略性新兴产业的当期科研投入和科研收益，这两者不仅综合影响战略性新兴产业的发展，也同样会影响整个社会的福利。

假设 3 描述了战略性新兴产业推动整个社会技术进步与产业升级的过程，即在战略性新兴产业获得科研成果的当期，其科研收益提高了产业的生产率，但由于基础产业对战略性新兴产业科研成果的模仿，在下一期，战略性新兴产业则不再占据上一期的科研成果。这一假设确保了战略性新兴产业两期科研环节的独立性。

假设 4 是对 Melitz 模型企业生产过程相互独立的拓展。在 Melitz 模型中，各企业异质性商品的加总是简单加总而不涉及相关性。因此，不同产业的企业异质性商品也理应符合这一特性。

基于上述假设,接下来的部分将依次对本模型的各个部门进行推导。

(一)消费者行为

本模型使用 CRRA 效用函数对消费者的当期效用进行描述。假设封闭经济中代表性个体既是消费者又是劳动提供者,拥有相同的偏好。代表性个体是永续的,且不考虑人口增长,劳动供给总量 L 被规范化为 1。本模型假设产品市场上一共存在 $M+N$ 种商品,即 M 种战略性新兴产业企业所生产的商品和 N 种基础产业企业所生产的商品,各商品之间的替代率相同,则家庭效用函数形式为:

$$U_t = \int_0^{\infty} \frac{\gamma^t C_t (1-\lambda)}{1-\lambda} \mathrm{d}t \tag{9-1}$$

其中,U 为家庭效用,C 为家庭消费,γ 为家庭效用的贴现系数,λ 为家庭效用的替代弹性。依据 Melitz 模型的假设,社会中所有家庭的消费等价于社会中所有企业产品的总产出,即

$$C_t = Q_t = \left[\int_0^{M+N_t} q_t(\omega)^{\rho} \mathrm{d}\omega \right]^{\frac{1}{\rho}} \tag{9-2}$$

其中,Q 为社会总产品数量,$q(\omega)$ 为各企业产出的产品数量,M 为战略性新兴产业的企业数量,N 为基础产业的企业数量,ρ 为产品之间的替代弹性。市场价格函数为:

$$P_t = \left[\int^{M+N_t} p_t(\omega)^{1-\sigma} \mathrm{d}\omega \right]^{\frac{1}{1-\sigma}} \tag{9-3}$$

其中,$p(\omega)$ 为各企业产品的价格,σ 与 ρ 满足如下关系:

$$\frac{1}{\sigma} = \frac{\sigma}{\sigma-1}, 1 < \sigma \tag{9-4}$$

由此可得家庭约束条件:

$$\int_t^{M_t+N_t} + p_t(\omega) q_t(\omega) \mathrm{d}\omega = \int_0^{M_t+N_t} r_t(\omega) \mathrm{d}\omega \Rightarrow P_t Q_t = R_t \tag{9-5}$$

其中,$r(\omega)$ 为各企业收益,R 为社会总收益。又因为当市场处于均衡状态

时,社会总收益应当等价于家庭总支出,家庭开支来源于家庭的劳动支出 L,且在 Melitz 模型中,工资被规范化为 1,结合家庭消费函数中总消费等于总产品的假设,可以推导得:

$$P_t Q_t = R_t \Rightarrow C_t P_t = L_t \tag{9-6}$$

求解跨期消费欧拉方程可得:

$$C_{t+1} P_{t+1} = C_t P_t \gamma \tag{9-7}$$

即

$$L_{t+1} = L_t \gamma \tag{9-8}$$

(二)生产者行为

1. 战略性新兴产业

该部分描述本模型重点关注的战略性新兴产业的生产过程。模型假设:在战略性新兴产业中存在着 M 家企业,并生产 M 种异质性产品。在本章的理论模型中,战略性新兴产业并不是固定的生产某一种特定产品的产业,而是强调其战略性和新兴性。战略性即要求该产业掌握核心技术,其产品会在未来主导产业市场,并成为一国产业竞争力的重要体现。新兴性则表示该产业是初步诞生的,还需要不断的科研和创新来赢得更多的市场前景与消费需求。因此,战略性新兴产业的核心特征和要求即科研创新。基于战略性新兴产业的这一特点,市场内的每一家企业都需要进行科研,科研的过程可能导致战略性新兴产业生产力的减少和产品定价的劣势。由于 Melitz 模型的生产者行为部分是以 D-S 模型为基础的,其生产行为是以固定成本与边际成本来体现的,并不存在资本与劳动的投入过程,因此 R&D 模型[1]中科技创新与技术进步的内容并不能简单地套用在 Melitz

---

[1]　在 R&D 模型中,生产过程使用 C-D 函数来描述,科研活动则被设定为从资本和人力中抽取一部分并消耗的形式来表现,其函数为:$Y(t) = \left[(1 - a_K) \cdot K(t) \right]^a \cdot \left[A(t) \cdot (1 - a_L) \cdot L(t) \right]^{1-a}$,其中 a_K 和 a_L 为科研投入的份额。

模型上。我们尝试以生产力耗损的方式来模拟 Melitz 模型中创新的过程，即假设战略性新兴产业企业在每一期都需要提供 α 份额的生产力用于科研。当工资规范化为 1 时，企业的单位生产成本等于总成本，总成本函数为：

$$TC(\phi_t) = f + \frac{q}{\phi_t(1-\alpha)} \tag{9-9}$$

其中，f 为生产固定成本，ϕ 为生产力，α 为战略性新兴产业企业科研所使用的生产力份额，q 为产量。由于市场处于完全竞争的状态，劳动生产力为 ϕ 的战略性新兴产业企业的产品定价函数为：

$$p(\phi_t) = \frac{1}{\phi_t(1-\alpha)\rho} \tag{9-10}$$

由此可以推算出企业收益函数为：

$$\pi(\phi_{m,t}) = \frac{r(\phi_{m,t})}{\sigma} - f \tag{9-11}$$

其中，生产力 ϕ 的下标 m 表示该企业属于战略性新兴产业。

2. 基础产业

该部分描述了基础产业的生产过程。模型假设：在基础产业市场中存在着 N 家企业，并生产 N 种异质性产品。该部分的模型推导和假设与 Melitz 模型完全相同。固定成本可以视为劳动者维持劳动的必要成本。为方便，假设基础产业和战略性新兴产业所面对的劳动者市场是相同的，因此其生产函数的固定成本也相同，这一假设是符合现实情况的。由此可得基础产业的总成本函数、劳动生产率为 ϕ 的企业定价函数以及企业收益函数：

$$TC(\phi_t) = f + \frac{q}{\phi_t} \tag{9-12}$$

$$p(\phi_t) = \frac{1}{\phi_t\rho} \tag{9-13}$$

$$\pi(\phi_{n,t}) = \frac{r(\phi_{n,t})}{\rho} - f \tag{9-14}$$

同样的,下标 n 表示该企业属于基础产业。

(三)市场加总与社会福利

1. 市场加总

依据模型假设,市场上总共存在着 $M+N$ 个企业,生产 $M+N$ 种异质性商品。其中,基础产业企业的生产率服从分布 $\mu(\phi)$,$\mu(\phi)$ 是 $(0,\infty)$ 上的一个子集,战略性新兴产业企业的生产率服从分布 $\mu_n(\phi_m)$,$\mu_n(\phi_m)$ 也是 $(0,\infty)$ 上的一个子集。由于战略性新兴产业在期初投入份额为 α 的生产力进行科研活动,并使其生产力获得了 β 份额的科研收益,即战略性新兴产业的生产力分布 $\mu_m(\phi_m)$ 为基础产业的生产力 $\mu(\phi)$ 的 $(1+\beta)$ 倍。由于科研收益受到科研成果的成熟度、市场接受度等诸多不确定性的影响,因此,β 的值不一定为正数,其经济含义为科研活动存在着失败风险。在生产过程中,各企业之间相互独立,两个市场价格函数的加总为:

$$P = \left[\int_0^{\infty} N\mu(\phi)p(\phi)^{1-\sigma}\mathrm{d}\phi + \int_0^{\infty} M\mu_m(\phi_m)p_m(\phi_m)^{1-\sigma}\mathrm{d}\phi_m \right]^{\frac{1}{1-\sigma}} \tag{9-15}$$

令 $\tilde{\phi} = \left[\int_0^{\infty} \phi^{\sigma-1}\mu(\phi)\mathrm{d}\phi \right]^{\frac{1}{\sigma-1}}$,$\tilde{\phi}_m = \left[\int_0^{\infty} \phi^{\sigma-1}\mu_m(\phi_m)\mathrm{d}\phi_m \right]^{\frac{1}{\sigma-1}}$,即分别求两个市场内生产率的加权均值,则(9-15)式的形式调整如下:

$$P = \left[N \cdot p(\tilde{\phi})^{1-\sigma} + M \cdot p_m(\tilde{\phi}_m)^{1-\sigma} \right]^{\frac{1}{1-\sigma}} \tag{9-16}$$

基于两类产业生产力分布的关系,容易证明两个市场内的均值生产力也同样服从类似的关系[①],即

[①] 令 $(1+\beta)\phi = x$,则:$\tilde{\phi} = \left[\int_0^{\infty} (\frac{x}{1+\beta})^{\sigma-1} \cdot \mu_m(x) \cdot (1+\beta)\mathrm{d}\frac{x}{1+\beta} \right]^{\frac{1}{\sigma-1}}$,$\tilde{\phi} = \frac{1}{1+\beta} \cdot$ $\left[\int_0^{\infty} (x)^{\sigma-1} \cdot \mu_m(x)\mathrm{d}x \right]^{\frac{1}{\sigma-1}} \Rightarrow \tilde{\phi}_m = (1+\beta) \cdot \tilde{\phi}$

$$\tilde{\phi}_m = (1+\beta) \cdot \tilde{\phi} \tag{9-17}$$

代入(9-16)式可得：

$$P = \left[N + \frac{M}{[(1+\alpha) \cdot (1+\beta)]^{1-\sigma}} \right]^{\frac{1}{1-\sigma}} \cdot p(\tilde{\phi}) \tag{9-18}$$

其中，P 为社会价格加总，M、N 分别为战略性新兴产业和基础产业的企业数量，$p(\tilde{\phi})$ 为基础产业市场的均衡价格，α 为战略性新兴产业科研生产力投入，β 为战略性新兴产业的科研收益，σ 为商品替代率，其与 ρ 的关系如(9-4)式所示。

为了更直观地描述战略性新兴产业科研对社会加总函数的影响，不妨设科研综合系数 κ 为：

$$\kappa = [(1-\alpha)(1+\beta)]^{\sigma-1} \tag{9-19}$$

则社会价格加总函数被简化为：

$$P = (M\kappa + N)^{\frac{1}{1-\sigma}} p(\tilde{\phi}) \tag{9-20}$$

同样地，也可以使用战略性新兴产业市场均衡价格 $p_m(\tilde{\phi}_m)$ 来描述社会价格加总函数。使用类似的计算步骤可以获得社会产量加总函数、社会收益加总函数和社会利润加总函数，为避免烦琐，简单列举如下：

$$P = (M\kappa + N)^{\frac{1}{1-\sigma}} p(\tilde{\phi}), P = \left(\frac{N}{\kappa} + M\right)^{\frac{1}{1-\sigma}} p_m(\tilde{\phi}_m) \tag{9-21}$$

$$Q = (M\kappa + N)^{\frac{\sigma}{\sigma-1}} q(\tilde{\phi}), Q = \left(\frac{N}{\kappa} + M\right)^{\frac{\sigma}{\sigma-1}} q_m(\tilde{\phi}_m) \tag{9-22}$$

$$R = (M\kappa + N) r(\tilde{\phi}), R = \left(\frac{N}{\kappa} + M\right) r_m(\tilde{\phi}_m) \tag{9-23}$$

$$\pi = (M\kappa + N) \pi(\tilde{\phi}), \pi = \left(\frac{N}{\kappa} + M\right) \pi_m(\tilde{\phi}_m) \tag{9-24}$$

其中，P、Q、R、Π 分别表示社会价格加总、社会产量加总、社会收益加总和社会利润加总，$p(\tilde{\phi})$、$q(\tilde{\phi})$、$r(\tilde{\phi})$、$\pi(\tilde{\phi})$ 分别表示基础产业均衡价格、均衡产量、均衡收益和均衡利润，$p_m(\tilde{\phi}_m)$、$q_m(\tilde{\phi}_m)$、$r_m(\tilde{\phi}_m)$、$\pi_m(\tilde{\phi}_m)$ 分别表示战略性新兴产业均衡价格、均衡产量、均衡收益和均衡利润。

2. 社会福利

在完成了对市场加总的价格函数的推导后，本部分将着重讨论科研综合系数 κ 对社会福利的影响。

假设 Y 为社会总收入，则社会福利等于社会总收入除以社会价格加总：

$$V(P,Y) = \frac{Y}{P} \Rightarrow V(P,Y) = \frac{Y\tilde{\phi}\sigma}{(M\kappa + N)^{\frac{1}{\sigma-1}}} \tag{9-25}$$

$$V(P,Y) = Y\tilde{\phi}\rho(M\kappa + n)^{\frac{1}{\sigma-1}} \tag{9-26}$$

从(9-26)式可以看出，社会福利受到社会总收入 Y、基础产业市场均衡生产力 $\tilde{\phi}$（也同样可以理解为战略性新兴产业市场均衡生产力，因为上文已经证明了，两者之间是呈正比的）、产品替代率 ρ 以及市场内企业数量 M 和 N 正向的影响。这些结论与 Melitz 模型对社会福利的分析结果一致。除此之外，基于本模型对 Melitz 模型的拓展，社会福利还将受到科研综合系数 κ 的影响，其影响效果分以下三种情况进行讨论。

第一，当 $\kappa=1$ 时，科研收益与科研投入对生产力的影响效果相互抵消，战略性新兴产业市场内的企业数量与基础产业市场内的企业数量呈简单加总关系，模型结果等价于 Melitz 模型。[①]

第二，当 $\kappa>1$ 时，科研收益效果更明显，战略性新兴产业的科研活动使得当期社会总福利增加，科研对战略性新兴产业市场内的企业数量产生了正的加权效果。

第三，当 $\kappa<1$ 时，科研收益小于科研投入，战略性新兴产业的科研活动造成了当期社会总福利的减少。

---

① 在 Melitz 模型中，社会福利的函数形式为 $V(P,Y) = Y\tilde{\phi}\rho \cdot M^{\frac{1}{\sigma-1}}$，即与本模型在 $\kappa=1$ 的情况下形式相同。

（四）封闭市场均衡、市场准入条件与技术进步

1. 封闭市场均衡

接下来，我们将在封闭市场条件下讨论战略性新兴产业和基础产业企业数量之间的均衡关系。由模型假设可知，市场内的家庭提供劳动以获得企业生产的产品，由于工资规范化为 1，在封闭市场内，家庭的工资收益等于市场内企业的总收益：

$$L = R \tag{9-27}$$

为方便区分，设：基础产业市场准入生产力为 x，基础产业市场均衡生产力为 y；战略性新兴产业市场准入生产力为 x_m，战略性新兴产业市场均衡生产力为 y_m。代入（9-25）式得：

$$M\kappa + N = \frac{L}{r(y)}, M + \frac{N}{\kappa} = \frac{L}{r_m(y_m)} \tag{9-28}$$

（9-28）式即封闭市场均衡条件，分析该式可知，家庭提供的劳动总量 L 决定了整个市场的总量，市场内企业的均衡利润是由两个市场中企业加权加总数决定的。

2. 市场准入条件与技术进步

在 Melitz 模型中，通过 ZCP 条件、FE 条件两函数的交点可以求得市场临界生产力和均衡收益的关系。本模型是以 Melitz 模型为基础拓展的动态模型，并沿用 Melitz 模型中有关 ZCP 条件和 FE 条件的推论与假设，为使模型达到稳态，我们将对 FE 条件进行必要的调整。在 Melitz 模型中，FE 条件被描述为"企业进入市场的预期利润等于市场进入成本"的等式，这样的描述使得企业的市场进入率为自变量，而市场均衡收益则作为因变量，这在静态均衡中是合理的。在动态模型中，每一期的市场进入率都是变动的，并受到一系列因素的影响。显然，上一期的市场均衡收益将是影响当期市场进入率的重要因素，因为市场均衡收益体现了当前市场的

饱和程度：若当期企业过多则收益降低，潜在进入企业将无法进入市场，市场饱和；若上一期大量企业被淘汰，依据封闭市场均衡条件，市场均衡收益将上升。这意味着进入市场是有利可图的，则当期市场进入率提高。基于上述分析，本模型将 FE 条件描述为"长期的市场准入临界利润等于市场进入成本"的等式，比较本模型和 Melitz 模型对 FE 条件的描述可知，两者含义是类似的，其区别在于 Melitz 模型以均衡收益为因变量而本模型以市场准入条件为因变量，即描述和观察的角度不同；另外，Melitz 模型是建立在静态期望上的均衡，本模型是长期动态均衡。[①] 由此，当经济环境长期处于稳态时，每一期的市场准入临界利润率相同，可以推导出本模型的FE 条件：

$$v_e = \int_0^\infty (1-\delta)^t \pi(x) = \frac{\pi(x)}{\delta} \tag{9-29}$$

$$v_e = f_e \tag{9-30}$$

其中，δ 为每一期的市场淘汰率，f_e 为市场进入成本，$\pi(x)$ 为市场准入临界利润率。为求出市场准入条件，对(9-30)式进行如下推导：

首先，代入(9-14)式以及 Melitz 模型中的生产力比值关系可得：

$$\frac{r(x)}{\sigma} - f = \delta f_e \Rightarrow r(y)\left(\frac{y}{x}\right)^{\sigma-1} = (\delta f_e + f)\sigma \tag{9-31}$$

而后，展开 y/x 可得：

$$\frac{y}{x} = \frac{\left[\int_0^\infty \phi^{\sigma-1}\mu(\phi)\mathrm{d}\phi\right]^{\frac{1}{\sigma-1}}}{x} = \frac{\left[\frac{\int_0^\infty \phi^{\sigma-1}g(\phi)\mathrm{d}\phi}{1-G(x)}\right]^{\frac{1}{\sigma-1}}}{x} \tag{9-32}$$

$$\frac{y}{x} = \frac{\left[\frac{1}{1-G(x)}\right]^{\frac{1}{\sigma-1}}\left[\int_0^\infty \phi^{\sigma-1}g(\phi)\mathrm{d}\phi\right]^{\frac{1}{\sigma-1}}}{x} \tag{9-33}$$

---

①　在 Melitz 模型中，FE 条件的计算方式为：$v_e = [1-G(x)] \cdot \frac{\tilde{\pi}}{\delta}$，$v_e = f_e$。其中，$\tilde{\pi}$ 即进入市场的企业平均利润率。本模型使用 $\pi(x)$ 即进入市场企业的临界利润率来修正，以避免 Melitz 模型中静态非均衡的问题。

遵循 Melitz 模型中的假设，$G(x)$ 为生产力的事前分布，$g(x)$ 为 $G(x)$ 的密度分布函数，由此可知生产力事前分布的均值为：

$$\left[\int_0^\infty \phi^{\sigma-1} g(\phi) \mathrm{d}\phi\right]^{\frac{1}{\sigma-1}} \tag{9-34}$$

由于 $G(x)$ 的分布是未知的，以实际样本为依据，通过核函数的估计方法也无法获得解析式，且每一期潜在进入企业的生产力事前分布是不相同的，难以以一个函数形式来概括。因此，假设：

$$\left\{\frac{\left[\int_0^\infty \phi^{\sigma-1} g(\phi) \mathrm{d}\phi\right]^{\frac{1}{\sigma-1}}}{x}\right\}^{\sigma-1} = \varepsilon \tag{9-35}$$

(9-35)式表示了生产力事前分布均值与市场准入生产力之间的比值关系，该值被视为一个扰动项，同时也代表了当期潜在进入企业的生产力水平。

在动态模型中，战略性新兴产业的科研成果在下一期会被所有企业模仿并消化，成为全社会共有的技术进步，即战略性新兴产业的科研活动会在下一期对企业生产力的事前分布 $G(x)$ 造成一个正向的影响，其影响等价于(9-34)式，即生产力事前分布均值的增长，并最终体现为生产力事前分布扰动 ε 的增长。由此可以推导出全社会的技术进步率：

$$\varepsilon_{t+1} = (1 + a_t) \cdot \varepsilon_t \tag{9-36}$$

其中，a_t 为社会技术进步率。显然，技术进步以战略性新兴产业的科研为源头并平均到全社会每一家企业中，由此可得两期技术进步率的相关关系：

$$\frac{a_t}{a_{t-1}} = A \times \frac{\dfrac{M_t}{M_t + N_t}}{\dfrac{M_{t-1}}{M_{t-1} + N_{t-1}}} \tag{9-37}$$

其中，A 为技术的自回归系数。

最后，令 $p_i = 1 - G(x)$，代表市场进入率，并代入(9-31)式，即可得到战略性新兴产业和基础产业的市场进入率：

$$p_m = \frac{r_m(y_m)\varepsilon_m}{(\delta_m f_m + f)^\sigma}, p_n = \frac{r(y)\varepsilon}{(\delta_n f_n + f)^\sigma} \tag{9-38}$$

其中，p_m、δ_m、f_m、ε_m 分别为战略性新兴产业的市场进入率、市场淘汰率、市场进入成本和生产力水平，p_n、δ_n、f_n、ε 为基础产业的市场进入率、市场淘汰率、市场进入成本和生产力水平。分析 ε_m 与 ε 的关系以简化上式：

$$\frac{\varepsilon}{\varepsilon_m} = \left(\frac{x_m}{x_n}\right)^{\sigma-1} = \left[\frac{x_m(1+\alpha)}{x_n}\right]^{\sigma-1}\left(\frac{1}{1-\alpha}\right)^{\sigma-1} \tag{9-39}$$

$$\frac{\varepsilon}{\varepsilon_m} = \frac{r_m\left(\frac{1}{1-\alpha}\right)^{\sigma-1}}{r_n} \tag{9-40}$$

代入 Melitz 模型中的 ZCP 条件：

$$\pi_x = 0, r_x = \sigma f \tag{9-41}$$

得：

$$\varepsilon_m = \left(\frac{1}{1-\alpha}\right)^{\sigma-1}\varepsilon \tag{9-42}$$

代入（9-38）式，最终得到动态模型中两类产业市场进入率函数：

$$p_{m,t} = \frac{r_m(y_{m,t-1})\left(\frac{1}{1-\alpha}\right)^{\sigma-1}\varepsilon_t}{(\delta_m f_m + f)\sigma}, p_{n,t} = \frac{r(y_{t-1})\varepsilon_t}{(\delta_n f_n + f)\sigma} \tag{9-43}$$

由于两类产业市场面对共同的企业潜在进入池 E，企业潜在进入池中的企业依据自身的生产力水平选择进入不同的产业市场。依照模型假设，进入战略性新兴产业市场的准入生产力较高，则生产力水平较高的企业首先选择进入战略性新兴产业，而剩余的企业则会选择进入基础产业市场或者不进入市场。此外，在每一期，两类产业市场内的企业都会面临一个自然淘汰率 δ，由此可得两类产业市场内企业数量的两期动态方程：

$$M_{t+1} = (1-\delta_m)M_t + p_{m,t}E_t \tag{9-44}$$

$$N_{t+1} = (1-\delta_n)N_t + (p_{n,t} - p_{m,t})E_t \tag{9-45}$$

其中，E 为两类产业市场共同的企业潜在进入池。

(五)模型整理与参数估计

在对模型进行数值模拟之前,首先对待估函数进行整理,并对模拟参数进行估计。本模型一共包含 9 个待估计函数,分别为:

①两期欧拉方程

$$L_{t+1} = L_t \gamma \tag{9-46}$$

②封闭市场均衡条件

$$\kappa M_t + N_t = \frac{L}{r(y_t)} \tag{9-47}$$

③战略性新兴产业和基础产业市场均衡收益关系

$$\frac{r_m(y_{m,t})}{r(y,t)} = \kappa \tag{9-48}$$

④战略性新兴产业市场动态方程

$$M_{t+1} = (1 - \delta_m)M_t + p_{m,t}E_t \tag{9-49}$$

⑤基础产业市场动态方程

$$N_{t+1} = (1 - \delta_n)N_t + (p_{n,t} - p_{m,t})E_t \tag{9-50}$$

⑥战略性新兴产业市场进入率动态方程

$$p_{m,t} = \frac{r_m(y_{m,t-1})\left(\frac{1}{1-\alpha}\right)^{\sigma-1}\varepsilon_t}{(\delta_m f_m + f)\sigma} \tag{9-51}$$

⑦基础产业市场进入率动态方程

$$p_{n,t} = \frac{r(y_{t-1})\varepsilon_t}{(\delta_n f_n + f)\sigma} \tag{9-52}$$

⑧全社会技术进步方程

$$\varepsilon_{t+1} = (1 + \alpha_t)\varepsilon_t \tag{9-53}$$

⑨两期技术进步率方程

$$\frac{a_t}{a_{t-1}} = A \times \frac{\dfrac{M_t}{M_t + N_t}}{\dfrac{M_{t-1}}{M_{t-1} + N_{t-1}}} \tag{9-54}$$

本章的参数校准一部分基于现有文献的研究结论,另一部分则基于统计数据的核算结果,并对 1999—2007 年以及 2010—2012 年战略性新兴产业发展状况进行模拟。本模型在参数估计时所使用的数据是以 1998—2013 年工业企业数据库为依据的。本章以《国务院关于加快培育和发展战略性新兴产业的决定》《战略性新兴产业分类(2012)》(试行)、《"十三五"国家战略性新兴产业发展规划》、《战略性新兴产业重点产品和服务指导目录(2016)》等战略性新兴产业相关指导文献中涉及的产业分类为依据,对 1998—2013 年工业企业数据库中战略性新兴产业的子样本进行筛选,并依次将工业企业数据库中的企业按照战略性新兴产业和基础产业分为两类进行模型参数的提取。详细的样本筛选方法见第四章。

本模型的部分参数是基于现有文献的研究结论:效用贴现函数 γ 为 0.99[①],产品替代率 σ 为 3.8[②],技术进步自回归系数 A 为 0.9[③]。除上述参数外,其余的参数皆来自工业企业数据库的数据模拟。由于 2008 年后工业企业数据库的统计口径出现了变化,因此在进行数据模拟时,本章将模拟时段分为两段,分别为 1998—2008 年、2009—2013 年,前一部分的数据是以主营业务收入在 500 万元以上的企业为规模以上企业进行统计的,后一部分的数据是以主营业务收入在 2000 万元以上的企业为规模以上企业进行统计的。本章将数据库中企业数据最后出现的年份设定为该企业的退出年,将企业数据最先出现的年份设定为该企业的进入年,依此推算企业的退出率和进入率,并由此剔除了 1998 年、2008 年、2009 年和 2013 年

①　黄志刚.加工贸易经济中的汇率传递:一个 DSGE 模型分析[J].金融研究,2009(11):32-48;黄志刚,郭桂霞.资本账户开放与利率市场化次序对宏观经济稳定性的影响[J].世界经济,2016(9):3-27.

②　A B Bernard，J Eaton，J B Jensen，et al. Plants and Productivity in International Trade[J]. American Economic Review，2003(4):1268-1290;F Ghironi，M J Melitz. International Trade and Macroeconomic Dynamics with Heterogeneous Firms[J]. The Quarterly Journal of Economics，2005(3):865-915.

③　F Ghironi，M J Melitz. International Trade and Macroeconomic Dynamics with Heterogeneous Firms[J]. The Quarterly Journal of Economics，2005(3):865-915.

的数据。以企业"本年折旧/市场占比"，即企业维持市场所需耗费的成本为企业进入市场的成本，以企业"应付职工薪酬/职工人数"为劳动力的固定成本，由于2009—2013年的数据中"应付职工薪酬"的缺失，在此以"城镇居民人均可支配收入"为代理变量。在模型假设中，基础产业不参与科研活动，技术进步全由战略性新兴产业的科研活动完成，据此以"我国R&D占GDP的比率/战略性新兴产业占据市场的比率"为战略性新兴产业的科研比重，其中，我国R&D占GDP的比率数据来自《中国统计年鉴》。1999—2012年模型中随年份改变的参数如表9-1所示。

表9-1 1999—2012年模型变动参数估计

年份	企业退出率（B）	企业退出率（E）	进入成本（B）	进入成本（E）	人均劳动成本	科研比重
1999	0.240	0.259	2.470	21.405	0.008	0.057
2000	0.214	0.229	2.706	23.881	0.020	0.068
2001	0.189	0.203	2.949	22.798	0.010	0.072
2002	0.180	0.188	3.013	25.845	0.011	0.081
2003	0.186	0.203	3.433	22.892	0.011	0.083
2004	0.248	0.284	2.993	24.339	0.014	0.084
2005	0.194	0.207	3.839	32.701	0.015	0.092
2006	0.211	0.231	4.164	33.045	0.017	0.096
2007	0.260	0.291	4.522	34.660	0.020	0.093
2010	0.348	0.374	5.191	36.719	0.019	0.050
2011	0.388	0.420	5.397	30.551	0.022	0.047
2012	0.378	0.419	5.735	33.202	0.025	0.052

注：B表示基础产业，E表示战略性新兴产业。

在参数中，科研收益 β 涵盖了科研成果的不确定性，因此难以以实际数据估计获得。我们选择采用以本模型战略性新兴产业市场占有率的最优拟合情况下的科研收益 β 为估计值，并依此计算出科研综合效率 κ 的数值以反映战略性新兴产业科研对社会总效用的影响。模拟结果和现实数据的关系如表 9-2 所示。

表 9-2　模型模拟值与现实值的比较

年份	占比（E）	占比（S）	企业进入率（B）	企业进入率（E）	企业进入率（S）	科研收益（S）	科研综合效率（S）
1999	0.133	0.133	0.240	0.324	0.278	0.103	1.116
2000	0.133	0.133	0.214	0.307	0.264	0.097	1.064
2001	0.133	0.133	0.187	0.299	0.256	0.055	0.943
2002	0.132	0.132	0.181	0.294	0.254	0.072	0.961
2003	0.134	0.134	0.187	0.280	0.239	0.012	0.810
2004	0.147	0.147	0.249	0.293	0.245	0.158	1.178
2005	0.145	0.145	0.193	0.260	0.220	0.120	1.049
2006	0.147	0.147	0.211	0.250	0.210	0.117	1.027
2007	0.151	0.151	0.261	0.240	0.200	0.128	1.068
2010	0.159	0.159	0.348	0.345	0.335	0.090	1.101
2011	0.191	0.191	0.388	0.390	0.350	0.079	1.079
2012	0.194	0.194	0.379	0.381	0.372	0.110	1.152

注：B 表示基础产业，E 表示战略性新兴产业，S 表示模型模拟结果。

表 9-2 列示了 1999—2012 年的模型稳态值，由于本模型以战略性新兴产业占比的最优拟合为科研收益 β 值的取值依据，因此模型稳态下的战略性新兴产业占比与模型拟合值完全一致。在模型中，企业进入率计算方式为 $p_{n,t} - p_{m,t}$，同时受到基础产业企业进入率和战略性新兴产业企业进入率的共同影响，因此将其模拟值与两类产业的企业进入率实际值进行比较，拟合情况如图 9-1 所示。

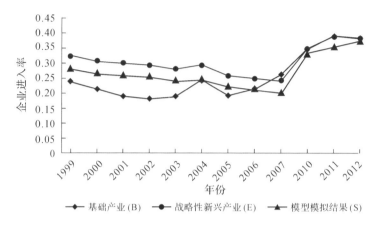

图 9-1　企业进入率的模拟结果

由图 9-1 可知,本模型具有较好的拟合效果,企业进入率的波动趋势与实际数值的波动趋势基本一致。以本模型对 1999—2012 年的数值模拟结果可以获得战略性新兴产业科研综合效率的走势,如图 9-2 所示。

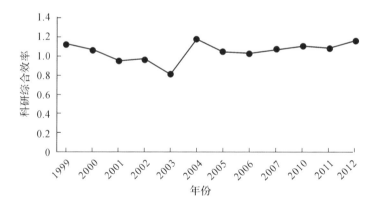

图 9-2　科研综合效率的模拟结果

结合表 9-2 和图 9-2 的结果可知,随着我国对科研以及技术进步的不断重视,企业的科研比重不断提高,2010 年以后科研比重在数值上有所降低,这是战略性新兴产业的迅速发展扩大了战略性新兴产业在整个市场中的比值所导致的,我国 R&D 投入占 GDP 的比例是逐年上升的。同时,战略性新兴产业科研综合效率也同样呈现不断增加的趋势。依据对(9-26)式的讨论,我国战略性新兴产业的科研综合效率 κ 的大小决定了战略性新兴产业对我国社会整体福利的影响。

由表 9-2 中科研收益(S)一栏可见,1999—2003 年,我国的科研收益不断降低,直至达到 2003 年最低值 1.2%,这一趋势与现实中战略性新兴产业企业进入率在 1999—2003 年不断降低存在显著的关联性。随着 2004 年战略性新兴产业企业进入率的提高,科研收益也大幅增加,并达到 10% 以上。虽然 2004 年以后,战略性新兴产业的进入率又一再降低,但由于 2004 年以后大量企业的涌入,科研收益建立在一个已存在一定存量的战略性新兴产业的基础之上,科研综合效率能够保持在较高的水平上。

由表 9-2 中科研综合效率的模拟结果可知,除了 2001—2003 年,即我国战略性新兴产业企业进入率降低期间,科研综合效率模拟值 κ 小于 1 以外,在 1997—2012 年的其他年份里,科研综合效率模拟值 κ 皆大于 1,这也就意味着,战略性新兴产业的发展在长期内有利于我国社会整体福利水平的提高。

(六)模型结果

本章使用 Matlab 和 Dynare 对上述理论模型进行模拟,模拟参数使用所有参数估计中最为接近的年份,即以 2012 年的数据为依据,并将对理论模型的冲击区分为两类,一种为宏观经济运行中偶发的现实冲击,以此观测理论模型对于现实冲击的反应,另一种为政府有意图地采取行政措施所导致的政策冲击,以此观测不同的政府行政手段对战略性新兴产业发展造成的影响。在模拟这些冲击时,我们从以下这些方面观察模型稳态的变动:

第一,基础产业与战略性新兴产业在市场内企业数量的变化,分别用 M 和 N 代表,N 代表基础产业在市场内的企业数量,M 代表战略性新兴产业在市场内的企业数量。

第二，基础产业与战略性新兴产业的市场进入率，分别用 p_n 和 p_m 代表，p_n 代表基础产业的市场进入率，p_m 代表战略性新兴产业的市场进入率。

第三，基础产业与战略性新兴产业的市场内均衡收益，分别用 r_n 和 r_m 代表，r_n 代表基础产业的市场内均衡收益，r_m 代表战略性新兴产业的市场内均衡收益。

第四，从技术进步的角度进行观察，其中：a 代表了全社会的技术进步率，在模型中 a 的计算方式由（9-37）式描述；epsilon（ε）代表了全社会当前的技术情况，在模型中，是一个用来描述全社会生产力事前分布均值与市场准入生产力之间的比值关系的数值，其计算方式由（9-35）式描述。

战略性新兴产业占全市场企业数量的比率，在模型中，我们使用 ratio 作为代表，其计算方式为：

$$\text{ratio} = \frac{M}{M + N} \qquad (9\text{-}55)$$

ratio 是战略性新兴产业发展模型中最为关键的变量，在稳态拟合的部分，本章正是以战略性新兴产业占全市场企业数量的比例为拟合标准计算出了战略性新兴产业科研收益和科研综合效率的数值。在模拟模型冲击的部分，本章也将其在冲击下的偏态纳入观察，作为冲击效果的一种重要观测指标。政策模型时长为 200 期。

本章模拟了两种现实冲击对模型稳态值造成的影响，现实冲击分别为企业过量进入基础产业所导致的冲击、企业过量进入战略性新兴产业所导致的冲击。图 9-3 描述了企业过量进入基础产业所导致的冲击下模型稳态的反应。图 9-4 描述了企业过量进入战略性新兴产业所导致的冲击下模型稳态的反应。作为一种常见的现实冲击，企业过量进入产业市场可能是由于企业拥有者错误地估计了自身企业的生产率和竞争力与整体市场均衡生产率之间的关系,从而使得其在不满足进入市场临界生产力的条件下,采取了过分激进的经营行为。

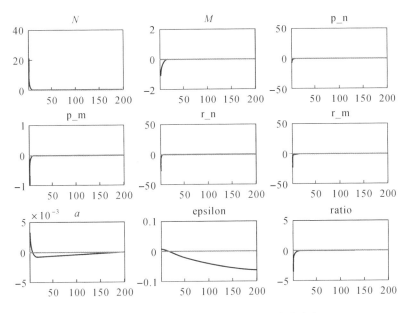

图 9-3 企业过量进入基础产业所导致的冲击

由图 9-3 的模拟结果可知,企业过量进入基础产业对市场内基础产业与战略性新兴产业数量、两类产业市场各自的市场进入率以及两类产业市场各自的均衡收益的影响都是短期的。在冲击发生的当期,基础产业的企业数量增加,战略性新兴产业的企业被挤出市场,基础产业市场进入率出现短暂的提高而战略性新兴产业的市场进入率短暂降低。由于一段时间内市场内的企业总数增加,两类产业各自的均衡收益都有所下降,但偏离的期数并不长,随后便恢复稳态。值得关注的是,基础产业内过量进入的企业对战略性新兴产业企业的挤出效应,使得社会的技术进步水平出现了降低,导致了整体社会生产力长时间的下降并偏离稳态。全社会的技术进步水平与生产率的提高是所有国家和政府的共同执政目标,过多的不参与科研活动的基础产业企业涌入市场,进而挤压战略性新兴产业的市场份

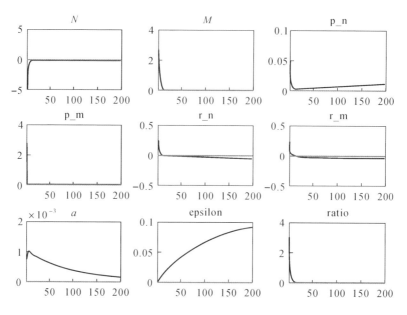

图 9-4　企业过量进入战略性新兴产业所导致的冲击

额,导致社会总体的生产率降低,这是我国在进行产业升级过程中需要密切关注并避免的情况。

　　相比于图 9-3,图 9-4 描述的企业过量进入战略性新兴产业所导致的对两类产业企业数量、进入率以及均衡收益的短期影响是类似的,但略有不同,其不同点在于图 9-4 中两类产业市场均衡收益的波动特点。可以发现,在发生企业过量进入战略性新兴产业冲击后,两类产业市场均衡收益都迅速回归了稳态,但是其新的稳态值相比于原本的稳态值略低一些,并成了一种潜在的长期趋势。由于封闭市场条件,即由(9-28)式可知,市场内企业的均衡收益是由市场内企业的总体数量所决定的,两类产业市场的均衡收益存在着以 κ 为系数的相关性。在图 9-3 所反映的基础产业过量进入的过程中,基础产业的数量不会受到科研综合效率的影响,因此其均衡收益恢复到原本的稳态值。而在图 9-4 所反映的战略性新兴产业过量进入的过程中,发生市场均衡收益的偏离正是受到科研综合效率 κ 影响的结果。战略性新兴产业过量涌入的冲击导致了整个市场竞争力与竞争水平的提高,均衡收益降低,消费者可以获得低物价带来的优惠,从而实现社会福利水平的总体提高,这正是战略性新兴产业的科研投入和科研收入所导致的综合效果。由于在进行模拟时,κ 的参数为 2012 年的估计值1.152,因此在受到冲击时才会出现一个相对良性的效果。可以预见,在科研综合效率 κ 小于 1 的情况下,市场内存在过量的战略性新兴产业企业对社会福利的影响是不利的,这正是政府采取政策措施以进行预防的原因。另外,在图 9-4 中可以观测到,战略性新兴产业企业数量的增加导致了社会技术进步率暂时性的提高和社会整体生产率长期的增加,这是因为理论模型为了实现模型的稳态收敛而为社会技术进步率设定了自回归系数。综上所述,虽然企业过量进入战略性新兴产业市场对其而言是非理性行为所导致的现实冲击,但在科研综合效率 κ 大于 1 的情况下,这对社会整体福利和技术进步都是有利的。因此,政府需要提供必要的政策引导和优惠措施来建立企业涌入战略性新兴产业这一行为的理性基础,从而实现技术创新与产业升级的重要目标。

在分析了模型现实冲击的基础上,接下来将模拟四种政府政策冲击对模型稳态值的影响,从而确定不同渠道的政策措施对战略性新兴产业发展造成的不同效果。四种政策冲击分别为:其一,政府购买战略性新兴产业产品;其二,战略性新兴产业的税收优惠;其三,降低战略性新兴产业的市场进入门槛;其四,战略性新兴产业政策引导。上述四种政策冲击的模拟结果,分别列示于图 9-5 至图 9-8 中。

众所周知,战略性新兴产业的科研创新面临着巨大的不确定性,例如,科研能否顺利完成、科研成果能否转化为产品、新产品能否得到市场认可,等等。可见,从科研投入到科研收益的每一环都存在着风险。当科研收益不足以弥补科研投入时,社会整体福利水平就会降低,技术进步滞缓,战略性新兴产业发展受挫。战略性新兴产业的科研投入是企业拥有者的可控

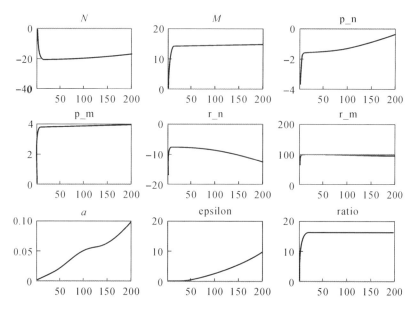

图 9-5　政府购买战略性新兴产业产品的政策效果

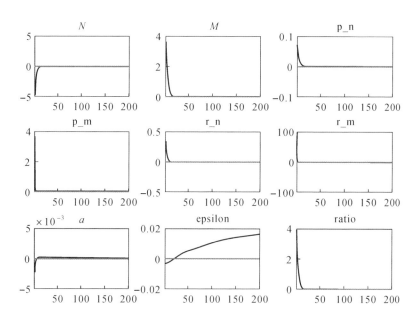

图 9-6　战略性新兴产业的税收优惠的政策效果

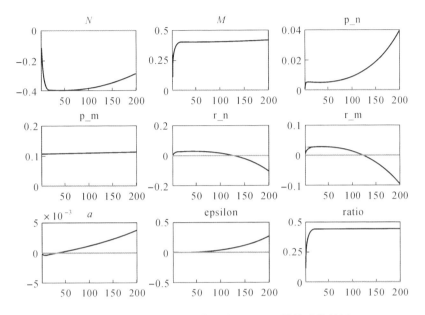

图9-7　降低战略性新兴产业市场进入门槛的政策效果

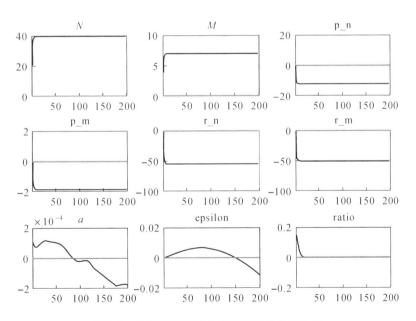

图9-8　战略性新兴产业政策引导的政策效果

变量,而科研收益则是不可控的。为保证战略性新兴产业的科研活动能够获得稳定的收益,政府可以直接向战略性新兴产业购买创新产品以保证战略性新兴产业的科研收益。图9-5正是模拟了这样一种政策冲击的效果。根据模型中基础产业和战略性新兴产业互相挤出的特点,政府为战略性新兴产业提供了科研收益的保障,直接导致了市场内战略性新兴产业科研总量的增加,即有更多的企业愿意进行科研投入,这样必然导致技术进步与社会生产力的提高。虽然从图中可以看出,基础产业存在向稳态值回归的趋势,但科研收益的增加依然使得战略性新兴产业更具有优势。同时,基于供求关系,战略性新兴产业的产品需求量增加,基础产业的市场均衡收益下降,战略性新兴产业的市场均衡收益上涨。这意味着创新产品的价格被抬高了,政府购买对创新产品实际价值的扭曲,变相地使得消费者购买战略性新兴产业产品的成本增加,不利于战略性新兴产业的可持续发展,也会对社会整体福利水平造成一定程度的不良影响。

图9-6描绘了政府为战略性新兴产业企业提供税收优惠政策所导致的结果。相对于市场引导和政府购买,政府提供的税收优惠政策并不是针对战略性新兴产业的科研环节,而是针对战略性新兴产业企业本身。图9-7显示,政府的税收优惠政策在短期确实起到了一个良好的扶持效果,但这一效果从长期来看并没有增加战略性新兴产业占整个市场的比重,各项参数也都收敛回到了稳态值。由此可见,政府的税收优惠政策可能在短期内会吸引更多的企业进入战略性新兴产业市场进行科研活动,但从长期来看,这并不能真正为战略性新兴产业提供持久的激励。当然,即使仅仅是短期的影响,整个社会的生产力水平也因此而提高了,并且由于模型中各项参数都回归了稳态值,可以认为,税收优惠的政策冲击并不会造成剧烈的市场波动。相对于市场引导和政府购买而言,政府为战略性新兴产业提供税收优惠是一种相对保守而有效的政策措施,相当于为图9-5中战略性新兴产业企业的过量涌入提供了一个理性基础。

　　通过对理论模型的构建与对 1999—2007 年现实数据的梳理和模拟，我们了解到，战略性新兴产业之所以较基础产业更难发展，其主要困境在于两点：一是科研行为的不确定性所带来的企业风险，从而也就引致了战略性新兴产业更高的企业退出率；二是战略性新兴产业的高门槛和高投入与其相对较低的市场占有率使得该产业竞争激烈，难以进入。因此，政府需要有意识地降低战略性新兴产业的进入门槛以使得更多的潜在企业进入战略性新兴产业之中，参与科研创新与技术进步，并最终完成我国的产业升级目标。图 9-8 就描绘了政府为战略性新兴产业的企业提供市场进入补贴以降低其市场进入成本的战略举措所引起的模型偏态。可以看出，与图 9-6 中政府购买的政策效果相似，降低战略性新兴产业企业的市场进入门槛对产业发展也产生了同样显著的效果，即改变了战略性新兴产业在市场中占比的稳态值。由于市场进入成本的下降，战略性新兴产业的企业进入率直接达到了一个新的稳态值，更多的企业能够尝试进入到这个产业中来。虽然基础产业企业被大量地挤出市场，但这是一个相对短期的形式，因为随着基础产业企业的减少，基础产业的市场进入率不断提升，基础产业企业数量出现了回归稳态值的趋势。值得注意的是，在政府实施降低市场进入门槛政策的初期阶段，被大量挤出的基础产业企业和尚未全面进入市场的战略性新兴产业企业造成了暂时的市场空虚的状态。在这段时期内，市场均衡收益提升，产品价格变高，而后两类产业的市场均衡收益都明显下降，社会技术进步率与社会生产力都不断攀升。由此，降低战略性新兴产业企业市场进入门槛的举措在短期内可能会造成市场波动，降低社会福利水平，但从长远来看确实是较优的政策选择，不仅提高了社会生产力水平，加快了技术革新，也增加了整体社会福利。

　　在上文中，我们已经分析两类产业的企业分别过量进入市场的可能原因并在图 9-3、图 9-4 中展示了其模拟冲击的效果和回归路径。图 9-8 则模拟了这样一种可能的政策冲击:当政府为了发展战略性新兴产业而为潜在的进入企业提供一个政策引导时,这对所有的企业家而言都是一个即将迎来产业繁荣的利好消息。生产力水平较高的企业会选择进入战略性新兴产业进行科研,承担科研投入,获得科研收益;生产力水平较低的企业则会选择进入与战略性新兴产业相关的基础产业中,这类企业不参与科研,但是却想要享受战略性新兴产业科研所带来的正外部性效应。基于战略性新兴产业政策引导的利好,战略性新兴产业与基础产业会同时涌入大量的企业。

从图9-8的模拟结果可以看出,在不采取其他相关产业政策配套措施的情况下,政府提供的战略性新兴产业政策引导会引起暂时的产业繁荣,战略性新兴产业企业的涌入在初期具有优势,而后则归于稳态值,也就是说市场结构并没有真正改变。并且,实际进入市场的企业依然是以基础产业企业居多,那是因为最初在市场内,基础产业就占据了大部分的市场,因此也能够容纳更多的潜在进入者。同时,由于更多的企业进入市场,两类产业的市场进入率都降低到新的稳态值,均衡市场收益也都出现了降低并收敛的趋势。由于在初期,战略性新兴产业受到利好消息的影响更大,因此技术进步率和社会生产力水平在短期内是提高的,但是由于基础产业企业的同步跟进,这样的优势被明显地抵消了,技术进步率和社会生产力水平都在达到稳态值后继续降低,并将持续一个较长的波动期。因此,政策所引致的产业繁荣并不能改变战略性新兴产业在整个市场中的地位,并促使其成为技术发展的动力源,对社会技术革新的帮助是短期的且收效甚微。相反,产业繁荣确实促使了竞争与产品价格的降低,增进了社会福利,但是这样的繁荣是虚假的,因为社会生产力水平的一再降低必将导致市场内的企业退出,从而进入产业萎缩期。

图9-8所模拟的政策冲击是在割裂了其他一系列政策措施基础上产生的效果,这并不意味着政府提供的战略性新兴产业政策引导对产业发展不利。因为从模拟结果可以看出,政策引导的确在短期内起到了促使技术

进步的效果并实际地促成了产业繁荣和社会福利的增加，而之后一系列的不利影响是因为配套措施的缺失，从而未能实际改变战略性新兴产业和基础产业的市场结构。另外，政府在决定发展战略性新兴产业时，政策引导消息的释出本就是不可避免也不应该避免的，因噎废食是不明智的。我国为加快战略性新兴产业的发展，理应强化政策引导措施，激励企业家创新创业，给予市场中的潜在进入企业一个正确的导向，配合我国政府的产业发展政策产生有利的协同影响。

本章将以上述理论模型的冲击模拟为依据，构建战略性新兴产业评价体系，并为我国战略性新兴产业的发展提供具有现实意义的政策建议。

三、战略性新兴产业评价体系

（一）战略性新兴产业评价体系

《关于加快培育和发展战略性新兴产业的决定》对战略性新兴产业的分类以及 2009 年世界经济论坛上温家宝总理对战略性新兴产业的描述，已经为我国战略性新兴产业所应当具备的特征进行了较为详尽的界定。通过对理论模型与实证数据两个方面的总结，本章认为可以通过以下三个产业特征及其相关指标来观察我国战略性新兴产业发展的现实状况。

1. 市场占有率

任意一种产业在经历其生命周期中的每一个阶段时，其市场占有率都是一个极为关键的侦测指标。不同于已经成熟的标准化的基础产业，战略性新兴产业正面临着一个产生和成长的过程。因此，相比基础产业，战略性新兴产业的市场占有率必然是相对较低的，这一点也从表 9-1 的现实数据中体现出来。因此，为了能够实现战略性新兴产业在各个领域的主导地位，实现我国各个相关产业的创新升级，战略性新兴产业的市场占有率就必须不断提高，这不仅是政府政策的需要，也是社会进步的趋向。1999年，我国战略性新兴产业企业数量的占比为 13.3%；2007年，我国战略性新兴产业企业数量的占比为 15.3%；依据 1999—2013 年部分工业企业数据库的数据，2013年，战略性新兴产业企业数量的占比已经增加到了20.1%，其数量在 2010—2011 年间完成了一个飞跃式的增长，这与我国开始重点发展战略性新兴产业的时间点是吻合的。因此，本章将市场占有率作为战略性新兴产业评价体系中的一个指标，在理论模型中，用 ratio 值来代表，如（9-55）式所示，ratio 值同样也是理论模型的一个拟合标准。依据理论模型的描述，战略性新兴产业市场占有率的提升不仅能够容纳更多的潜在进入企业，进行更多的科研活动，调动更多的资源参与高附加值产品的生产，也能够为创新产品赢得具有稳定规模的消费需求，减少科研风险，降低科研成本，提高科研综合效率，并最终提高社会整体福利水平。

2. 技术进步率

在诸多讨论战略性新兴产业重要性的文献中，学者们都提及了战略性新兴产业的一个重要特点和职责，即产业带动能力。对于生产不同产品的行业与拥有不同组织结构的企业而言，产业带动能力是一个难以准确描述和测算的指标。赫希曼基于产业之间上下游的关系分析了产业的前向、后向、旁侧关联性，并认为三种关联性越大的企业越具有产业带动能力，应当成为政府培养的主导产业。赫希曼的产业关联性对产业带动能力具有较强的解释能力，但缺乏对技术进步的考虑。如果一个产业与其前向、后向、旁侧的产业具有很明显的关联性，那么这个产业必然是具有一定发展程度的成熟产业，并已经融入了社会当前相对固定的产业链条之中。这样的产业不是新兴的，而是标准化的，理应被纳入基础产业一类。很难期待这样一种和周边产业具有较强关联的产业进行突破式、破坏式、颠覆式的创新行为。战略性新兴产业的带动能力不应当以其与基础产业的相关程度为标准，而应该关注产业创新和产业模仿之间的关系。因此，为了能够更确切地描述战略性新兴产业的产业带动能力,本章在 Melitz 模型的基础上拓展了假设 2 和假设 3,以期较好地模拟出战略性新兴产业的科研创新所具有的显著的正外部性。理论模型塑造了一个战略性新兴产业负责科研创新、收获当期科研收益,基础产业负责模仿和消化科研创新成果,并最终提高整个社会生产力水平的循环过程。因此,社会生产力的增速即代表了战略性新兴产业对基础产业的带动程度,社会生产力的增速越快,则战略性新兴产业对基础产业的带动能力越强,该程度在理论模型中被设定为技术进步率 a 。技术进步率的提高将加速我国产业升级,提高我国对外贸易竞争力,促进社会的稳定发展和经济的持久繁荣。可以说,技术进步正是我国政府大力发展战略性新兴产业的核心目的和终极目标,也是战略性新兴产业的产业带动能力的直接体现。

3. 持续增长性

一个新兴产业在其成熟和实现标准化生产之前都面临着经营风险,支持一个新兴产业在产生和成长过程中不断扩张的内在动力是利润。正如本章在构建理论模型时对战略性新兴产业的描述:战略性新兴产业强调的是战略性和新兴性,其核心要求是科研创新,该产业所面临的最大经营风险就来自科研收益的不确定性。由于战略性新兴产业的科研活动存在显著的正外部性,其科研收益可能无法弥补企业的科研投入,这一观点已有很多学者提出并证明了。[①] 因此,为了确保战略性新兴产业能够稳定持续地发展,就必须要求产业的科研收益能够补足科研投入。理论模型将科研收益与科研投入综合在一起,并使用科研综合效率 κ 作为代表参数。依据模型的模拟结果,1999—2007 年,我国战略性新兴产业的科研综合效率大部分时期都能够保持在 1 以上,即科研收益能够弥补科研投入,但也有几

---

① 郭晓丹,何文韬,肖兴志.战略性新兴产业的政府补贴、额外行为与研发活动变动[J].宏观经济研究,2011(11):63-69.

年的模拟值低于1,这恰恰证明了如果缺乏政府对战略性新兴产业的扶持,仅依靠产业自身的能力发展,经营风险是实际存在的。从社会福利的角度考虑,科研综合效率的大小还决定了战略性新兴产业企业数量对社会整体福利影响的正负,仅当科研综合效率大于1时,战略性新兴产业企业数量的增加对社会福利水平有提升作用。这说明,科研综合效率不仅仅是一个测度战略性新兴产业能否持续发展的指标,更是一个测度战略性新兴产业发展是否真正有益于整个社会的指标。

(二)政策建议与预期效果

上文确定了战略性新兴产业评价体系的三个重要指标,这三个指标与温家宝总理所提出的"须掌握关键核心技术,具有市场需求前景,具备资源能耗低、带动系数大、就业机会多、综合效益好的特征"[①]相一致。以这三个评价指标为基础,结合模型稳态值的计算与冲击模拟的效果,本章提出以下一系列有关发展战略性新兴产业的政策建议。

1.支持科研创新活动,优化政府采购结构

战略性新兴产业的产品在完成研发、生产并投入市场后可能会遇到许多阻碍。由于技术的不成熟,生产成本虚高,产品本身提供的消费体验稳定性差,产品价格偏离市场接受程度,难以被具有保守倾向的消费者接受等问题都将使得战略性新兴产业的科研活动难以为继。因此,如何高效率地支持战略性新兴产业的科研活动,保证企业的科研投入能够获得相对应的科研收益,减少战略性新兴产业的科研风险,为战略性新兴产业的产品提供消费需求,是政府发展战略性新兴产业需要重点解决的问题。

较为直接且有效的办法是为创新产品提供消费补贴,用以引导市场需

---

① 中国政府网.国务院总理温家宝:让科技引领中国可持续发展[EB/OL].(2009-11-23). http://www.gov.cn/ldhd/2009-11/23/content_1471208.htm.

求或者由国家和地方政府亲自对具有战略价值的创新产品进行采购以保证战略性新兴产业的科研投入能够得到弥补，获得收益以支持其后续的科研与经营。政府购买或者消费补贴这种变相的政府购买行为所产生的冲击效果已在图9-5中进行了模拟，确实非常良好，显著地促进了战略性新兴产业的发展。但是，政府在实施政府购买政策措施时，需要注意这一措施对市场正常消费需求的扭曲与挤出效应。在战略性新兴产业发展的初期阶段，政府可能需要提供"一只搀扶的手"，为企业的科研投入保驾护航，但长期以扭曲市场价格、挤出市场需求、降低社会福利水平为代价去实现技术进步的目标，则可能得不偿失。因此，政府在支持战略性新兴产业的科研活动的同时需要注意不能过多地干涉消费者的自发选择和消费市场的自然形成，需要适当地调整政府资本的介入程度。在坚持支持科研创新活动的宗旨不变的前提下，选择更灵活的途径对战略性新兴产业进行扶持，而不是单纯为企业创新买单，这样会更有利于战略性新兴产业的发展。

2. 构建金融配套服务，协助中小企业发展

1998—2007 年工业企业数据库的实际数据显示，符合我国战略性新兴产业标准的企业以中小企业居多。这类企业缺乏足量资本和融资渠道，其所拥有的生产技术和科研成果也难以成为价值相当的抵押品。中小企业融资的困境是我国金融领域一个长期的问题，我国金融结构和银行体系始终缺乏行之有效的改革措施，这也阻碍了我国战略性新兴产业的良性发展。虽然要全面解决中小企业融资难的问题并非是一蹴而就的，但是将改革面仅限定为战略性新兴产业则是有的放矢。我国的商业银行可以对符合战略性新兴产业范畴和标准的企业提供更为宽松的融资服务与更为全面的风险控制，因其涉及的企业数量较少，企业规模相对较小，故而不会对我国金融市场造成太大的波动，也不会过多地加重我国银行业的经营负担。而我国金融业也可以将之作为金融改革的一个试点，以观测拓展中小企业融资渠道可能遭遇的困境和切实有效的改革途径。这一政策措施既为战略性新兴产业发展开了方便之门，也为金融改革提供了一个样本，未尝不是一种一举两得的方法。

在图9-6中，本章模拟了政府为战略性新兴产业提供税收优惠的政策效果。税收优惠政策是一种对市场冲击度不大的稳健政策，在短期内具有较好的效果。政府的税收优惠和拓展战略性新兴产业内中小企业的融资渠道在本质上是相似的，即降低企业的运营成本，增加企业的现金流量，提高企业的抗风险性。虽然该政策因没有直接触及战略性新兴产业的核心问题——科研，而不会改变战略性新兴产业的市场结构，促使战略性新兴产业占据产业升级的主导地位，但这一政策对企业的稳定运营具有较好的效果。因此，政府的税收优惠和企业融资渠道的放宽都应当成为政府发展战略性新兴产业组合拳中的组成部分，以保证我国战略性新兴产业稳健发展。

3. 降低市场进入门槛，完善知识产权保护

另一个与战略性新兴产业发展息息相关的政府政策便是知识产权保护政策。图9-7对降低战略性新兴产业进入门槛的政策效果进行了模拟。其结果显示，该政策措施虽然在短期内会造成一定程度的不良影响，但从长期来看确实是有效果的。降低战略性新兴产业市场进入门槛的政策措施有很多，但都很难绕过政府资本对市场自发行为的干预，而政府政策对市场干预力度越大，短期内的不良影响也就越大，这就使得政府在选择推动战略性新兴产业发展与维护市场稳定时遭遇难题。完善知识产权保护政策正是解决这个难题的最优解。

随着信息技术的发展，基础产业对战略性新兴产业创新技术的模仿成本大幅降低，这是加速提高社会生产力水平的一种良好趋势。但如果缺乏知识产权保护政策，战略性新兴产业的正外部性可能会导致其科研投入难以获得等价的收益，从而造成科研活动难以为继的后果。基础产业要吸收战略性新兴产业的科研技术不应该是无偿的，而应向后者支付一定的专利费用以帮助后者继续发展，这种模式的科研创新与技术消化才是良性的、可持续的。可以说,我国要大力发展战略性新兴产业就一定要提供恰当的知识产权保护措施来保证企业的科研收益。战略性新兴产业高门槛的核心一环便是其科研投入,这在理论模型中生产者行为部分已有解释。而知识产权保护政策则能够在不扭曲市场的情况下为企业的科研投入提供保障,为企业的技术创新提供回报,保障战略性新兴产业在市场上的竞争力,帮助其扩大市场。不仅如此,知识产权保护还能够有效地避免我国企业的技术创新被国外同行竞争企业模仿,同样也有利打破他国对我国设立的技术壁垒。1852 年,英国凭借专利局的建立在第一次产业革命中独占鳌头,而今恰逢第五次技术革命的转折期,我国若欲把握这次机遇,积极发展战略性新兴产业,那么,完善知识产权保护措施便是不容忽视的一环。

4. 运用产业政策引导,激励企业创新创业

除了上述具体的行政措施以外,产业政策引导也是我国发展战略性新兴产业的重要方法。图 9-8 的模拟结果显示,如果政府对战略性新兴产业进行政策引导,在短期内,人们对战略性新兴产业的预期将发生改变,而预期的改变也就决定了人们的偏好和决策的调整。更多的生产者会选择进入战略性新兴产业市场进行创新创业以期获得政策红利,更多的消费者会关注具有创新价值的产品,从而增加消费需求。在政策引导调整消费者与生产者预期的情况下,政府所采取的任何有利于战略性新兴产业发展的政策措施都将事半功倍。

国家是由大量的组织构成的,而组织又是由大量的独立的人构成的。如果每一位理性的企业家都预期到科研创新能够获利,那么符合资本条件的企业家都会为科研创新提供资金;如果每一位理性的研究人员都预期到进行战略性新兴产业方面的科研活动能够获利,那么符合科研条件的研究人员都会积极地投入研究。产业政策引导所带来的企业创新创业将会成为战略性新兴产业繁荣发展的前奏,其必然能够为战略性新兴产业的其他政策提供一个顺利实施的渠道。

第十章　面向战略性新兴产业的第三代政策激励导向:前沿先发

发展中经济体大多施行广泛的新兴产业培育政策,并大致经历了第一代幼稚保护型、第二代后发追赶型政策。适用于战略性新兴产业的培育发展政策,与中国长期以来的产业政策导向存在基本性差异,其实质是要在一个更具开放性、竞争性的全球经济系统中,构建一种适应技术同发、信息模糊、溢出巨大条件下的战略性政策集合,推动战略性新兴产业以高于市场自然状态下的速度先发增长。

适用于战略性新兴产业的培育发展政策,与中国长期以来的产业政策导向存在基本性差异,其实质是要在一个更具开放性、竞争性的全球经济系统中,构建一种适应技术同发、信息模糊、溢出巨大条件下的战略性政策集合,推动国内战略性新兴产业及技术以高于市场自然状态下的速度先发增长,在新一轮产业革命中率先取得国际竞争优势和国际领先地位。

一、面向战略性新兴产业的政策导向与思路调整

包括中国在内的发展中经济体大多施行广泛的产业培育政策,并大致经历了第一代幼稚保护型政策、第二代后发追赶型政策。其政策效应面临普遍的正反两面争议,而对当前全球化条件和战略性新兴产业特质,其政策工具面临基本失效状态。

(一)第一代产业政策导向:幼稚保护

1. 幼稚保护型政策工具及其争议

自 19 世纪前后幼稚产业保护理论提出并完善以来,幼稚产业保护政

策在落后的发展中国家经济体中得到广泛施行，形成全球第一代产业政策。第一代产业政策以幼稚产业保护为目标，以高额关税或配额为主要保护政策工具，辅以高额生产补贴，激励国内幼稚产业自主发展。例如，贸易自由化政策并不适用于当时经济落后的美国，对当时英国优势出口产品施加高额关税，同时给予国内相关产业大量生产补贴，确实推动了当时美国国内纺织、钢铁等幼稚产业的快速规模发展和技术进步。但是，一项经验研究发现，关税和卫生壁垒、技术壁垒或其他形式的非关税贸易保护对创新或其他任何形式的生产率改进并不能提供支持，甚至可能产生相反的效果，没有受到关税保护的行业企业反而经历了更快的生产率提高。

2. 新条件下幼稚保护型政策工具的基本失效

幼稚保护型产业政策不仅面临政策效应的持续争议，实际上在当前全球化与战略性新兴产业条件下，幼稚保护型政策工具亦基本不存在可施行的应用环境。幼稚保护型政策要求对国内被保护产业施行强有力的市场份额保护，并对国际同类产品进口施行高比例关税和进口配额管制。该类贸易保护工具与当前全球通行的国际贸易规则格格不入。事实上，高强度关税以及进口配额管制在全球范围内已基本不再使用。此外，生产补贴政策使企业人为获得成本竞争优势，不仅影响国内市场公平竞争，而且在出口市场上容易招致目的国的反倾销制裁，或者展开恶性贸易战，显然对双边、多边福利改进和技术进步均构成负面效应。

(二)第二代产业政策导向:后发追赶

1. 后发追赶型政策工具及其争议

后发追赶型政策与幼稚保护型政策并不存在严格的界限,德国在 19 世纪后期施行的产业政策同时包含市场保护和模仿学习的政策特征,但 20 世纪 60 年代后,开始形成第二代产业政策。第二代产业政策以产业后发追赶为目标,以大量引进国外先进技术、设备、资金为主要政策工具,辅以较弱的知识产权保护政策,激励国内后发产业通过吸收模仿国际先进技术获得快速技术进步。落后经济体的产业或企业可以通过大量吸引国际直接投资,直接采用发达经济体的既有技术实现快速技术追赶,非竞争性的制度安排如"企业-银行"长期合作关系、大企业和国家政策干预会有助于快速产业技术模仿追赶。[①] 后发追赶型政策在日本、韩国、新加坡等东亚、东南亚经济体以及巴西、阿根廷、墨西哥等拉美经济体曾经获得了巨大成功。但是,上述经济体在成功追赶的中后期,增长速度均出现大幅度下滑,甚至跌入"中等收入陷阱"停滞不前,部分东亚经济体施行的后发追赶型政策,并没有推动经济体自身的技术创新能力提高,生产率增长率也并没有提升,可持续增长和技术进步难以为继。[②]

2. 新条件下后发追赶型政策工具的失灵

后发追赶型产业政策有效实施的首要条件是,国内外存在较大的技术差距,从而蕴含巨大技术模仿吸收空间。技术差距效应的边际递减性质,决定了后发追赶型政策的渐进失效,更为重要的是,战略性新兴产业与后发追赶产业具有完全不同的生命周期和技术阶段。当今包括发达国家的

---

① A Gerschenkron. Economic Backwardness in Historical Perspective [M]. Cambridge: Harvard University Press,1962.

② P Krugman. The Myth of Asia's Miracle [J]. Foreign Affairs,1994(6):62-78;A Young. The Tyranny of Numbers:Confronting the Statistical Realities of the East Asian Growth Experience [J]. Quarterly Journal of Economics,1995(3):641-680.

战略性新兴产业企业也在进行高密度的试错型创新,技术方向与技术轨道模糊,国内外并不存在明显技术差距,特别是对于战略性新兴产业的前沿创新知识,国际企业必然受到严格的知识产权保护和技术秘密转让管制。因此,以模仿学习为基础的后发追赶型政策失去政策有效空间。

(三)面向战略性新兴产业的第三代产业政策导向

第一代产业政策以幼稚保护为导向,以贸易管制、抑制竞争、忽视吸收为特征,对于远离技术前沿的经济体而言,第一代产业政策存在一定合理性。第二代产业政策以后发追赶为导向,以开放引进、有限竞争、忽视创新为特征,虽在部分经济体取得巨大成功,但也面临广泛可持续性争议。更为重要的是,在当前全球通行国际贸易规则条件和战略性新兴产业条件下,第一、二代产业政策的政策工具面临基本失效状态,战略性新兴产业培育政策需要进行重大思路导向调整和政策工具创新。

适用于战略性新兴产业的第三代产业政策,本质上是要在一个更具开放性、竞争性的全球经济系统中,构建一种适应技术同发、信息模糊、无市场解的正外部性巨大条件下的战略性政策集合。前两代产业政策的关键缺陷是不能在政府辅助和市场竞争中取得协同,这为战略性新兴产业政策的全新建构提供了切入点。如果能提供政府激励,同时不妨碍乃至激活市场激励,则产业政策可实现政府与市场对战略性新兴产业培育的双轮驱动作用。因此,与第一、二代产业政策相比,面向战略性新兴产业培育的第三代产业政策是以前沿先发为导向,以竞争兼容、激化创新为特征,综合运用政府"无形之手"与市场"有形之手",在需求端、企业端、知识端三方面协同构建无壁垒、弱补贴、强 IPR 的竞争兼容型产业政策,推动国内战略性新兴产业以高于市场自发状态下的速度进行先发增长和创新进步,在新一轮产业革命中率先取得国际竞争优势和国际领先地位。

三代产业政策的比较分析见表 10-1。

表 10-1 三代产业政策的比较分析

项目		第一代产业政策	第二代产业政策	第三代产业政策
产业对象		幼稚产业	落后产业	战略性新兴产业
政策导向		幼稚保护	后发追赶	前沿先发
竞争特征		限制竞争	低度竞争	竞争兼容
政策工具	贸易政策	强壁垒	弱壁垒	无壁垒
	补贴政策	集中、强补贴	集中、强补贴	离散、弱补贴
	IPR 政策	—	弱 IPR	知识链递增、强 IPR

二、第三代激励政策集合选择及其应用设计

(一)需求端的竞争兼容型政策

市场需求是战略性新兴产业与企业发展的内在动力，培育市场需求对处于萌芽阶段的新兴产业具有特别重要的创新激励功能，同时也是检验战略性新兴企业及产品是否获得市场认可的决定机制。市场机制的主要功能在于通过信息甄选与优胜劣汰过程，内生演进出具有未来竞争力的技术与产品方向，因而，具有竞争兼容型的市场需求的培育将同时发挥创新激励与竞争选择协同功能。

1. 竞争兼容型政府采购政策

政府采购是营造市场需求、辅助战略性新兴产业发展的有效环节和国际经验。中国竞争兼容型政府采购政策的优化设计，可制定完善新兴产业产品采购计划，加大政府对战略性新兴产业产品的采购配额比例，但采购政策应特别强调与市场竞争形成协同，即在中观层面以统一的技术标准、环保标准为采购准则，在微观层面则以严格公平的投标规则为采购准则，

构成公平统一的战略性新兴产业采购市场竞争环境。

2. 竞争兼容型终端消费政策

从市场终端即从消费者端进行市场培育，可以有效规避从生产端进行补贴培育引致的负面效应。为鼓励消费者选择战略性新兴产业或服务，可直接给予消费者消费补贴，不仅放大消费端福利效应，同时形成战略性新兴产业的市场需求。对于战略性新兴产业消费培育规则，一方面，应特别注重在行业基本技术标准基础上，避免对消费者的产品和企业微观选择进行人为框定，导致战略性新兴产业企业的非公平竞争，更为重要的是企业或者产品框定将对多方向创新试错形成限制。另一方面，战略性新兴产业产品的消费模式和消费配套环境与传统替代产品存在显著区别。为此，需要构建战略性新兴产品消费的配套公共设施环境，避免"买易用难"现象对潜在市场需求构成的负面影响，同时未对企业统一公平竞争构成抑制。

（二）企业端的竞争兼容型政策

传统产业政策备受诟病的一大弊端，在于对企业进行公平的市场竞争构成妨碍。数个发展中经济体在二战以后一段时期广泛施行产业政策以促进产业赶超发展，但因为传统产业政策为进行资源分配要在行业内"挑选赢家"进行补贴，行业内的企业公平市场竞争受到抑制，且出现普遍的政府俘获与寻租，并进一步引发"劣币驱逐良币"，最终导致政策失效甚至产生负面绩效。[①]

战略性新兴产业处于产业周期初期衍生阶段，技术未来走向信息模糊，创新失败风险较大，本质上需要通过高密集度的试错性研发与产品试产，特别是通过大量差异化潜在企业进入、退出市场，即通过高密集度的总

---

① P Krugman. The Myth of Asia's Miracle [J]. Foreign Affairs，1994(6)：62-78；P Aghion，J Cai，M Dewatripont，et al. Industrial Policy and Competition [J]. American Economic Journal：Macroeconomics，2015(4)：1-32.

量上的企业试错动态与竞争甄选，最终演化出明晰的、切合市场需求且技术成本优越的产业技术路线。因此，战略性新兴产业的特性要求产业政策是竞争兼容型政策，即构建覆盖度广、强度适中、过程动态的多形式培育政策，从而激励企业进入与技术创新。

1. 竞争兼容型补贴政策

对以补贴为主要内容的中国产业政策，可进行三种优化设计。一是实施竞争型补贴政策，即适当提高补贴竞争兼容性。特别是对处于初创和成长时期的新兴产业，其生产模式和技术范式并不确定，本质上需要更多潜在企业进入行业，通过企业间频繁的试错性研发和产品竞争，最终由市场决定出"谁是战略性行业，谁是行业胜利者，由谁制定技术标准"。因此，补贴政策要避免人为选定"白马"，应通过更广、更均质的补贴覆盖，弥补企业进入新兴产业需要付出的"失败"风险和"成功"外溢性，诱导更多潜在企业进入行业从而促进竞争和创新，最后由市场挑选出"黑马"。二是实施适中型补贴政策，即适中的企业补贴强度。竞争型补贴政策可在一定程度上通过激励竞争规避补贴对创新的负面作用，但如果补贴强度本身过大，会使企业失去对市场需求规模和市场竞争程度的独立判断与反应敏感性，有可能导致企业在已经处于高度竞争状态的行业中僵持甚至"扩大生产以换取更多补贴"，而这正是出现产能过剩的前兆。三是实施动态性补贴政策。补贴政策的重点应聚焦靠近或处于最优实施空间内的行业和企业，鉴于行业资本密集度和全社会要素禀赋变迁相对缓慢，应重点关注行业竞争程度变化，针对竞争度不足的行业实施力度适中的竞争型补贴，当行业竞争程度过高时，及时调整直至退出激励机制。①

2. 竞争兼容型金融政策

战略性新兴产业技术的高不确定性以及对研发创新的高依赖性特质，

---

① 黄先海，宋学印．准前沿经济体的技术进步路径及动力转换——从"追赶导向"到"竞争导向"[J]．中国社会科学，2017(6)：60-79．

决定其融资模式与传统产业存在重大区别。由于银行及主板资本市场对企业信贷审核、证券发行存在较为严重的行政机制介入以及严格的准入门槛,而战略性新兴产业企业多为处于创业初期、面临资产"瓶颈"的中小企业,难以通过上述渠道获得融资,导致当前国内战略性新兴产业融资支持工具仍然以政策性信贷资金和财政专项资金为主,但该类政策工具存在较为严重的信息不对称性和融资竞争不公平性。

因此,对于战略性新兴产业,应强化市场在金融资源配置中的决定性作用,同时辅以政府妥当的产业资金引导,构建形成政府与市场双轮驱动、政策导引与竞争配置的战略性新兴产业融资格局。第一,构建政府创投引导基金为先导、私募投资基金为支柱的发达产业投资基金市场。政府创投引导基金应以广谱性、公平性、适中性为原则,为战略性新兴产业新进企业提供最初的创业与运作支持,企业进入后,则需要通过技术先进性、质量可靠性等信号,在多形式的私募投资基金市场寻找二次融资支持,从而提高企业信息对称性与市场竞争筛选程度,加快企业动态和创新进步速度。第二,构建以创业板市场为主、中小企业板市场为辅的战略性新兴产业资本市场结构。推动发行审核制度逐步向注册制转型,提高新兴产业企业知识产权以及非专利技术等无形资产资金在注册资本金比例上的权重,确保企业的融资起点公平,并接受资本市场的信息检验和资源竞争。

(三)知识端的竞争兼容型政策

战略性新兴产业与幼稚型或后发型产业的本质区别,是在全球视野内,探索推进与新产业相匹配的关于共性知识、研发试验、样品试制、制造工艺甚至商业模式等涉及整个流程的前沿新知识,涉及大量原始创新与自主创新,创新企业的研发成功与失败均会形成产业正向新知识,对其他企业构成正向溢出。因此,知识产权保护对于新兴产业企业的知识溢出内部化、形成创新收益预期具有重要功能。

1. 战略性新兴产业的知识链分工

知识产权保护政策长期以来面临静态"诺德豪斯困境"，即需要在增强知识产权保护导致的创新激励、竞争垄断与知识扩散间寻找恰当平衡，严格的知识产权保护可增强本企业创新激励，同时也可扩大在位企业的垄断势力，增加知识扩散难度，反之则前者不足后者有余。然而，从战略性新兴产业链和知识链视角设计知识产权保护政策，为化解"诺德豪斯困境"提供了新的可能。战略性新兴产业处在技术同发的生命周期前期，其共性知识、研发试验、样品试制、制造工艺等整个产业链环节几乎全部涉及新知识，构成战略性新兴产业的知识链。单个企业不可能掌握产业链，进而形成知识链分工。

2. 基于知识异质性的竞争兼容型知识产权保护政策

知识链上的新知识存在异质性，整个知识链环节可划分为前段公共基础知识、中段行业共性关键知识和后段产品功能专用知识，并且由前到后，知识公共性逐步降低，市场窃取性逐渐提高。因此，可根据战略性新兴产业知识链不同环节所蕴含的知识共性、窃取难易性进行知识产权保护政策分环节设计，实现市场竞争与知识扩散兼容（见图 10-1）。

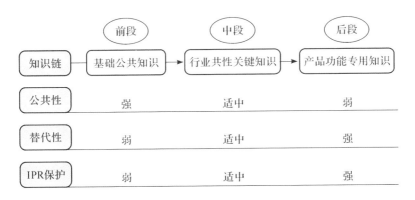

图 10-1　战略性新兴产业的知识链分工与知识产权保护政策

对于前段、中段环节，应执行较弱的知识产权保护政策。中、前段环节的知识性质为基础性、共性新知识，研发难度较大，研发周期长，且与实现商业化开发仍存在较长距离，个体企业难以介入，而一旦研发成功将形成本产业的共性"知识池"。[①] 现实中，中、前段一般应由大型科研院所、大型企业开展联合试验研究，并获得政府研发补助。对"知识池"知识执行较弱的知识产权保护政策，可降低潜在进入企业基于"知识池"进行中、后段商业化开发的知识应用创新成本，从而强化战略性新兴产业在早期的企业动态和市场竞争。

对于中段、后段环节，应执行较强的知识产权保护政策。中、后段环节的知识性质为专有性、应用性知识，为企业研发成功后获得市场竞争力的核心技术秘密。其他潜在企业一旦获得原在位企业处于中、后段的产业知识，一方面将对在位企业构成替代性风险，对原企业创新激励和创新利润预期构成抑制，另一方面也削弱潜在企业的自主创新探索激励，两者对战略性新兴产业的试错性研发均构成负面影响。相反，执行较强的知识产权保护政策，一方面激励企业进行研发创新，另一方面倒逼其他潜在进入企业通过吸收利用公共"知识池"知识进行新方向、新路线、新产品的自主创新，从而提高战略性新兴产业总量研发密集度，加快多方向的试错过程，最终推动战略性新兴产业快速技术进步。

---

① B Greenwald, J Stiglitz. Helping Infant Economies Grow: Foundations of Trade Policies for Developing Countries[J]. The American Economic Review，2006(2)：141-146.

参考文献

[1] A Antoniades. Heterogeneous Firms, Quality, and Trade[J]. Journal of International Economics, 2015 (2): 263-273.

[2] A Gerschenkron. Economic Backwardness in Historical Perspective[M]. Cambridge: Harvard University Press, 1962.

[3] A Young. The Tyranny of Numbers: Confronting the Statistical Realities of the East Asian Growth Experience[J]. Quarterly Journal of Economics, 1995(110):641-680.

[4] B Greenwald, J Stiglitz. Helping Infant Economies Grow: Foundations of Trade Policies for Developing Countries[J]. The American Economic Review, 2006(2): 141-146.

[5] E S Brezis, P R Krugman, D Tsiddon. Leapfrogging in International Competition: A Theory of Cycles in National Technological Leadership[J]. The American Economic Review, 1993(5): 1211-1219.

[6] J Fagerberg. Technology and International Differences in Growth Rates[J]. Journal of Economic Literature, 1994(3):1147-1175.

[7] J Levisohn, A Petrin. Estimating Production Functions Using Inputs to Control for Unobservables[J]. Review of Economic Studies, 2003(2):317-341.

［8］K Hoff. Bayesian Learning in an Infant Industry Model［J］. Journal of International Economics，1997（43）：409-436.

［9］M Gort，R Agarwal. Firm and Product Life Cycles and Firm Survival［J］. American Economic Review，2003（2）：184-190.

［10］M Gort，S Klepper. Time Paths in the Diffusion of Product Innovations［J］. Economic Journal，1982（367）：630-653.

［11］M J Melitz. When and How Should Infant Industries be Protected［J］. Journal of International Economics，2005（66）：177-196.

［12］M J Melitz，G I P Ottaviano . Market Size，Trade，and Productivity ［J］. Review of Economic Studies，2008（1）：295-316.

［13］M Yu. Processing Trade，Tariff Reductions and Firm Productivity：Evidence from Chinese Firms［J］. Economic Journal，2015（585）：943-988.

［14］P Aghion，J Cai，M Dewatripont，et al. Industrial Policy and Competition［J］. American Economic Journal：Macroeconomics，2015（4）：1-32.

［15］P Aghion，N Bloom，R Blundell，et al. Competition and Innovation：An Inverted-U Relationship［J］. The Quarterly Journal of Economics，2005（2）：701-728.

［16］P Krugman. The Myth of Asia's Miracle［J］. Foreign Affairs，1994（6）：62-78.

［17］R E Baldwin. Managing the Noodle Bowl：The Fragility of East Asian Regionalism［J］. The Singapore Economic Review，2008（3）：449-478.

［18］R Ericson，A Pakes. Markov-perfect Industry Dynamics：A Framework for Empirical Work［J］. The Review of Economic Studies，1995（1）：53-82.

［19］ R Hausmann，D Rodrik. Economic Development as Self-Discovery［J］. Journal of Development Economics，2003(2):603-633.

［20］R R Nelson，E S Phelps. Investment in Humans，Technological Diffusion and Economic Growth［J］. American Economic Review，1966 (56):69-75.

［21］S Braguinsky，S Gabdrakhmanov，A Ohyama. A Theory of Competitive Industry Dynamics with Innovation and Imitation［J］. Review of Economic Dynamics，2007(4):729-760.

［22］S Casper. How Do Technology Clusters Emerge and Become Sustainable?:Social Network Formation and Inter-firmMobility within the San Diego Biotechnology Cluster［J］. Research Policy，2007(4): 438-455.

［23］S Klepper，E Graddy. The Evolution of New Industries and the Determinants of Market Structure［J］. Rand Journal of Economics，1990 (1):27-44.

［24］ T J Klette，S Kortum. Innovating Firms and Aggregate Innovation［J］. Journal of Political Economy，2004(5):986-1018.

［25］W M Cohen，S Klepper. Firm Size and the Nature of Innovation within Industries:The Case of Process and Product R&D［J］. Review of Economics&Statistics,1996(2):232-243.

［26］安同良,周绍东,皮建才.R&D 补贴对中国企业自主创新的激励效应［J］.经济研究，2009(10) : 87-120.

［27］陈冬华.地方政府,公司治理与补贴收入——来自我国证券市场的经验证据［J］.财经研究,2003(9) : 15-21.

［28］耿强,江飞涛,傅坦.政策性补贴、产能过剩与中国的经济波动——引入产能利用率 RBC 模型的实证检验［J］.中国工业经济,2011 (5):27-36.

[29] 郭晓丹,宋维佳.战略性新兴产业的进入时机选择:领军还是跟进[J].中国工业经济,2011(5):119-128.

[30] 洪银兴.比较优势到竞争优势——兼论国际贸易的比较利益理论的缺陷[J].经济研究,1997(6):20-26.

[31] 黄先海,宋学印.准前沿经济体的技术进步路径及动力转换——从"追赶导向"到"竞争导向"[J].中国社会科学,2017(6):60-79.

[32] 黄先海,谢璐.中国汽车产业战略性贸易政策效果的实证研究:R&D补贴政策与出口补贴政策之比较[J].世界经济研究,2005(12):59-63.

[33] 黄先海,余骁."一带一路"建设如何提升中国全球价值链分工地位?——基于GTAP模型的实证检验[J].社会科学战线,2018(7):58-69.

[34] 黄先海,张胜利.中国战略性新兴产业的发展路径选择:大国市场诱致[J].中国工业经济,2019(11):60-78.

[35] 黄先海,金泽成,余林徽.要素流动与全要素生产率增长:来自国有部门改革的经验证据[J].经济研究,2017(12):62-75.

[36] 黄先海,诸竹君,宋学印.中国中间品进口企业"低加成率之谜"[J].管理世界,2016(7):23-35.

[37] 江飞涛,李小萍.直接干预市场与限制竞争:中国产业政策的取向与根本缺陷[J].中国工业经济,2010(9):26-36.

[38] 李春涛,宋敏.中国制造业企业的创新活动:所有制和CEO激励的作用[J].经济研究,2010(5):135-137.

[39] 林毅夫,张鹏飞.后发优势、技术引进与落后国家的经济增长[J].经济学(季刊),2005(4):53-74.

[40] 刘笑霞,李明辉.企业研发投入的影响因素——基于我国制造企业调查数据的研究[J].科学学与科学技术管理,2009(3):17-23.

[41] 刘志彪.战略性新兴产业的高端化:基于"链"的经济分析[J].产

业经济研究,2012(3):9-17.

[42] 陆国庆,王舟,张春宇.中国战略性新兴产业政府创新补贴的绩效研究[J].经济研究,2014(7):44-55.

[43] 罗珉,马柯航.后发企业的边缘赶超战略[J].中国工业经济,2013(12):91-103.

[44] 毛其淋,许家云.政府补贴对企业新产品创新的影响——基于补贴强度"适度区间"的视角[J].中国工业经济,2015(6):94-107.

[45] 聂辉华,谭松涛,王宇锋.创新、企业规模和市场竞争:基于中国企业层面的面板数据分析[J].世界经济,2008(7):57-66.

[46] 任曙明,吕镯.融资约束,政府补贴与全要素生产率——来自中国装备制造企业的实证研究[J].管理世界,2014(11):10-23.

[47] 邵敏,包群.政府补贴与企业生产率——基于我国工业企业的经验分析[J].中国工业经济,2012(7):70-82.

[48] 邵敏,包群.地方政府补贴企业行为分析:扶持强者还是保护弱者?[J].世界经济文汇,2011(1):56-72.

[49] 沈坤荣,孙文杰.市场竞争、技术溢出与内资企业R&D效率:基于行业层面的实证研究[J].管理世界,2009(1):38-48.

[50] 唐清泉,罗党论.政府补贴动机及其效果的实证研究——来自中国上市公司的经验数据[J].金融研究,2007(6):149-163.

[51] 唐跃军,左晶晶.所有权性质、大股东治理与公司创新[J].金融研究,2014(6):177-192.

[52] 王开科.我国战略性新兴产业"阶梯式"发展路径选择——基于马克思资源配置理论视角的分析[J].经济学家,2013(6):21-29.

[53] 王树祥,张明玉,郭琦.价值网络演变与企业网络结构升级[J].中国工业经济,2014(3):93-106.

[54] 吴超鹏,唐菂.知识产权保护执法力度、技术创新与企业绩

效——来自中国上市公司的证据[J].经济研究,2016(11):125-139.

[55]肖利平.公司治理如何影响企业研发投入——来自中国战略性新兴产业的经验考察[J].产业经济研究,2016(1):60-70.

[56]肖兴志.中国战略性新兴产业发展研究[M].北京:北京科学出版社,2011.

[57]肖兴志,王伊攀.政府补贴与企业社会资本投资决策——来自战略性新兴产业的经验证据[J].中国工业经济,2014(9):148-160.

[58]谢千里,罗斯基,张轶凡.中国工业生产率的增长与收敛[J].经济学(季刊),2008(3):809-826.

[59]杨高举,黄先海.内部动力与后发国分工地位升级——来自中国高技术产业的证据[J].中国社会科学,2013(2):25-45,204.

[60]杨洋,魏江,罗来军.谁在利用政府补贴进行创新?——所有制和要素市场扭曲的联合调节效应[J].管理世界,2015(1):75-86.

[61]余东华,吕逸楠.政府不当干预与战略性新兴产业产能过剩——以中国光伏产业为例[J].中国工业经济,2015(10):53-68.

[62]周黎安,张维迎,顾全林,等.企业生产率的代际效应和年龄效应[J].经济学(季刊),2007(4):1297-1318.

[63]朱平芳,李磊.两种技术引进方式的直接效应研究[J].经济研究,2006(3):90-102.

后　记

　　自进入 21 世纪以来,世界新科技革命步伐不断加快,发展势头日益迅猛,物质科技、能源科技及生命科技等一些重要科技领域已显现出革命性突破的先兆。科技革命将为全球产业新一轮变革准备必要的知识和技术基础,2008 年爆发的国际金融危机以及后续欧债危机为新兴产业扩张起到了进一步的加速作用。国际金融危机爆发之后,为了尽快地走出经济衰退,世界各国积极采取措施,培育新的经济增长点,政策的着力点则以扶植新兴产业为主。

　　新一轮科技革命与全球新兴产业变革再次将世界各主要大国牵到同一"起跑线"上。战略性新兴产业因存在技术同发、外部性巨大等行业异质性,对经典的产业培育理论以及长期以来尤为发展中经济体熟悉惯用的产业政策实践提出了挑战。自 18 世纪以来,产业培育理论取得广泛政策影响的经典成果主要有第一代幼稚产业保护理论、第二代后发优势理论。第一代理论以幼稚保护为导向,以"干中学"效应、规模效应等为理论依据,以贸易管制、抑制竞争、忽视吸收为特征,对于远离技术前沿的经济体而言,第一代产业政策存在一定合理性,并在 19 世纪初期的美国取得巨大成功,美国因此在短时间内从一个落后的农业国转而取代英国,成为世界头号强国;第二代理论以后发追赶为导向,以技术差距蕴含的模仿吸收效应为依据,以开放引进、有限竞争、忽视创新为特征,并在日本、韩国等东亚经济体取得成功，但也面临广泛关于可持续性技术进步和经济增长的争议。

在当前全球通行的国际贸易规则环境和战略性新兴产业的特殊产业性质条件下，第一代、第二代产业培育学说从理论到政策，均面临基本失效或难以作为状态。传统的贸易保护政策已基本退出历史舞台，战略性新兴产业的技术同发性则使各国无前沿技术可待模仿，技术创新信息不确定性亦使"干中学"效应依赖的规模经验驱动力基本消失。从理论依据到政策工具，培育战略性新兴产业需进行重大理论创新与政策思路调整。

基于对国际特别是中国战略性新兴产业技术发展经验教训的深刻把握，本书提炼战略性新兴产业面临的技术同发、信息模糊、溢出巨大等抽象特征，吸收熊彼特主义竞争增长思想、产业周期理论以及知识溢出理论，提出面向战略性新兴产业培育的第三代产业培育理论：政府市场"双驱动"理论，即以前沿先发为导向，以"试错"的正外部效应、竞争效应为依据，以全球开放、竞争兼容、激发创新为特征，以技术蛙跳创新、大国市场诱致、知识产权倒逼为培育路径，协同运用政府"有形之手"与市场"无形之手"，在知识端、企业端、需求端三方面构建无壁垒、弱补贴、强 IPR 的竞争兼容型产业培育政策，推动国内战略性新兴产业及技术以快于市场自然状态下的速度先发增长。

政府市场"双驱动"理论中的政府行为与市场行为表现为兼容互补关系。战略性新兴产业巨大的研发成本、导致市场失灵的溢出外部性和消费市场联动成本，导致其潜在的研发（知识）市场、需求市场均难以自发形成或竞争迭代不足。在此条件下，政府通过竞争兼容型创新补贴、公共知识池培育、递进增强 IPR 保护以及消费端补助等政策工具，激活战略性新兴产业的知识研发市场、产品供给市场和终端需求市场，但将具体企业和产品的市场进入退出率、在位持续时间、在位份额等微观动态，交由企业竞争和消费者选择等市场决定，从而形成政府与市场在推动战略性新兴产业创新竞争和产业动态进步过程中的嵌入兼容、协同驱动关系。因此，政府市场"双驱动"理论的政府不是单纯的"守夜人",亦不是对产业甚至企业加以"温室保护"的"植树人",而是培育市场、激活竞争的"育林人"。这是政府市场"双驱动"理论与经典自由主义理论、幼稚产业保护理论、后发优势理论在培育新兴产业增长中的政策工具选择及其政策效应分化的深层差异。

我们相信中国战略性新兴产业培育发展过程中体现出的崛起规律以及其中的政府市场作用,有在发展经济学、产业经济学乃至制度经济学领域孕育出国际前沿水平理论成果的土壤与条件,希望本书的研究成果能引起学界兴趣,一道推动政府市场关系研究走向深入。

本书是集体合作的研究成果。我先提出总体思路、研究框架与核心观点,大家集体讨论后再分工执笔。参加各章撰写的有杨高举、宋学印、王煌、诸竹君、何秉卓、卿陶、刘堃、张胜利、张艺露、金泽成。各章完成后,我和宋学印博士进行系统的修改、补充、调整与提升。本书的出版得到了浙江大学出版社的大力支持,感谢袁亚春先生的协调、张琛女士的支持和陈思佳女士的编辑,特别是感谢给予我们补充修改与定稿提交时间上的宽让。由于水平所限,书中不足之处在所难免,敬请各位读者朋友不吝赐教。

黄先海

2021 年 5 月于浙江大学